Christian Jorhan d. Ä.
aus Landshut

Christian Jorhan
burger und bilthauer
in lanzhut.

Otto Schmidt
Wolf-Christian von der Mülbe

Christian Jorhan d. Ä.

1727–1804

Eine Einführung

Verlegt von Hanskarl Hornung

Herausgegeben und gefördert
durch den Verkehrsverein Landshut

Farbaufnahmen Wolf-Christian von der Mülbe

Hinweis: Die Begriffe »rechts«und »links« werden bei den Figuren stets vom Objekt aus gebraucht.

Mit 66 Farbtafeln und
30 einfarbigen Faksimiles

ISBN 3-88804-015-9

Inhalt

Vorwort

Der Landshuter Bildschnitzer Christian Jorhan d.Ä. (1727–1804) gehört zu den ganz bedeutenden Meistern der süddeutschen Sakralplastik des 18. Jahrhunderts. Die Kunstwissenschaft weiß das schon lange, ebenso jeder, der einem seiner Werke, und sei es nur flüchtig, begegnet ist.

Nicht von ungefähr wird deshalb in allen einschlägigen Aufsätzen und Abhandlungen stets betont, wie sehr es einer Monographie über diesen unentdeckten Künstler bedürfe. Das vorliegende Buch bietet nicht nur einen zuverlässigen Überblick über Leben und Werk, sondern zeigt Perspektiven auf, welche die bisherigen Forschungsansätze entschieden verändern und erweitern.

Die meisten Aussagen sind aus Quellen geschöpft, weshalb vor allem bei Datierung und Zuschreibung neue Ergebnisse die Darstellung bestimmen.

Jorhans künstlerische Leistung wird nicht isoliert betrachtet. Die sozialgeschichtliche Entwicklung berücksichtigt der Autor nicht weniger gewissenhaft als die Umbrüche in Kunst und Theologie.

Entscheidend freilich ein anderes: Zum ersten Mal kann überzeugend gezeigt werden, daß die Formel vom niederbayerischen Rokokobildhauer eine unzulässige Einengung darstellt. Jorhan ist nach dem Tod von Ignaz Günther zu dem »in Baiern berihmten« Kunsthandwerker geworden, weil er in seinem Spätwerk die Ansprüche des Klassizismus und die legitimen Forderungen der Theologie überzeugend mit seinem Ansatz zu versöhnen verstand. Das Jahrzehnt vor der Jahrhundertwende bringt noch einmal eine ungeahnte Flut an Aufträgen, die die Werkstätte kaum zu bewältigen vermag, und damit Arbeiten, deren Qualität nicht hoch genug einzustufen ist.

Fünzig Jahre lang hat Christian Jorhan mit hartem Fleiß und wachster künstlerischer Intelligenz seine Werkstätte in Landshut geführt (1754–1804). Der Umfang der überlieferten Produktion kann bis heute nicht zutreffend abgeschätzt werden. Jedenfalls übersteigt sie das übliche Maß bei weitem. Noch verblüffender die Qualität. Vom heiteren, frischen Rokoko bis zur Abgeklärtheit der späten Werke spannt sich der Bogen. Gleichgültig, aus welcher Periode eine Skulptur stammt, stets nimmt sie den Betrachter auf Jorhansche Weise in Beschlag. Sie gewinnt uns mit schnitztechnischem Können, mit einem zündenden Einfall und oft mit einer Bedeutungstiefe, an die selbst ein Ignaz Günther kaum heranreicht.

Landshut, im Oktober 1985

Herausgeber und Verlag

Der Verkehrsverein Landshut e.V., der es zu seinen vordringlichen Aufgaben zählt, Bürger und Gäste mit dem kunstgeschichtlichen Reichtum der Stadt Landshut vertraut zu machen, hat als Herausgeber und Förderer gerne die Gelegenheit wahrgenommen, an diesem grundlegenden und für lange Zeit gültigen Beitrag zur Wiederentdekkung des noch weitgehend unbekannten Künstlers tatkräftig mitzuwirken.

Einleitung

Mit den Arbeiten Christian Jorhans d. Ä. scheint man keine Schwierigkeiten zu haben. Wirkungssicher schmeicheln sie sich dem Auge ein, wurden sie doch nach Gesichtspunkten entworfen, die irgendwie noch immer auch die unseren sind und gegenwärtig zudem als Ausdruck einer glücklicheren Zeit gelten. So sind in unserem Bewußtsein seine Skulpturen inzwischen wieder zu bewunderten Kunstwerken aufgerückt. Oft blieb der ursprüngliche Zusammenhang erhalten, wodurch sie im Ensemble ihren ganzen Zauber entfalten können. Von der raffinierten Detailtreue der alten Fassungen oder den wechselnden Lichtwirkungen vergoldeter Gewänder fühlt sich wohl selbst das kunstfremde Auge angesprochen. Es finden somit Aneignungsprozesse der unterschiedlichsten Art statt. Die Bereitschaft, auf Jorhans Werk begeistert zu reagieren, dürfte noch nie so groß gewesen sein.

Allerdings kann nicht verborgen bleiben, daß manche Fehleinschätzung mit im Spiel ist. Vor allem die geschichtliche und soziale Dimension wird außer acht gelassen. Man bedenkt nicht, welche Grenzen dem Bildhauer gesetzt waren. Unbefangen wird die freie Subjektivität modernen Künstlertums auf die zunftgebundene Lebensform des Kunsthandwerkers im ausgehenden 18. Jahrhundert übertragen, oft sogar versucht, aus dem erregten Faltengefüge der Jorhanschen Heiligen Rückschlüsse auf seine private, geistige Existenz zu ziehen. Auch bemerkt man kaum, wie sehr die Qualität der Bildwerke verkürzt wird, wenn man sie nur ästhetisch betrachtet, als Ausdruck von Formbezügen. In allen Objekten schießen Gestaltung und Bedeutung zu einer untrennbaren Einheit zusammen. Jede Eigenheit der Gestalt besitzt einen theologischen Sinn, wie andererseits jede Mitteilung eine nur ihr angemessene Darstellungsweise erfordert. Zu diesen Voraussetzungen der heteronomen, vorsubjektiven Kunst Jorhans kann man nur kommen, wenn das geschichtlich andere in Biographie oder Handwerkspraxis, in Sakralkunst oder Theologie beleuchtet wird. Am Leitfaden der bisher zugänglichen Lebensdaten und durch die Betrachtung entscheidender Werkgruppen soll dies geschehen. Mehr als ein paar Fingerzeige und die knappe Andeutung einer Systematik ergeben sich freilich auf diesem Weg nicht. Die Einführung will kein Vorgriff auf die dringlich anstehende Monographie sein.

Herkunft und Ausbildung

Ein Verfahren, das nach Möglichkeit an der Lebensgeschichte orientiert ist, mag erstaunen, da doch Jorhans Entwicklung, seine künstlerische ebenso wie seine eigentlich biographische, sich kaum lückenlos nachzeichnen läßt, wie das dann bei Johann Gottfried Schadow oder Ludwig Michael Schwanthaler der Fall sein wird. Wendet man es allerdings nicht mit jenen strengen Zielsetzungen an, welche zur Zeit des Positivismus an die Nacherzählung eines Lebens gestellt wurden, nimmt man sich vielmehr die Freiheit, gerade die Sprünge und die nie mehr zu füllenden Leerstellen herauszuarbeiten, dann eröffnet unsere Methode einen idealen Zugang zu der fremd gewordenen Welt, welcher die Skulpturen dieses Bildhauers angehören. Deshalb wird auch zunächst die Frage beantwortet, wann Christian Jorhan in Landshut seine Handwerkerkarriere begonnen hat. Damit erhalten wir den Einschnitt, die entscheidende Zäsur, die seine gesamte Existenz in zwei grundlegend verschiedene Epochen aufspaltet.

Stichjahr 1754

Die Hochzeit mit der um ein Jahr älteren Malerstochter Maria Theresia Pauer aus Regensburg ist die erste verbürgte Nachricht, die wir nach Christian Jorhans Niederlassung in Landshut besitzen. Wie die Matrikelbücher der Stadtpfarrei St. Jodok mitteilen, fand sie am 6. Oktober 1755 statt. Damit wissen wir jedoch nicht, wann der Bildhauer das Bürgerrecht und die Meistergerechtigkeit erworben hat. Die Ratsprotokolle dieser Zeit sind eingestampft worden, die einschlägigen Zunftunterlagen konnten bisher nicht aufgefunden werden. Noch merkwürdiger allerdings, daß das Bürgerbuch von 1737–1782 keine Einbürgerung vermerkt, obwohl es für die fragliche Zeit frei von Jahreslücken ist und sehr sorgfältig geführt zu sein scheint. Trotzdem wurde ein Dokument überliefert, das die Annahme rechtfertigt, er müsse sich mindestens seit September 1754 in der »churfürstlichen Haupt- und Regierungs-Stadt« aufgehalten haben. Der Ent-

wurf für den heutigen Hochaltar der sogenannten Theklakapelle stammt nämlich unbezweifelbar von Christian Jorhan. Die Putten des Auszugs kehren zum Teil wörtlich in späteren, gesicherten Zeichnungen wieder. Auf diesem Blatt brachte der Pfleger der freien Reichsherrschaft Fraunhofen, Anton Bernhard Dapsul, eine Aktennotiz an, die er zugleich gewissenhaft datierte: »Actum den 26. Septembris 1754«. Der Eintrag liefert einen Terminus ante quem. Rätselhaft wiederum nur, daß unser Meister in den Steuerlisten von 1754 nirgends als Einlieger in einem der 964 Häuser der Stadt aufgeführt ist. Wer war er, was wissen wir über die Herkunft dieses Christian Johann Wenzeslaus Jorhan?

Der Vater: Wenzeslaus Jorhan

Christian Jorhan d. Ä. – so sein Name in der Kunstgeschichte – wurde am 6. Oktober 1727 als Sohn des Bildhauers Wenzeslaus Johann Jorhan im niederbayerischen Griesbach, damals ein Markt und Sitz eines Pfleggerichts, getauft. Zwei Jahre vor der Geburt hatte der Vater dort ein Haus erworben. Er galt als geschickter Mann. Ob er aus Bilin in Nordböhmen stammt, konnte noch nicht endgültig geklärt werden. Jedenfalls übte sein Vater Augustin Jorhan gleichfalls den Beruf eines Bildschnitzers aus. Am 11. August 1718 hatte der junge Handwerker in der Klosterpfarre Vornbach eine Witwe geheiratet, deren

◁ Hochaltarentwurf für die Theklakapelle in Landshut *(1754; Schloßarchiv Neufraunhofen)*
Vor allem die Zeichnung der Assistenzfiguren ist noch ziemlich unbeholfen. Doch mußten wohl zur Verdeutlichung des Gemeinten die Maße der Engel und der flankierenden Heiligen so stark überhöht werden.

Eintrag über die Verehelichung Christian Jorhans in der Heiratsmatrikel von St. Jodok zum 6. Oktober 1755 (Pfarrarchiv St. Jodok, Landshut).

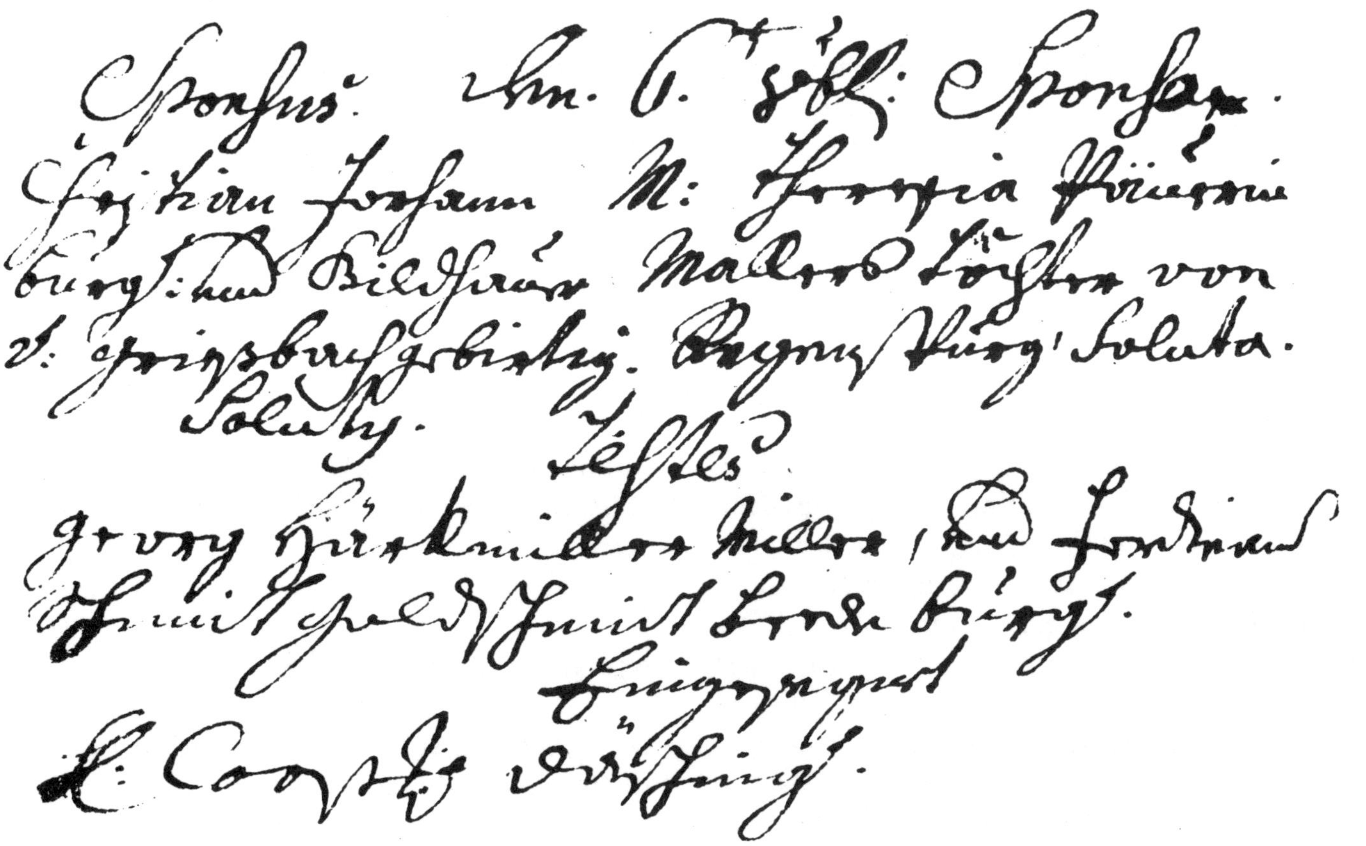

erster Mann Vorreiter beim General Schillin gewesen war. Die Kirchenrechnungen des Pfleggerichts Griesbach zeigen unmißverständlich an, daß Wenzeslaus zu dieser Zeit seine Arbeiten von Vornbach aus verrechnete. Er muß also im Bereich des Klosters eine kleine Werkstätte geführt haben. Der Wechsel nach Griesbach verhieß einen Aufstieg, zumal damit eine Bildhauergerechtigkeit verbunden war, für welche sich auch die Pfleggerichtsverwaltung verantwortlich fühlte. Mit einem Könner in seiner Profession besaß man nämlich die Möglichkeit, »ausländischen« Meistern, vor allem denen aus Passau, die Aufträge zu entziehen. Nachdem damals Kirchenausstattungen ihre Konjunktur hatten, bedeutete das eine nicht unerhebliche Stärkung der Wirtschaftskraft eines Ortes. Weit über den Bereich des Pfleggerichts hinaus, eigentlich im gesamten Rentamt Landshut, hat denn auch Wenzeslaus Jorhan reüssiert. Landständische Klöster, etwa Aldersbach oder St. Salvator, beschäftigten ihn, ebenso Wallfahrtskirchen wie St. Wolfgang, Frauentödling oder Anzenberg. Daß im unteren Rottal nahezu jede Pfarr- und Filialkirche eine Arbeit aus dieser Werkstätte besaß, verstand sich von selbst. Schlechterdings ungewöhnlich jedoch der Umstand, daß dem Bildhauer von Griesbach aus die Beteiligung an den zwei herausragenden Umbauprojekten gelang, welche während des 18. Jahrhunderts in der zweitbedeutendsten Stadt des bayerischen Kurfürstentums, in Landshut, durchgeführt wurden, der Zisterzienserinnenkirche Seligenthal und der Dominikanerkirche. Um das Außerordentliche des Vorgangs zu begreifen, muß man sich vergegenwärtigen: Dort kämpfen drei Bildhauerwerkstätten um Aufträge, wobei Anton Neu den Titel eines Hofbildhauers führt und Ferdinand Anton Hiernle wirklich kompetent ist. Außerdem handelt es sich bei dem Stukkator und Freskanten Johann Baptist Zimmermann oder dem Architekten Johann Baptist Gunezrainer um Meister der Münchener Hofkunst, zu denen Wenzeslaus Jorhan als Bildschnitzer hinzutritt – damit übrigens keineswegs eine nebensächliche Funktion ausübend. Nach Seligenthal wird ihm die bewährte Zusammenarbeit mit dem Kistler des Zisterzienserklosters Aldersbach, Frater Kaspar Grießemann, den Weg geebnet haben. Noch stehen in dieser Klosterkirche oder in Frauentödling die Zeugnisse ihrer Kooperation. Das von ihnen entwickelte Muster muß für die Zeitgenossen so überzeugend gewesen sein, daß es in Landshut ohne wesentliche Veränderungen fortgeschrieben wurde. Wenzeslaus Jorhan hat die gesamte figuralplastische Neuausstattung verantwortet. Der zweite Bildhauer, den die Klosterannalen erwähnen, ist nicht Ferdinand Anton Hiernle, wie Felix Mader vermutete, sondern Jorhans Altgeselle. Nicht von ungefähr zeigen die Bischöfe des Victorinus- und die weiblichen Heiligen des Antoniusaltars bis in letzte Details die gleiche Handschrift wie die Altarwächter in Dietersburg. Auch bei der Dominikanerkirche wurde Wenzeslaus Jorhan noch einmal ehrenvoll bedacht. Er durfte die beiden Monumentalfiguren der Hochaltaranlage besorgen und die zwei vorderen Seitenaltäre mit Figuralplastik schmücken. Wie hoch sein Renommee gewesen sein muß, läßt sich noch einem anderen Auftrag entnehmen. Die reiche und vielbesuchte Wallfahrtskirche Zu unserer lieben Frau auf dem Ruprechtsberg ob Dorfen benötigte einen Künstler, der in der Lage war, das skulpturale Programm des Asamschen Hochaltarentwurfs angemessen auszuführen. Für 808 Gulden hat der Bildhauer aus Griesbach diesen Auftrag vor 1749 »exekutiert«.

Künstlerischer Rang des Vaters

Die Bedeutung von Wenzeslaus Jorhan ist leicht zu umreißen. Zunächst einmal verfügt er über stupende Fähigkeiten im Handwerklichen. Die

»mit der Axt gespaltenen, unbearbeiteten, splitterigen Falten« verraten einen Techniker, der schnell auf Masse zu produzieren versteht, ohne daß seine Arbeiten an Qualität einbüßen. Bei der figuralplastischen Fülle, die der spätbarocke Altar forderte, war Gewandtheit, rationelles Hantieren eine wichtige Voraussetzung. Ausgeglichen wurde die aufs Quantitative gerichtete Tendenz durch Feinheiten, durch Überraschungseffekte in der Invention. Das Gesicht der Mutter Anna von Frauentödling dürfte den Rahmen der zeitgenössischen Lösungen in Altbayern sprengen, sofern sie nicht durch die Internationalität der hauptstädtischen Kunstentwicklung angeregt sind. Sicher auch dem anspruchsvollen Betrachter von heute eine Überraschung, diese Mischung aus abgehärmter Greisenhaftigkeit und empfindsamem Adel. Die eingefallenen Wangen konturieren einen schmerzlich verzückten Mund, das preziöse Oberlid gibt ein mystisch versunkenes Auge frei. Auch die Engel führen eine neue Sprache. Während die Adoranten eine Steigerung des Seelischen auszeichnet, die sonst nur noch die Asams kannten, gaudieren die Putten in Posituren und Aktionen, die beinahe noch ungewöhnlicher sind. Ob sie sich auf Dachungen fläzen oder, Girlandenkörbchen traktierend, in der Rahmenzone der Altäre herabschweben, alles wird in lebendigstes Geschehen gebracht, und die Drolligkeit wirkt nicht mehr wie ein Attribut, sondern ist der satten Körperlichkeit kindlicher Akteure abgewonnen. Besondere Aufmerksamkeit würden drei Figurentypen verdienen, die Darstellungen der Immaculata, des Johannes von Nepomuk und des auferstandenen Herrn. Statt dessen soll noch einmal an zwei unterschiedlichen Aspekten, der Gewandbehandlung und der Körperaktion, die Eigenart des Bildschnitzers kurz herausgehoben werden. Sein Schnitzstil, ob nun prismatisch und kantig bei den Werkstattfiguren oder mit abgeraspelter Faltengebung bei den teueren, verliert bald die manierierte Kleinteiligkeit der frühen Phase. Wenzeslaus Jorhan dringt zu einer Organisation der Gewandmasse vor, die diese zum Medium des Ausdrucksgehaltes der Figur machen will. Die barocke Eigenwertigkeit der Gewandung wird zunehmend unterdrückt. Diagonale Bewegungszüge, exterritoriales Ausschwingen von Tuchpartien, gliedernde Aufschluchtung oder Unterschneidung sind die wichtigsten Merkmale für die Rückbindung an das Gesamt der skulpturalen Erscheinung. Unterstützt wird dieser Zug zur Vereinheitlichung durch die spontane, flotte Art, bei welcher der Meister mittels seicht gemuldeter Hohleisen (oft auch nur mit dem Flacheisen) die Oberfläche facettiert, so daß sie ein Aktionsfeld für die Lichteinwirkung abgibt. Einen ähnlichen Befund zeigt die Körpersprache. Mimik und Gestik sind keine isolierten Ausdrucksprovinzen, denn die Stellung der Figur und ihre Bewegungen prägen sich derart deutlich in der Gewandmasse ab, daß der Eindruck lebendiger Ganzheit entsteht. Soviel da von der Rhetorik des Spätbarock überlebt – sicher auch böhmisches Erbe –, Wenzeslaus Jorhan klärt das Erscheinungsbild der Gewandplastik kritisch ab. Eine Funktionalisierung der Gestaltungsmittel setzt ein, die selbst der pathetischsten Geste eine neuartige Glaubwürdigkeit verleiht. Der Sohn hat dieses Amalgam aus rhetorischer Tradition und funktionalisierender Gestaltung, die jeweils nur auf ein Prinzip zielt, mit neuen Sprachmitteln zur Vollendung geführt. Wie tief er in Detail und Geist dem Werk seines Vaters verpflichtet blieb, zeigt sich selbst noch an den Arbeiten der letzten Periode. Er lernte bei ihm mehr als nur die Grundbegriffe der Schnitzkunst.

Lehrjahre: Probleme bei ihrer Rekonstruktion

Überblickt man Christians Ausbildungsgang, liegt auf der Hand, daß er sorgfältig geplant worden war. Er »schmückte und bereicherte sich (...) auf seinen Reisen mit großen Kenntnissen«. Hierbei lernte er die geradezu unüberschaubare Breite der überkommenen Praxis kennen, besondere Techniken des Schnitzens oder des Meißelns in Stein ebenso wie den überreichen Fundus an Bildtypen. Vor allem die Kunst der Invention, diese raffinierte Mischung aus Traditionswahrung und zeitgemäßer Fortbildung, wurde ihm zu einer derart unbefragten Selbstverständlichkeit, daß er jederzeit – unabhängig von einer seelischen Disposition – in der Lage war, einen befriedigenden Entwurf zu liefern. Entschieden erweiterte sich der Horizont des angehenden Kunsthandwerkers, indem er die Raffinesse eines an der Hofkunst orientierten Rokoko studieren durfte, aber auch Tendenzen, die auf den Frühklassizismus hinliefen. So erfreulich es ist, daß die zeitgenössischen Quellen uns nahezu jede Station überliefern, die Nachrichten scheinen nicht unerheblich zu divergieren. Jedenfalls führten die oft sehr unkritisch übernommenen Angaben dazu, daß eigentlich jeder Artikel über Jorhan sich eine neue Version über dessen Ausbildungsweg zusammenreimt. Würde man sich die Mühe machen, die jeweils genannten Lernzeiten zu addieren, man käme zum Teil auf Zeitspannen, die vollkommen unrealistisch sind. Trotzdem kann in diese Frage Licht gebracht werden, sobald man erkennt, daß allen Aussagen nur zwei Primärquellen zugrunde liegen. Es handelt sich um Johann Georg Meusels »Teutsches Künstlerlexikon«, dessen erste Auflage von 1778 stammt, und Franz Sebastian Meidingers »Beschreibung der churfürstlichen Haupt- und Regierungs-Stadt Landshut« (1785). Zunächst, in zeitlicher Reihenfolge, die entscheidenden Ausschnitte aus beiden Texten:

»Lernte bey seinem Vater Wenzeslaus, arbeitete hernach bey dem Bildhauer des Klosters Zwyfalten in Schwaben drittehalb Jahre, bey dem Salzburgischen Hofbildhauer Pfaffinger, in Augsburg bey dem berühmten Ignatz Verhelst und Leonhard Riedlinger drey Jahre lang. Besuchte auch die Kunstakademie zu Augsburg, und übte sich im Poussiren nach der Natur. Hierauf lies er sich in Landshut häuslich nieder.«

»Jorhan (Christian) von Griesbach in Baiern gebürtig, lernte bey seinem Vater die Bildhauerkunst (...). Jorhan besuchte in Augsburg drey Jahre die Akademie, arbeitete nachher bey dem berühmten Straub in München, und machte sich da vieles eigen.«

Für eine angemessene Beurteilung der beiden »Relationen« ist es wichtig, sie nicht in erster Linie chronologisch zu lesen, sondern als rühmende Aufzählung, deren Aufbau naiv, unkritisch vom Interesse ihres Verfassers und von der Bestimmung der jeweiligen Publikation geformt wird. Nur so ist es zu erklären, daß Meusel die Ausbildung bei Straub, daß Meidinger die bei Christian, Verhelst, Riedlinger und Pfaffinger unterschlägt. Der Quellenwert der Aussagen bleibt trotz dieser Einschränkungen eminent. Hinter dem Artikel des »Teutschen Künstlerlexikons« steht vermutlich eine schriftliche Auskunft, der Landshuter Stadtprokurator wird sogar ein persönliches Gespräch mit dem Bildhauer geführt haben.

Artikel »Jorhan (Christian)« aus Johann Georg Meusel: »Teutsches Künstlerlexikon«, hier Ausgabe von 1810. Der Text Franz Sebastian Meidingers wird auf Seite 276 unseres Buches wiedergegeben.

JORHAN (CHRISTIAN).

Bildhauer zu Landshut in Bayern: geb. zu Griesbach in Unterbayern 1733.

Lernte bey ſeinem Vater Wenzeslaus, arbeitete hernach bey dem Bildhauer des Kloſters Zwyfalten in Schwaben drittehalb Jahre, bey dem Salzburgiſchen Hofbildhauer Pfaffinger, in Augsburg bey dem berühmten Ignatz Verhelſt und Leonhard Riedlinger drey Jahre lang. Beſuchte auch die Kunſtakademie zu Augsburg, und übte ſich im Pouſſiren nach der Natur. Hierauf lies er ſich in Landshut häuslich nieder.

Arbeitet ſowohl in Holz, als in Marmor, Elfenbein und andern Materien. Vorzüglich werden ſeine Genien und andere kleine Stücke von Elfenbein geſucht.

Lösungsvorschlag

Prämisse bei der Auflösung der widersprüchlich wirkenden Daten muß sein, daß zwischen dem Ende der Lehrzeit in Griesbach und der Eröffnung der Landshuter Werkstatt nicht mehr als neun bis zehn Jahre liegen können. Deshalb wollen wir die akademische Schulung in Augsburg nicht als krönenden Abschluß der Ausbildungskarriere ansehen, sondern sie in die erste Phase der Wanderzeit verlegen. Diese Annahme hat den Vorteil, daß sie Jorhans Wanderjahre auf eine vernünftige Dauer zurückschneidet. Nach ihr würde der Geselle »drey Jahre lang«, der Jahreszeit entsprechend, zwischen Riedlingen, dem Sitz der Werkstätte von Joseph Christian, und Augsburg gependelt haben, was von den geographischen Gegebenheiten her keine Schwierigkeit bedeutet und dem Umstand gerecht wird, daß der Unterricht auf der Akademie sowieso nur sporadisch war und auf die Winterzeit konzentriert blieb. Gerade ihr lockerer Ausbildungsstil ermöglichte es zudem, sich zusätzlich bei den Bildhauern der Reichsstadt umzusehen. Vor allem Georg Leonhard Riedlinger, dieser »gewiß nicht mittelmäßige Bildhauer«, der 1768 »ohnerachtet alles angewanten Fleißes in Armuth« starb, wird Jorhan keinesfalls in erster Linie als Hilfskraft für große Aufträge benötigt haben. Entscheidend bleibt, daß sich unser Vorschlag auch aus den Quellen herausfiltern läßt. Bei Meusel beginnt die Ausbildung in Riedlingen, endet allerdings wieder in Augsburg. Meidinger läßt sie hingegen sofort in der schwäbischen Reichsstadt einsetzen. Zweifelsfrei besaß für beide Autoren der Umstand, daß Jorhan eine akademische Schulung nachweisen konnte, einen besonders hohen Stellenwert. Deshalb erwähnt Meidinger ausschließlich die Akademieausbildung und klammert die übrigen schwäbischen Meister aus, zumal sie für seine Leser nicht von Belang waren. Meusel führt natürlich eine respektable Sequenz an Bildhauernamen auf, konnte man sie doch in seinem Lexikon nachschlagen. Nur bringt er die Stationen, nach einem chronologisch fixierten Einsatz, in eine Reihenfolge, die offensichtlich von dem Ansehen der jeweiligen Ausbildungsstätte bestimmt ist: zuerst ein Hofbildhauer, dann der »berühmte« Ignaz Verhelst; zuletzt, angeschlossen durch ein »auch«, das gerade nicht abwertend gemeint ist, die »Kunstakademie zu Augsburg«. Ihr Besuch ist eben die wahre Legitimation in den Augen der Kenner, die nach dem Geschmack einer neuen Zeit urteilen.

Lehrjahre und Beginn der Wanderzeit

Solche Vorüberlegungen erlauben die Rekonstruktion einer Wanderzeit, die konsequent vom Status des Gesellen zu dem eines Gehilfen führt, der nahezu selbständig Arbeiten ausführt. Sie wird wohl Mitte 1744 begonnen haben. Zu diesem Zeitpunkt war Jorhan 17 Jahre alt. Die Griesbacher Werkstätte hat er nicht nur mit einem soliden Grundstock an handwerklichem Erfahrungswissen verlassen. Wenn es auch gegenwärtig noch zu vermessen ist, an einigen Skulpturen des Vaters die Mitarbeit des jungen Christian nachzuweisen, nicht zu bezweifeln wird sein, daß es so etwas wie eine prägende Kunsterfahrung gibt, die die Macht eines grundstürzenden Erweckungserlebnisses besessen haben muß. Für die nur wenige Fußstunden entfernte Klosterkirche von Fürstenzell hatte Johann Baptist Straub 1743 einen Hochaltartabernakel geliefert. Die bekrönenden Kinderengel, Hoffnung, Glaube und Liebe verkörpernd, sind in ihrer zwanglosen Leichtigkeit zum Inbegriff dessen geworden, was Jorhan schaffen wollte, aber wohl nie ganz erreicht hat. Wie sehr die Fürstenzeller Eindrücke die unfreiwillige Enge des väterlichen Betriebes durchbrochen haben mögen, der entscheidende Aufbruch, die Begegnung mit den wegweisenden Leistungen der Jahrhundertmitte stand dem Gesellen noch bevor. – Bereits sein erster Aufenthalt konfrontiert ihn mit einem epochalen Werk des Rokoko. Als er nämlich in Riedlingen bei Johann Joseph *Christian* (1706–1777) einsprach, arbeitete dieser gerade am Chorgestühl für Zwiefalten. Wenn irgendwo, hier war die Kunst des Reliefs zu lernen. Für Jorhans Bedürfnisse wurde allerdings ein anderer Sachverhalt wichtiger, die Technik der Stuckplastik und die Gestaltungsweisen, die in diesem Material möglich waren. Christian vermittelte ihm, was Entmaterialisierung der Skulptur heißt. Dieser Stuckplastiker schmolz das Formenrepertoire des barocken Bewegungsstils zu einem ganz und gar momentanen Erscheinungsbild um. Auf welche Weise ausholende Gebärden mit physiognomischem Realismus zusammengebracht werden, Gewänder als freistehende Tuchfiguration den Heiligen umspielen und erhöhen können, das hat der Geselle aus Griesbach nie wieder vergessen. Nicht zuletzt müssen ihn die Riedlinger Jahre in der Auffassung bestärkt haben, daß Sakralkunst sich keineswegs in ästhetischen Fragen erschöpft. Selbst Jorhans spätesten Arbeiten fehlt eine Erstarrung im strengen Sinn des Klassizismus. Die Skulpturen sollen ihre Durchregtheit bewahren, damit die beatitudo, die übernatürliche Seligkeit in der Anschauung Gottes, abbildbar bleibt. Niemand hat diese metamorphe Qualität, die sich nicht nur in verzehrenden Gebärden oder aufwehenden Gewändern zeigt, so systematisch auszuloten versucht wie sein Lehrherr Johann Joseph Christian. – Daneben hat Jorhan die Augsburger Akademie, die Werkstätten von Aegidius Verhelst (1696–1749) und Georg Leonhard Riedlinger besucht. Meusel irrt, wenn er von Ignaz Wilhelm Verhelst spricht, da dieser die Meistergerechtigkeit erst zu einem Zeitpunkt erhielt, als unser Bildschnitzer sich bereits in Landshut aufhielt. Augsburg bedeutete Erweiterung und Korrektur. An der *Akademie* »übte« er sich »im Poussieren nach der Natur«. Die Anatomie der Sebastiansskulpturen, die vielen Kruzifixe legen davon ein beredtes Zeugnis ab. *Riedlinger* wird wichtig, weil er Vorlagen für die Augsburger Goldschmiede lieferte und in der Anfertigung von »Schneidarbeiten« (Ornamentik aus Holz) kompetent war, *Verhelst*, weil nicht wenige seiner Skulpturen ein unverzichtbares Gegengewicht zum religiös fundierten Transzendentalismus der oberschwäbischen Stuckplastik bilden. Wer beispielsweise die Friedberger Beweinung studiert (um 1745), wird erstaunt sein, wie protoklassizistisch sie ist. Exakte Körperlichkeit, zurückhaltende und antikisierende Gewandung, der Wirklichkeit abgelauschtes Agieren – welchen Aspekt der Gruppe man heraushebt, der Gegensatz zu Johann Joseph Christian könnte nicht größer sein. Trotzdem finden sich auch diese Momente in Jorhans Arbeiten wieder. Gerade die Beweinung Christi muß er eingehend studiert haben. Damit hat der angehende Bildhauer Kontakt gewonnen zu den mehr profanen Traditionen, die in München hauptsächlich durch Guillielmus de Grof (1676–1742) vermittelt worden waren. Wie die Kunstentwicklung zeigt, sollte ihnen sehr bald der Sieg zufallen.

Johann Baptist Straub

Indem nun Jorhan 1748 in das Atelier von Johann Baptist Straub (1704–1784) eintrat, verstärkten sich diese gegenläufigen Einflüsse noch mehr. Zeigte der Aufenthalt in der Reichsstadt, wo er natürlich auch dem Höhepunkt der »Augsburger Tändeleyen«, dem wuchernden Rocaillenwesen der Vorlagenstiche begegnete, zu welchen Capricen der je neueste »goût« fähig war, nun hätte er erfahren können, wie distinguiert das avancierte Rokoko der Hofkunst ist, was ästhetische Disziplin bei der Konzeption von Altären oder Kanzeln heißt. Selbstverständlich läßt sich das Werk von Straub nicht auf eine einzige Formel einengen, doch besitzen seine Sakralskulpturen, die er übrigens weitgehend nicht selbst ausgeführt hat, die gleiche plastische Dignität, wie sie für die besseren Arbeiten des Aegidius Verhelst gilt. Was bei diesem herb, monumentalisierend, mimetisch prägnant ist, erscheint bei jenem elegant, flüssig, effektvoll, wobei stets die Einpassung in das entsprechende Ensemble bedacht wird, ihr sogar nicht unerhebliche Opfer gebracht werden. Die Werkstätte in der Hackenstraße war groß. Mindestens zwei Jahre lang ist Ignaz Günther Mitgeselle, der dann freilich 1750 nach Salzburg und später nach Mannheim geht. Die Kommunikation zwischen beiden Bildhauern riß wohl bis zu dessen frühem Tod nicht ab. Es kann hier nicht begründet werden, inwiefern die Beziehung keine einseitige, sondern ein Geben und Nehmen war. Zumeist wird darüber vergessen, daß bis 1750 auch noch Franz Xaver Messerschmidt bei Straub tätig war. Vielleicht ist er für die Jorhansche Entwicklung nicht weniger interessant, wäre es doch einer Überlegung wert, die Vorliebe für Physiognomisches, die erstaunliche Varianz an empfindsam getönten Gesichtstypen unter anderem auf die Zusammenarbeit mit diesem Gesellen zurückzuführen. – Nach einer gewissen Einarbeitungs- und Bewährungszeit ließ Straub seinen Gehilfen weitgehend freie Hand. Deshalb kann man in der Karmelitenkirche von Reisach unschwer Arbeiten mit der Handschrift Günthers ausmachen. Dies gilt ebenso für Jorhan, was bisher nicht beachtet wurde. 1751 lieferte Straub für die beiden rückwärtigen Ausrundungen des Kirchenraums einen Antonius von Padua und einen Kajetan. Die Putten und Kindlköpfe an der hinterlegten Draperie des Antonius antizipieren ohne stilistischen Bruch den Typenschatz der ersten Landshuter Arbeiten. Das Christkind, das auf dem Buch dieses Heiligen sitzt, stimmt nahezu völlig mit dem »Kindl« überein, welches der archivalisch beglaubigte Joseph der Filialkirche Vatersdorf (1758) in seinen Händen birgt. Beinahe noch eindeutiger liegt der Fall bei der Skulptur des Kajetan: Das Geäder seiner Hand oder der Lidschnitt der Augen zählen zu den prominenten Merkmalen des Jorhanschen Frühwerks. Wiederum zugleich eine Fastidentität des Christuskindes mit späteren Arbeiten. Die beiden Figuren würden übrigens die Aussage rechtfertigen, daß der Geselle nur bedingt in der Lage zu sein scheint, die höfische Eleganz seines Meisters zu übernehmen. Überhaupt bleiben bei Jorhan zentrale Aspekte der Straubschen Innovation ausgeblendet. Anders als Günther hat er bei seinen Kanzel- und Altarentwürfen stets Modelle vorgetragen, die entwicklungsgeschichtlich durch die Arbeiten seines Lehrers für immer überholt waren. Eine ähnliche Resistenz zeigt sich bei der ästhetischen Strukturierung solcher Ensembles. Also nicht nur, daß altertümliche Inszenierungsschemata angewendet werden, er ist auch nicht willens, die figuralplastischen Bestandteile »proportionierlich« einzusetzen. Der Altar wird mit Bildhauerarbeit übersättigt, Überschneidungen bewußt in Kauf genommen. In dieser Sphäre blieb Jorhan stets einer traditionellen Mentalität verhaftet. Eben sie war aber die Vorbedingung, daß die Zeit bei Straub seine wirkliche Begabung endgültig zu entbinden vermochte. Der Münchener Bildhauer lieferte so etwas wie ein Ideenmagazin. Gleichgültig, ob es die Cherubim mit Flügelfüßen oder die Kindl sind, die kosend ein Lamm umhalsen, ob es sich um die kostümliche Ausstaffierung weiblicher Heiliger handelt, Jorhan hat eine Fülle von Erfindungen mitnehmen können. An ihnen vermochte er dann zu zeigen, worin seine Stärke bestand. Der schnitztechnischen Bravour und dem Einfallsreichtum, mit dem Modelle abgewandelt werden, verdanken sich Skulpturen, welche die Straubschen Originale an Qualität oft bedeutend übertreffen. Trotzdem führt der Jorhansche Konservatismus zu keiner Starrheit, die sich auf einer einmal erworbenen Position einigelt. Die Teilidentifikation mit den Vorstellungen einer veraltenden Überlieferung ist prinzipiengeleitet, beruht auf der strikten Bewahrung theologischer Fundamentalien. Deshalb werden allerdings dort, wo es richtig erscheint, neue Entwicklungen sensibel aufgenommen. Wahrscheinlich geht diese konservativ geprägte Offenheit gleichfalls auf das Klima der Straubwerkstätte zurück, auf den Zwang zur Konkurrenz mit anderen hochbegabten Gesellen der gleichen Profession.

Gehilfe

Als Jorhan, wohl noch 1751, München verließ, war er genau besehen ein fertiger Bildhauer. Seine Stelle bei Joseph Anton Pfaffinger in Salzburg wird mehr die eines Gehilfen gewesen sein, der für den betagten Meister einen großen Teil seiner Arbeit erledigte. Wie aus einem Briefwechsel Jorhans aus dem Jahr 1795 hervorgeht, war es Usus, bei größeren Auftragseingängen ausgebildete Kräfte auf Zeit einzustellen. Als Geselle dürfte er in dieser Hinsicht seiner ausgesuchten Schulung wegen ein gefragter Mann gewesen sein, der bei jedem Bildhauer mit größerer Werkstätte leicht ein Unterkommen fand, und sei es noch so kurzfristig. Nur weil Pfaffinger der bekannteste Name war, wird er bei Meusel erwähnt. Gewichtige stilkritische Befunde erzwingen die Annahme, daß daneben zumindest auch Johann Georg Itzlfeldner in Frage kommt, bürgerlicher Bildschnitzer im salzburgischen Tittmoning. Einige Arbeiten scheint Jorhan aber auch auf eigene Rechnung gefertigt zu haben, so den Altar für die Felixkapelle in Gars, der nach Franz Sebastian Meidingers Angaben bereits 1752 gefaßt wurde. Er sei »niedlich und schön, sowohl in seiner Bauart, als in der trefflichen Fassung – Statuen, und Verzierungen sind von Christian Jorhan«. Das überlieferte Objekt erlaubt es nicht, an Datierung und Autorschaft zu zweifeln. Welche Aufgaben der Bildhauer für Joseph Anton *Pfaffinger* (1684–1754) ausgeführt hat, muß zur Zeit noch offenbleiben. Deshalb nur der Hinweis, daß auf der Supraportendachung des Portals der Salzburger Sebastianskirche zwei Engel aus Marmor posieren, die in ihrer Frische und Ungezwungenheit sehr an die Arbeiten Jorhans erinnern. Die Skulpturen sind für die Pfaffingerwerkstatt belegt und wurden 1754 geliefert, also im Todesjahr des Meisters. Wie dem im einzelnen sei, in Salzburg könnte der Geselle die Technik der Bearbeitung von Stein aufgefrischt haben, die er vermutlich schon bei Christian erworben hatte. Das italienisch bestimmte Barock der Metropolitanstadt mag für ihn fesselnd gewesen sein, nicht weniger das Werk von Raphael Donner, hauptsächlich die Neptungruppe der Kapitelschwemme, welche von Pfaffinger 1732 nach dessen Entwürfen gemeißelt worden war. Eine sehr praktische Bereicherung lag im Studium der Nepomukfiguren seines Meisters, deren Vielzahl heute noch frappiert. Jorhans Bildwerke, die diesem böhmischen Heiligen gelten, haben die Zeitgenossen geschätzt und dürften teilweise von Salzburger Vorbildern abhängig sein. – Bei weitem interessanter sind die Arbeiten für Johann Georg *Itzlfeldner* (1704/05–1790): die meisten Putten und Kindlköpfe, vielleicht auch der Vorhang im Hochaltar der Marienwallfahrtskirche zu Arnsdorf (Gerichtsbezirk Oberndorf; 1752/53); eine Maria Magdalena, ein Johannes, das Antlitz Gottvaters und ein »Plärr«-köpfchen für den Siebenschmerzenbruderschaftsaltar, einen Kreuzaltar, in Engelsberg (Landkreis Traunstein; 1752/53). Jedes unbefangene Auge würde die Skulpturen zunächst als besonders gelungene Stücke aus der Hand des Wenzeslaus Jorhan ansehen, der allerdings bereits am 16. März 1752, nur 57 Jahre alt, begraben worden war.

Daß sie jedenfalls nicht von Itzlfeldner herrühren, zeigt vor allem in Arnsdorf der Vergleich mit den restlichen Arbeiten des Hochaltars, etwa den Tabernakelputten. Erst bei genauerer Betrachtung wird in Aktion und Psychologie eine Sicherheit greifbar, die Jorhans Vater verschlossen blieb. Trotzdem wollen sich keine Reminiszenzen an die Münchener und Augsburger Lehrjahre einstellen. Eine Erklärung hierfür ist schnell gefunden. Jorhan ist ein Meister realitätsgerechter Anpassung (nicht Anbiederung!). Die konservativere Manier der Griesbacher Werkstätte entsprach sicherlich vollkommen den Vorstellungen Itzlfeldners und seiner Auftraggeber. Die Normen der Münchener Rokokoplastik hätten sowieso nicht in das Umfeld der gehobenen Salzburger Landkirche um 1750 gepaßt. Man beachte nur einmal, wie stark der Tittmoninger Meister späterhin Günthersche Entwürfe trivialisiert – und damit durchaus Anerkennung findet. Das kanonische Pathos, verbunden mit der seelischen Feinheit eines meisterlich ausmodellierten Antlitzes, die rückhaltlose Unmittelbarkeit quirligsten Agierens bei den Putten – mit solchen Werten wird der Gehilfe allen Ansprüchen gerecht geworden sein. Wie zudem aus dem Engelsberger Johannes durch eine leichte Zurücknahme der aufgewühlten Gewandung eine Figur von klassischem Zuschnitt zu erreichen ist, verdeutlicht ein Vergleich mit dem aus der Garser Kreuzigungsgruppe, der ungefähr zehn Jahre später liegt: auffällig viele Parallelen im Körperlichen, dennoch eine völlig neue Ausdruckswelt. – Es gäbe noch manche faszinierende Skulptur aus diesem Raum zu diskutieren. Hier nur die Anmerkung, daß mit dem ehemaligen Kreuzaltar aus Engelsberg sich zugleich Beziehungen zum künftigen Beschäftigungsort hergestellt haben. Er wurde nämlich durch den Landshuter Maler Matthias Daburger für 500 Gulden gefaßt.

Begründung einer Werkstätte

Nach einer so glänzenden Ausbildung ist es für uns schlüssig, daß Jorhan nicht mehr nach Griesbach zurückwollte. Seine Zeitgenossen dürften darüber etwas anders geurteilt haben. Bereits während seines Salzburger Aufenthalts war der Vater gestorben, ohne daß der Bildhauer die vakante Werkstätte, einen florierenden Betrieb, übernahm. Vielmehr bewarb er sich um eine Gerechtigkeit in Landshut – trotz der vorzüglichen Zeugnisse, die der Kandidat vorlegte, ein Schritt, der wahrscheinlich ohne Fürsprache nicht möglich war und sorgfältigst lanciert sein wollte. Wer ihm den Weg ebnete, kann aus den dürftigen Quellen nicht mehr eruiert werden. Die Vermutung liegt ziemlich nahe, daß es zunächst sogar Christians Vater selbst gewesen ist, der für seinen Nachfolger erreichen wollte, was ihm selbst versagt blieb. Das Ansehen des Wenzeslaus Jorhan bei der kurfürstlichen Regierung muß hoch gewesen sein, sonst hätte er die Aufträge für Dorfen und Anzenberg nicht bekommen. Auch der Magistrat wußte um dessen Bedeutung. Nur dadurch ist es zu erklären, daß sich bis heute im Landshuter Heiliggeistspital eine Arbeit von ihm erhalten hat, die zum Altbesitz der Stiftung gehört. Zusätzlich werden sich Landshuter Meister für den vielversprechenden Sohn verwendet haben, so vielleicht Matthias Daburger als Faßmaler oder der Goldschmied Ferdinand Schmidt, der für seine Vorlagen einen tüchtigen Handwerker benötigte und übrigens einer der Zeugen bei Jorhans Hochzeit war.

Situation in Landshut

Am stärksten hat den Bewerber die paradoxe Lage begünstigt, in die das Landshuter Bildhauergewerbe geraten war. Einerseits existierten drei Werkstätten, bestand in der Stadt und ihrem Umland ein Bedarf nach Sakralskulptur, der noch nicht gezeichnet war von den Einbrüchen der heraufziehenden Säkularisation. Zum anderen vermochten die städtischen Betriebe es nicht, die

Gunst der Stunde zu nutzen. Während sie darbten, gelang es Johann Paul Wagner aus Vilsbiburg, sich sogar aus dem Pfleggericht Rottenburg ansehnliche Aufträge zu sichern, selbst noch zu einer Zeit, als Jorhan sein Monopol aufbaute: Oberotterbach (1755) und Großgundertshausen (ab 1759). Welche Ursachen hatte es, daß die Landshuter Werkstätten gleichsam aus dem Bewußtsein der anspruchsvolleren Auftraggeber geschwunden waren? Was Anton Neu (1669–1758; Hofbildhauer seit 1696) und Joseph Matthias Neu (?–1759; Bildhauergerechtigkeit ab 1696) betrifft, gibt der Stadtprokurator Meidinger eine unmißverständliche Antwort. Anton Neu war 1738 beauftragt worden, nach einem Entwurf von Johann Baptist Zimmermann für St. Jodok eine Kanzel zu fertigen. Noch ein halbes Jahrhundert später löst die Umsetzung durch den Hofbildhauer eine bewegte Klage aus: »nur ewig Schade, daß sein seichter Meissel die Zeichnung nicht so fein, so voll Geschmack (hat) nachahmen können, sonst würde diese ein sehr sehenswürdiges Stück seyn«. Mittelmäßig waren die Bildhauerbrüder von Anfang an gewesen, wie Anton seinen Titel nur bekam, weil er die Tochter eines Konvertiten heiratete. 1754 wohnten beide als Einlieger in ärmlichen Häusern, auf Almosen angewiesen. Die Stilistik ihrer Arbeiten hatte sich vollkommen überholt, Krankheit und Geldmangel werden ein übriges getan haben. Anders stand es mit den Hiernles. Ferdinand Anton Hiernle (1703–1743; Bildhauergerechtigkeit seit 1730) würde, vergegenwärtigt man sich zum Beispiel seine Artlkofener Engel, zu einem ernsthaften Rivalen Jorhans geworden sein. Er starb zu früh. Sein Bruder Johann Michael Hiernle zog dagegen von Erding aus für längere Zeit auch solche Aufträge an sich, die eigentlich Landshuter Bildhauern zugestanden hätten. Ferdinand Anton Hiernles Witwe führt mehr schlecht als recht die Werkstätte weiter, wohl in der Absicht, daß ihr Sohn sie später übernähme. Dieser Johann Nepomuk Ferdinand Hiernle muß in der Tat zunächst die Laufbahn eines Kunsthandwerkers angestrebt haben. Jedenfalls fungiert er nebenberuflich, wie die Quittung für einen Grabstein belegt, als »Steinarweither«. Seine Hauptprofession ist seit 1757 die eines Stiftschoralisten, genauer: Stiftsbassisten bei St. Martin. Unter dieser Berufsangabe wird er ausschließlich in den Steuerlisten und Statistiken geführt. Eine Bildhauergerechtigkeit hat er nie erlangt. – Soweit die Daten zur desolaten Lage bei den Landshuter Bildschnitzern. Sie machen es verständlich, daß Magistrat und Regierungsbehörden durchaus an einer leistungsfähigen, fortschrittlichen Werkstätte interessiert waren. Stärkung der Wirtschaftskraft galt als oberstes Gebot. Man hatte erfahren, daß in anderen Professionen, die dem Bau der Kirchen wie ihrer Ausstattung dienten, durchaus eine Konzentrierung auf die Regierungsstadt möglich und nützlich war. Der Hofmaurermeister Felix Hirschstötter stieg zum Generalarchitekten für das gesamte Rentamt auf, ohne den kaum ein Neubauprojekt durchgesetzt werden konnte. Ein Maler wie der bereits erwähnte Matthias Daburger erhielt seine Aufträge bis aus Ruhpolding, Garching an der Alz oder Weltenburg. Sicher haben also merkantile Gesichtspunkte, zielend auf eine Anhebung der Wohlfahrt in dem etwas verschlafenen, wirtschaftlich stagnierenden Landshut, dazu geführt, daß Jorhan problemlos Bürgerrecht und Bildhauerkonzession erhielt. Müßig die Spekulation, ob der fehlende Eintrag im Bürgerbuch darauf hindeutet, die Einbürgerung sei auf Geheiß der kurfürstlichen Administration erfolgt.

Chancen der Werkstätte

Eine Bildhauerstelle in Landshut versprach Fortune, schien eine beachtliche Geschäftsentwicklung zu garantieren, legte dem Kunsthandwerker aber von Anfang an auch Fesseln an, die er aus eigener Kraft nicht zu sprengen vermochte. Straub oder Günther waren hofbefreit, mußten sich nicht dem unerbittlichen Reglement der Zunftordnungen beugen. Sie durften frei entscheiden, wer die Kistlerarbeit fertigte, wer die Fassung übernahm. Fast immer stammten die Entwürfe von ihnen, lagen Initiative und Verantwortung in ihrer Hand. Johann Joseph Christians Stellung zeigte noch größere Vorteile. Dieser hatte sich zwar in die Zunftzwänge einer vorderösterreichischen Stadt zu schicken, kontraktierte jedoch zumeist mit freien Reichsgotteshäusern, welche unabhängig von einer staatlichen Kirchenadministration bestimmten, was ihnen gut und richtig dünkte. Und das lief in der Regel auf eine Kirchenzier hinaus, die mit der aufgeklärten Sparsamkeit der modernen Territorialstaaten nichts gemein hatte. Ein Bildhauer in Landshut war – erste wesentliche Beschränkung – fast ausschließlich auf die Herstellung von Sakralplastik festgelegt. Um sich wenigstens einigermaßen aus der Abhängigkeit von Kistler oder Faßmaler zu befreien, mußte er bestrebt sein, die Ausstattungsgegenstände zu »verlegen«, also ohne Mitspracherecht der anderen Handwerker den Entwurf zu besorgen, die Ausführung zu organisieren und die Objekte kraft ausschließlicher Vollmacht mit dem Auftraggeber abzurechnen. Geschicktes Taktieren, überzeugende Qualität konnten da einiges bewirken. Trotzdem war ein solcher Meister – zweite entscheidende Beschränkung – auf Gedeih und Verderb der Landesregierung ausgeliefert. Die Kirchen des Kurfürstentums wurden zu strenger Rechnungslegung verpflichtet, jede Neuanschaffung unterwarf man der Genehmigung durch die Kirchendeputation. Solange der Staat keine kritische, restriktive Haltung einnahm und man bei der Landshuter Mittelbehörde gut angeschrieben war, zeigte sich das Förderliche dieses Systems. Es versetzte Jorhan auch in die Lage, den Umstand zu verschmerzen, daß von Landshut aus nur landständische Klöster beliefert werden konnten und diese übrigens meist die Barockisierung ihrer Kirche weitgehend vollendet hatten. Insgesamt erwies sich die Wahl der wittelsbachischen Regierungsstadt als ein Glücksfall, selbst in den schlimmen Notjahren nach 1770, der dem Bildhauer bis gegen die Jahrhundertwende die völlige Katastrophe erspart hat. Gerade weil er statt einiger Spitzenobjekte die vielen Kirchen des Rentamts zu versorgen hatte, blieben auch späterhin Fälle übrig, wo Brand oder Einsturz eine Neuausstattung erzwangen. Überdies erhielt sich in diesem Bereich die überlieferte Religiosität so ungebrochen, daß sogenannte Guttäter für eine Fülle kleinerer Aufträge sorgten.

Der Eintrag im Steuermanual von 1757 zur Hausnummer 11 der elften Rott des dritten Viertels der Stadt Landshut ist der einzige Nachweis über Jorhans Hauskauf (StdA La, keine Bestandsnummer)

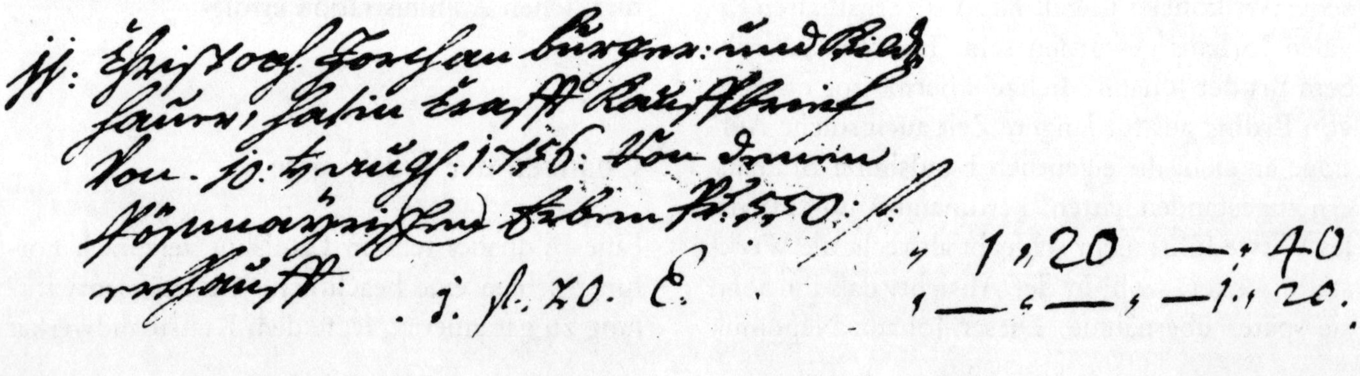

Erste Schritte

Die Seßhaftwerdung und der Aufbau eines Werkstattbetriebes sind noch einigermaßen erzählend zu rekonstruieren. Dann erst verliert sich Jorhans Leben für immer im Einerlei einer zunftgebundenen Handwerkerexistenz. Ungewöhnlich rasch erfolgt die Eingliederung in das soziale und ökonomische Gefüge der Stadt, beinahe unvermittelt stellt sich der erste Erfolg ein. Jorhan hat »in krafft Kauffbrief von 10. August 1756 von denen Pösmayrischen Erben pro 550 f« (= Gulden) das Haus Nr. 603 in der Unteren Freyung »erkauft«, ein Jahr nach seiner Hochzeit. Ignaz Günther mußte hierzu noch fünf Jahre warten, bezahlte allerdings 3978 Gulden. Besonders respektabel war die neue Behausung nicht, weder der Lage – der Nachbar ein »Kudelwampper«, ein Bearbeiter von Kutteln u. ä. – noch der Größe nach: ein schmales, »eingadiges« (einstöckiges) Haus. Lange Zeit lebten zudem weitere Einlieger in dem kleinen Anwesen, 1756 etwa »eine Tagwerchers Wittib« und eine »Kanzlisten Tochter«, beide auf Almosen, dazu die »leedige« Maria Anna Mayrin. Zeitweise, so 1765, stieg die Zahl sogar auf vier Einliegerinnen. Als schwere Belastung sollte sich herausstellen, daß Jorhan gezwungen war, die Hypothek von 200 Gulden zu übernehmen, die seinem Vorgänger durch die St. Katharinenbruderschaft bei Heiliggeist gewährt worden war. Die jährlichen Zinsen (4 Gulden) entrichtete man zunächst pünktlich. Als später die Rückstände überhandnahmen, drohte die Exekution. – Der Hauskauf wird aus dem Heiratsgut der Frau und aus dem Griesbacher Erbe finanziert worden sein. Die Werkstatt besaß damit eine Bleibe. Ein Umzug in den neuen Besitz war nicht notwendig, da Jorhan nach Auskunft der Steuerbücher bereits für das Jahr 1755 Leistungen für das Haus erbringt, was darauf schließen läßt, daß er wohl von Anfang an in ihm gearbeitet hat. Der gewichtigste Vorteil war indessen eine andere Mitgift. Wie viel er auf seiner Gesellentour gelernt haben mochte, keinesfalls hätte er Entwurfszeichnungen oder gar Bozzetti (Holz- oder Tonmodelle) für jede der anstehenden Aufgaben besessen. Weil ihm die gesamte Hinterlassenschaft seines Vaters zur Verfügung stand, war er auf allen Gebieten sofort konkurrenzfähig. Zu dem Arsenal an Erfindungen traten vielleicht die Arbeitsgeräte, neben den Schnitzwerkzeugen hauptsächlich eine oder mehrere Werkbänke. Insgesamt keine große, ansehnliche Werkstatt, aber flexibel, von einem Meister geführt, der sich auf das Improvisieren verstand. Auch im Hauswesen, dem Spiegelbild der Werkstube, ging alles nach Wunsch. Am 6. August 1758 wurde Christian Franz Xaver Jorhan als zweiter, lebensfähiger Sohn geboren, Stammhalter und würdigster Nachfolger seines Vaters.

Kistler, Faßmaler und andere Handwerker

Zu den Voraussetzungen einer erfolgreichen Bildhauertätigkeit gehörte die verständnisvolle Zusammenarbeit mit Kistlern und Faßmalern. Es gab erfahrene Meister, die über weitläufige Beziehungen verfügten, und junge Kräfte. Als Altarschreiner bot sich intra muros Johann Georg Stecher (Bürgeraufnahme: 2. September 1748) an, extra muros in der Hofmark Berg Andreas Rauscher. Von Anfang an ist die Kooperation mit beiden Kistlern belegt. Die Zahl der potentiellen Faßmaler war erheblich größer: Matthias Daburger, Joseph Anton Abfalter, Johann Wolfgang Corduletsch, Joseph Anton Jellmiller, Thomas Huber, Johann Peter Freund, Maximilian Simon Kröz, Sebastian David Fischer, Peter Fromberger, Franz Xaver Wunderer und Joseph Fürstenbreu. Keiner von ihnen spielte, was die geschäftlichen Beziehungen zu Jorhan angeht, eine überragende Rolle. Georg Andreas Zellner (1728–1766) aus Furth im Wald genoß bei der Kirchenadministration ein derart großes Ansehen, daß ausschließlich er für wichtigere Vorhaben herangezogen wurde. Das prädestinierte ihn, der erste bedeutende Faßmaler des jungen Landshuter Bildhauers zu werden. Späterhin hat dieser selbst planmäßig dafür gesorgt, daß Leute seiner Wahl nach Landshut zogen, sei es, indem er bei der Aufnahme für sie bürgte (Franz Xaver Schmid), sei es, daß er sie durch persönliche (Zacharias Lehrhuber: Gevatterschaft) oder familiäre Beziehungen (Ignaz Bergmann: Schwiegersohn) an seine Sache band. Ab 1765 stand auch Ignaz Kaufmann zur Verfügung. Enge Kontakte stellte Jorhan darüber hinaus mit den Vertretern der Goldschmiedezunft her (hauptsächlich Ferdinand Joseph Schmidt und späterhin Martin Spitzelberger), außerdem mit einem Orgelbauer, der 1756 eingebürgert wurde und eine erfolgreiche Zukunft vor sich hatte, mit Johann Schweinacher. Bedürfte es eines Beweises, wie glückhaft und reibungslos die Existenzgründung in Landshut sich anließ, er läge darin, daß drei Jahre nach seinem Zuzug Jorhan als »Porge« (Bürge) im Bürgerbuch erscheint (»Stattprunmaister« Lorenz Lechner; 23. Juli 1757).

Handwerkerexistenz

Abschließend seien wenigstens die Umrisse der zunftgebundenen Lebens- und Produktionsform ins Bewußtsein gehoben, der Jorhan sich zu unterwerfen hatte, damit man begreift, weshalb die 50 Werkstattjahre – ein halbes Jahrhundert! – im Anonymen bleiben, der erstaunlichen Gegenwärtigkeit der Bildwerke kein individueller Künstler und keine schöpferische Biographie zuzuordnen sind. Die epochalen Rahmenbedingungen änderten sich während der zweiten Hälfte des 18. Jahrhunderts dramatisch; in den personalen, technischen und religiösen Normen, welche die handwerkliche Praxis bestimmen, ist von dem revolutionären Umbruch hingegen nichts zu finden. Für welches Jahrzehnt man immer das Zustandsbild ansetzt, es ergeben sich unveränderte Verhältnisse. Dem festgeschriebenen Kreislauf der Werk- und Feiertage entspricht ein geregelter

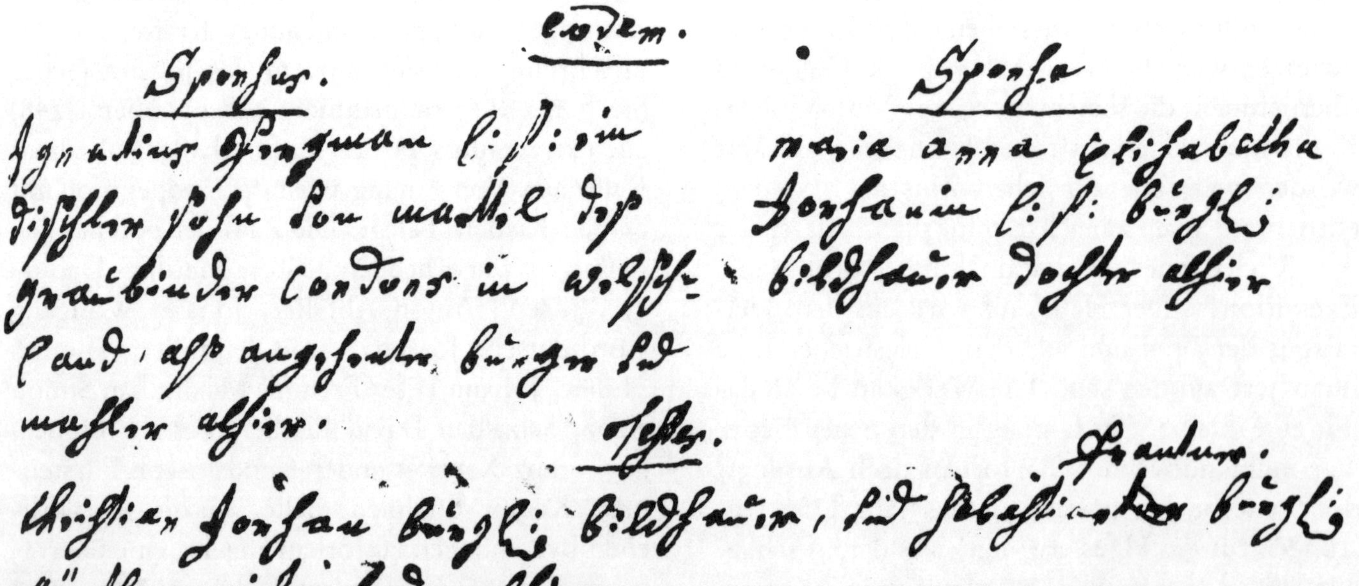
eodem.
Sponsus.
Ignatius Bergmann l: s: ein dischler sohn von ... des graubinder Cantons in welsch-land, als angehender burger und mahler alhier.
Sponsa
maria anna elisabetha Jorhanin l: s: burgl: bildhauer dochter alhier
Testes.
Christian Jorhan burgl: bildhauer, und Sebastian ... burgl: gürtlermaister ... alhier

Eintrag über die Verehelichung des Malers Ignaz Bergmann in der Heiratsmatrikel von St. Jodok zum 29. Oktober 1788 (Pfarrarchiv St. Jodok, Landshut).

Tagesablauf, bei dem vom Hahnenschrei in der Frühe bis zum abendlichen Gebetläuten gearbeitet wurde, von den Brot- und kärglichen Mahlzeiten unterbrochen. Im Leben der Handwerker gab es keine Überraschungen mehr. Kinder wurden geboren, getauft, starben oft wieder weg. Gute Zeiten, Krankheiten und Hunger lösten einander ab. Kriegs- und Wetterunbill waren als Prüfungen Gottes zu ertragen. Wallfahrten bedeuteten zumeist keine Abwechslung, sind oft Bittgänge aus äußerster Verzweiflung gewesen. In jeder Hinsicht besaß man einen festen Platz, den man nicht verlassen durfte: in der Kirche seines Stadtbezirks, in der Zunft, in der Fronleichnamsprozession, in einer der vielen Bruderschaften. Als ehrbarer Handwerker hatte man die Vorschriften der Kleiderordnung zu beachten, verließ man das Haus nur, wenn Geschäfte oder andere Pflichten dies erheischten. Wo Beweglichkeit, außerplanmäßiges Handeln erforderlich wurden, bedient man sich gleichfalls feststehender Formen. Gönner werden durch Antichambrieren und Schmeicheleien gewonnen, Konkurrenten durch Denunziation unschädlich gemacht. Vorsubjektive Existenz meint, daß der einzelne nur in festgelegten Rollen handelt, daß nahezu jede Lebensregung präformiert ist und unerbittliche Sanktionen einen Ausbruch verhindern. Was von der entpersönlichten Privatsphäre gilt, trifft genauso für die Berufssphäre zu, sofern beide überhaupt zu trennen sind. Die Zunft als soziale und religiöse Institution durchherrscht die gesamte Produktion. Es ist vorgeschrieben, was hergestellt wird: Schneidarbeiten sind erlaubt, Schreinerarbeiten verboten. Die Skulptur muß ungefaßt die Werkstätte verlassen. Nur die Augensterne dürfen markiert sein. Stillschweigende, gleichsam subkutane Vorgaben, fördernd und behindernd zugleich, prägen die Arbeit des Kunsthandwerkers von der Wurzel her. Was man an Techniken gelernt hat – und sie reichen von der Art, wie ein Entwurf perspektivisch gezeichnet und wirksam koloriert wird, bis zur Kunst, gutes Holz auszusuchen und zu behandeln –: dieses Traditionswissen einer Profession prägt so stark, der Druck zu rascher Produktion ist so eminent, daß keine Chance besteht, grundlegend neue Wege zu gehen. Trotzdem wird in Sonderbereichen das Spezialwissen der Lehrherrn weiterentwickelt oder revidiert. Zusätzliche Einengungen brachten die Wünsche der Auftraggeber mit sich. Auch die imperative Wirkung des ästhetischen und dogmatischen Kanons, den Kunstpraxis und Theologie im Raum der katholischen Kultur Süddeutschlands aufgerichtet hatten, ist kaum zu überschätzen. Wir müssen zur Kenntnis nehmen, daß Jorhan sich nicht in sein Atelier zurückzieht, in Einsamkeit und Freiheit seine Vorstellungen abklärt und ausarbeitet, um dann auf dem Kunstmarkt Interessenten zu finden. Kaum etwas entstand ohne Auftrag, höchstens in den Wintermonaten ist auf Vorrat gearbeitet worden. Entgegen landläufigen Vorstellungen gehen gerade die intimsten Kabinettstücke – das Kruzifix mit kniender Magdalena im Liebieghaus, Mariae Ohnmacht im Hamburger Museum für Kunst und Gewerbe – auf die Vorstellungen des Käufers verständnisvoller, radikaler ein, als es die Sakralplastik für die Kirchen sowieso schon tut. Der Bildhauer legte zumeist nicht fest, welcher Heilige zu wählen war. Vom Kopftyp über die Kleidung bis zum Attribut stand nichts in der freien Verfügbarkeit des Kunsthandwerkers. – Solches Aufgehen in den Objektivitäten einer monolithischen Lebens- und Produktionswelt erklärt, weshalb Privatbrief, Tagebuch und Autobiographie fehlen, jene seit dem Humanismus bewährten Medien der Selbstaussage. Jorhan hat sich nicht zur Säkularisation geäußert, es existieren keine Reflexionen über die Grundlagen seines Tuns, geschweige programmatische Äußerungen. Was sich überliefert hat, sind Überschläge, Quittungen, Steuererklärungen und einige Briefe rein geschäftlichen Inhalts. Privatheit, somit Innerlichkeit expressis verbis, findet nicht statt. Was der Bildhauer gefühlt, gedacht, gewünscht hat, werden wir nie erfahren. Sei zur Bekräftigung der tragischen Diskrepanz zwischen dem Regelsystem, das für den Bürger und Kunsthandwerker galt, und den leitenden Tendenzen der Zeit abschließend in Erinnerung gebracht, daß 1754 Winckelmanns »Gedanken über die Nachahmung der griechischen Werke in der Malerei und Bildhauerkunst« und Adam Michael von Bergmanns Dissertation »De Ducum Boioariae Jure regio (...)« erschienen. Aus zwei unterschiedlichen Richtungen waren, ohne daß man in Landshut nur das geringste davon ahnte, die Sprengsätze gelegt, die jene altererbte Ordnung binnen kurzem vernichten sollten. – Wir sind geneigt, in der prinzipiellen Anonymität von Jorhans Existenzform eine Verarmung, eine unzulässige Beschneidung der Künstlerpersönlichkeit zu sehen. In Wirklichkeit lieferte die Fremdbestimmtheit einen Schutzpanzer, die Widrigkeiten der Lebensfristung zu überstehen. Außengeleitetes Leben entlastete, übte für ein Dasein ein, in dem trotz größten Fleißes keine Reichtümer zu sammeln waren, es keine langfristige Absicherung gegen Hunger und Arbeitsunfähigkeit gab. Aus solcher Sicht wird auch die Produktivität eines Christian Jorhan verständlich, dessen Werk kaum zu übersehen ist, jeden Forscher vor weiteren Zuschreibungen zurückschrecken läßt, damit der Umfang des Œuvre nicht vollends außer Kontrolle gerate. Die geringe Gewinnspanne auf der einen, die im Vergleich dazu hohen Lebenshaltungskosten auf der anderen Seite stachelten zu letzten Anstrengungen an. Wo es von der Eröffnung der Werkstatt bis zum Tod hauptsächlich ums Überleben ging, stellt sich künstlerische Emanzipation nicht als Problem. Folgerichtig hat der Meister selbst keine seiner Arbeiten signiert. (Nur in Entwurfszeichnungen, die Repräsentativität beanspruchten oder bei denen die Gefahr drohte, daß sie durch Unbefugte angeeignet werden könnten, wurde fein säuberlich mit antikischen Initialen ein »CI« eingetragen.)

Erfolge – Expansion

Bisher wurde gezeigt, wie Jorhan seine Gesellenzeit durchlief und in Landshut sich seßhaft machte. Die Perspektive war durch den Entwicklungsgang des Bildschnitzers festgelegt, sie bezog sich in erster Linie auf biographische Daten und ihre Auswertung. Nun erfordert es die Sache, den Blickwinkel etwas zu wechseln. Die Geschichte seiner Kirchenausstattungen hat in den Mittelpunkt zu rücken. Darzustellen sind Aufstieg und Expansion, die Peripetie um 1770, die Stagnation bis gegen 1790, die bedeutenden Leistungen, der unerwartete Erfolg in der späten Zeit, und die abrupte Katastrophe der allerletzten Jahre. Beispiele müssen genügen, ein extensives Verfahren würde bloß den Blick auf Wesentliches verstellen.

Thekla- und Frauenkapelle in Landshut

Die sich etablierende Werkstätte benötigte Aufträge, die zahlreich genug waren, damit Jorhans Können sichtbar wurde, doch nicht so umfangreich, daß ihre Kapazität überfordert worden wäre. Außer Landshut kam hierfür die nähere Umgebung in Frage, das heißt Kirchen der Pfleggerichte Erding, Rottenburg und Teisbach. In der Stadt selbst hatte die Umgestaltung der Dominikanerkirche durch Johann Baptist Zimmermann das Kloster finanziell erschöpft, so daß zum Teil die älteren Seitenaltäre beibehalten wurden und an weitere Aufträge so schnell nicht zu denken war. So arbeitete der Bildhauer zunächst nur für zwei kleinere Kirchenräume. Da die erneuerte *Theklakapelle* 1759 eingeweiht wurde, nahm man bisher an, daß er die Figuralplastik für den Hochaltar erst zu diesem Zeitpunkt geliefert habe. Starke stilkritische Argumente sprechen gegen diese Vermutung. Die Arbeiten werden 1755, im Jahr nach der Entwurfszeichnung, fertiggestellt gewesen sein. Nur ist dann 1757 Albrecht Lorenz Freiherr von Fraunhofen, der Patronatsherr, gestorben, was die Vollendung der Renovation verzögert haben dürfte. Während der Kopf Gottvaters leicht die Engelsberger Büste variiert, verwirklicht Jorhan in den Putten und im Gewandstil der Assistenzfiguren sein Konzept ohne Angleichung an die Normen einer fremden Werkstatt. Das heißt nicht, daß er frei von Kompromissen schnitzen würde. Wir werden archivalisch beglaubigte Skulpturen aus der Zeit vor 1760 kennenlernen, die andere, bei weitem avantgardistischere Lösungen vortragen. Man wird demnach nicht nachdrücklich genug darauf achten können, welches Publikum angesprochen werden soll und wie hoch die Bezahlung war. Das niedere Bürgertum und die Landleute, die in »Maria Ach« (dies der Name des Kirchleins im 18. Jahrhundert) bittend vorsprachen, bekamen trotz allem Kindl zu sehen, die derart heiter auf ihren Wolkenkissen agierten, daß man glauben mußte, sie seien soeben vom Himmel herabgeflogen. Üppiges Milchfleisch, das ausschließlich von der Bewegung des Körpers her gestaltet wird, gestikulierende Ärmchen und individualisierende Gesichter besorgen die Illusion. Erstaunlich, mit welchem Motivreichtum der Schurz des linken Puttos über dem Tabernakel durchgebildet ist. Sieht man sich daraufhin beim Johannes den Mantelwulst an, der sein Evangelienbuch umfährt, entdecken wir ähnliche Qualität. Der Bildhauer weiß, wie Tuch fällt oder sich eindellt. Sich isolierende Mantelzipfel, formsicher durchkerbt und gedreht, werden mühelos bewältigt. Charakterisiert die Arbeiten in der Theklakapelle eine flächige Gewandbehandlung mit gerundeten Eintiefungen und Erhebungen, so wirkt die Oberfläche der Assistenzfiguren im Hochaltar der *Frauenkapelle* bei St. Martin unruhiger, nervöser. Das Retabel ist um 1760 entstanden. Joachim und Anna flankieren die spätgotische Marienstatue, die zusätzlich durch einen Kranz aus Wolken und Engelsköpfen herausgehoben wird. Im Gebälkbereich halten zwei Kindl für Maria die Krone bereit. Den Auszug bevölkern abermals Engel und Köpfe. Die assistierenden Heiligen gebärden sich so lebhaft, daß der Figurenblock jeweils durch kühne Anstückelungen beträchtlich zu erweitern war. Der zum Altar hin abflatternde Mantel des Joachim genüge als Beleg. Kleinteilige, diagonal gesetzte Kerben, scharfe Kanten, erregt sich schlängelnde Saumlinien geben den Skulpturen etwas Flackerndes und Preziöses.

Oktroy der Kirchendeputation

Mit den Landshuter Arbeiten der frühen Zeit erhält man bestenfalls einen Vorbegriff von Jorhans Möglichkeiten. Seinen Siegeszug hat er in den Pfleggerichten angetreten, vor allem im Erdinger Raum. 1810 konstatiert Felix Joseph Lipowkys »Baierisches Künstlerlexikon«: »Im königl. baier. Landgerichte Erding haben die meisten Kirchen Statuen und andere Arbeiten von ihm.« Wie es dazu kam, haben uns die Akten der Landshuter Kirchendeputation überliefert. Die Neuausstattung von St. Michael in Reichenkirchen gab den Anstoß. Dort hatte der rührige Dekan Simon Krimer mit dem Erdinger Kistler Johann Michael Eckhart und dem Freisinger Hofbildhauer Johann Martin Sailler Vorverträge über die Errichtung eines neuen Hochaltars abgeschlossen und sie über das Pfleggericht Erding bei der Landshuter Kirchenbehörde zur Genehmigung, zur sogenannten Ratifikation, einreichen lassen. Niemand ahnte, daß man das Gesuch ablehnen würde. Zugegeben, die beigelegte »Visier« (Entwurfszeichnung) war arg stümperhaft geraten. Doch galt Eckhart als eine bewährte Kraft. Unter anderem stammten die damaligen Altäre in der Wallfahrtskirche Maria Thalheim, der Zierde des Pfleggerichts, aus seiner Hand. Auch die Arbeiten Saillers waren bisher nicht zurückgewiesen worden. Den negativen Bescheid begründete man damit, daß der Entwurf nach dem Urteil »ietzig Kunst verstendtiger Werkhleutte (...) gar nit wohl hergestölt« sei. Außerdem wären die Überschläge »vill zu hoch ybersetzt«, die Arbeit könne »umb ein mörkhliches (...) wohlfailler« angeschafft werden. Das Anliegen als solches wurde hingegen akzeptiert. Man beorderte den Kistler Andreas Rauscher aus der Hofmark Berg ob Landshut nach Reichenkirchen, damit er dort eine »ordentlich: und porportionierte Mässung« vornehme. Zugleich sollten er und der Bildhauer Christian Jorhan »Neue Visiere nach ietziger Modi« liefern. Simon Krimer wehrte sich gegen den Oktroy verzweifelt. Man möge doch »einem Pfarrer mit seinem Gottshaus auch ein Freid lassen«! Nichts half, die Landshuter Künstler kamen zum Zug. Übrigens war das Reichenkirchener Ratifikationsgesuch mit einem zweiten, das die Errichtung eines Hochaltars in Hofkirchen betraf, gekoppelt. Hier wurde ebenfalls Jorhan als Bildhauer aufgezwungen, diesmal zu Lasten von Johann Michael Hiernle, der bis dahin im Erdinger Gebiet unangefochten dominierte. Die Gründe für die Intervention waren zum Teil vorgeschützt. Unschwer sind jedoch die Motive auszumachen, welche die staatliche Verwaltung zu diesen Schritten bewog. Wenn es auch sicher verlokkend war, die Kirchen des Rentamts im Geiste aufgeklärter Kunstpolitik nach zeitgemäßem Geschmack auszustatten, bei Reichenkirchen bestimmte den harten Kurs, daß ein »ausländischer« Bildhauer verdrängt wurde. Christian Jorhan bot nicht nur eine Chance, der Regierungsstadt verlorene Positionen zurückzugewinnen, sondern ermöglichte es, die Hauptabsicht, eine ökonomisch akzentuierte Zentralisierung in Sachen »Kirchenzier«, einen entscheidenden Schritt voranzutreiben. Anders bliebe unverständlich, weshalb er schlagartig fast alle Aufträge im Erdinger Pfleggericht bekam und auch in den anderen Gebieten des Rentamts favorisiert wurde.

Reichenkirchen als Paradigma der frühen Periode

Die Arbeiten für Reichenkirchen haben sich im wesentlichen ungestört erhalten. Nach und nach wurde das gesamte Kirchenmobiliar erneuert, so daß wir ein umfangreiches Ensemble unterschiedlichster Bildwerke aus Jorhans Hand vor uns haben. Dem Hochaltar folgten zwei Jahre später ein Leonhard- und ein Marienaltar. Stand 1756 die Entlöhnung für den Kistler und den Bildhauer in einem Verhältnis von 430 zu 98 Gulden, 1758 war daraus eines von 130 zu 184 beziehungsweise 193 geworden. Jorhan hat die Führung übernommen, er zeichnet die Entwürfe (so bereits beim Hochaltar), unter seiner Regie entstehen die Ausstattungsstücke. Neben einer Kanzel, einem Beichtstuhl werden eine Kreuzigungsgruppe und eine Taufsteinbekrönung geliefert. Guttäter stiften außerdem je zwei Heiligenbüsten für die Altäre. – Nirgends läßt sich besser erfahren, worin das Besondere des Jorhanschen Frühstils besteht. Die beiden Wetterheiligen Johannes und Paulus vom rechten Seitenaltar scheinen mit ihrer jugendlichen, agilen Frische wie aus dem Leben gegriffen, einer himmlisch-höheren Idealwelt freilich. Jedes Schreiten oder Stehen, jede Körperbewegung und Kopfwendung ist naturgetreu und dennoch stilisiert. Den Gesichtern hat der Bildhauer eine empfindsame Zartheit eingeprägt, die in den gedämpften Figurationen der Gewandung fortgeführt wird. Es gibt keine tote Stelle, keine Wiederholung, keinen Gleichlauf, eine Bestimmtheit, die im vorgezeigten Affekt und in der Körperlichkeit der Figuranten liegt. Wenn Simon Krimer sehr schnell seinen Widerstand gegen Christian Jorhan aufgegeben hat, dann vermutlich der ungewöhnlichen Spannkraft wegen, mit welcher die Heiligen sich dem Betrachter mitteilen.

▷ 36

Heiliger Johannes Martyr *(1758; Paulus Martyr?), linke Assistenzfigur des rechten Seitenaltars in Reichenkirchen*

Es läßt sich nicht entscheiden, wer von den zwei Märtyrerbrüdern und Wetterheiligen Johannes, wer Paulus ist (nicht zu verwechseln mit den beiden Aposteln gleichen Namens!). Die enge Zusammengehörigkeit – gleicher Stand und Beruf, gleiches Martyrium, gleicher Festtag, gleiche Zuständigkeit – drückt Jorhan auch äußerlich aus, denn den Heiligen fehlt ein Attribut, jeder von ihnen trägt »antikische Soldatengewandung«. Unter dem vergoldeten Manteltuch, durch einen martialischen Knauf über der linken Schulter zusammengehalten, schützt den abgebildeten Heiligen ein Lederkoller, aus dem Zaddeln hervorschießen und dem der Gürtel für das Schwert umgelegt ist. Das Schurzkleid glockt temperamentvoll aus, reicher Fransenbesatz unterstreicht den spielerischen Tumult; die bauschigen Stulpen der Kniestiefel geben einen gewissen Nachklang. Anbetung und fromme Betrachtung, dies ist die Aktion des Wetterheiligen. Man glaubt kaum, daß die lebhafte Skulptur, zusammen mit seinem Pendant, als Patron gegen die Fährnisse des Ackerbaus figuriert. Zu Recht wird man zum Verständnis seiner Erscheinung auch die geistlichen Anliegen der Reichenkirchener Allerseelenbruderschaft heranziehen. Der hingerichtete Heilige demonstriert uns die Unzerstörbarkeit des Leibes, die Schrecken des Martyriums haben keine Macht über ihn. – Worauf beruht die Frische, die rokokohafte Verve der Figur? Nicht nur aus Gewandung oder Habitus wird affektreiche Motivik herausgeholt – das bliebe attributiv –, der Aktionssturm ist substantiell, weil das Bildwerk, weitgehend aus reliefartiger Bindung befreit, als Wiedergabe eines Bühnenakteurs gestaltet wird. Der Heilige besitzt einen Handlungsauftrag, er schreitet fast über die Sockelrampe auf den Betrachter zu, rückt sich wie ein Opernakteur in einer neuneapolitanischen Seria eine malerische Pose zurecht, spielt dann in den ebenso stummen wie beredten Künsten von Mimik, Gestik und Körperstellung alle »schönen Wendungen« aus, die seinem fingierten Text eignen. Das Wesen dieser Skulptur ist Auftritt. Der darstellende Körper hat sich so weit isoliert, daß die statische Balance nur durch die rückseitige Mantelpartie herzustellen ist. Zum Opernakteur gehört notwendig eine Gewandung: wenn man so will, der verlängerte Arm der Ausdrucksmittel des Körpers. Der Aufputz des Heiligen agitiert; flatternd oder kantabel belebt er zusätzlich die Erscheinung. Das Äquivalent der Jorhanschen Rokokoinszenierung ist denn auch die Bravourarie im Stil der frühen Mozartopern. Rauschende Ritornelle (Jorhan: rahmende Mantelbauschung), springendes Skalenwerk (Jorhan: Rocksäume, Zaddeln), großräumige Melodiebögen (Jorhan: fließende Mittellinie vom Haupt bis zum vorgestellten Fuß), wort- und sinnmalende Einhalte (Jorhan: gefaltete Arme, Haupt) – die Strukturverwandtschaft ist nicht wegzudisputieren. Den Hörer (den Betrachter) überwältigten die Kunststücke; Komponist wie Bildhauer hätten jedoch von »Maschinen« gesprochen, deren Mechanismus ihnen problemlose Routine war.

Heilige Caecilie *(1758), rechte Assistenzfigur des linken Seitenaltars in Reichenkirchen*

In der Mitte des Altars befindet sich ein Marienbild der Spätgotik. Zum Hofstaat der regina coeli gehören kleine Putten- und große Engelköpfe, aber auch eine Katharina und die hier abgebildete Caecilie. Aus gebührendem Abstand und weit unter der Himmelskönigin stehend, wie das Zeremoniell es vorschreibt, huldigt sie ihrer Herrin. Kapriziös, mit gespreiztem Daumen wurde einst ein Schwert präsentiert, handelte es sich doch um den Rechtstitel ihrer Erhöhung. Die Gewandung entspricht den Geboten der Etikette. Das fußlange Kleid wird durch einen vergoldeten Brustteil und einen reichen Umhang geadelt. Besondere Sorgfalt gilt dem Kopfputz. Die Haare sind hochgebunden, eine Rosette und ein langes, helles Band, das bis zur Brust herabfällt, bereichern die Frisur. Zusätzlich tragen beide Hofdamen, auch die Katharina, ein goldenes Haarband, dem in der Höhe des Scheitels ein Schmuckstück aufsitzt, von Ferne an ein kleines Diadem erinnernd: Anspielung auf die corona martyrum, auf die wahre Adelswürde, welche die Heiligen sich durch ihren Tod eingetauscht haben. Führt die heilige Katharina ihre Linke beteuernd zur Brust, hat Caecilia ein Portativ vorzuzeigen, das etwas gegen ihren Leib geglitten ist. Auf welche Weise sie mit der rechten Hand einst ihr Marterschwert balanciert hat und zugleich die Orgel traktierte, sei der Phantasie des Betrachters anheimgestellt. Innig blickt sie zur Königin aller Heiligen auf, Adoration als unablässiger Lobpreis und Dank. – Kostüm, Kopftyp, dazu: alles spezifisch Höfische in der Erscheinungsform einer solchen virgo et sponsa Christi müssen als direktes Derivat Straubscher Modelle bezeichnet werden. Zur Veranschaulichung der Abhängigkeit, die bei der Kopfgestaltung oft auf eine Kopie hinauskommt, eine Beschreibung der Straubschen Frauenköpfe durch Peter Steiner: »Die Köpfe sitzen auf langen zylindrischen, glatten Hälsen. Sie haben eine klare Eiform und sind auffällig klein. Wangen und Stirn sind ununterbrochene Flächen des Kopfeies. Das Kinn mit einer runden Spitze modelliert (...) Die Nase wächst mit einer leichten Einsenkung an der Nasenwurzel gerade, schmal und spitz aus der Stirn. Von der Nasenwurzel greifen in flachen Bogen die Brauen als Grate aus, die Augen sind klein und liegen weit außen. Der Mund ist sehr klein, kaum breiter als die Nasenflügel. Die Lippen sind sehr voll und rund, sie schließen sich fast nie, so daß ein wenig der Eindruck eines Schmollmundes entsteht. Dicht unter der Unterlippe verläuft eine kleine, meist schattenbetonte Furche.« Jorhan hat lange gebraucht, bei den Köpfen seiner weiblichen Heiligen »die stereometrische Struktur«, die »Glätte der Oberfläche« zu individualisieren. Im Spätwerk greift er mit verändertem Formenschatz und psychologisierendem Interesse die Straubsche Stereometrie und Oberflächenbehandlung sogar wieder auf.

▷ 31 Sehr viel ist dem Straubschen Formenschatz entnommen. Die Cäcilie und Katharina des Marienaltars sind ohne den Münchener Hofbildhauer nicht zu denken. Die Abhängigkeit betrifft indessen zumeist nur das Repertoire der Bildlösungen, nicht die Art und Weise der Gestaltung. Etwa wirken die beiden Atlantenköpfchen, die den Schalldeckel der Kanzel »tragen«, als reizendes Rokokospiel. Schelmisch bergen sie sich unter den massiven Tuchwülsten des Vorhangs. Betrachtet man sie ohne Vorurteil, zeigt sich in den Gesichtern eine so satte Dinglichkeit, eine gänzlich ungebrochene Freude an der Kundgabe der ihnen zugedachten Empfindung, die der ästhetischen Differenziertheit der Münchener Kunst fremd ist. Von Anfang an sind Jorhans Arbeiten durch solide plastische Werte ausgezeichnet. Eindeutigkeit regiert die Skulptur, in der Ausführung wie in ihrer Sprache.

Arbeiten für das Pfleggericht Erding

Die Ausstattung von Reichenkirchen zog sich bis 1765 hin. Inzwischen hatte Jorhan das gesamte Pfleggericht mit Arbeiten richtiggehend überzogen. Ein Altar für die »Josephibruderschaft« in Baierbach, das freilich zur Herrschaft der Reichsfreiherrn von Fraunhofen gehörte und somit dem eigenen Anspruch nach als exempt galt, machte den Anfang. In einem Gutachten bestätigte der Pfarrherr Joseph Sterr am 8. Juni 1756, daß das Werk »umb einen ganz billichen breiß hergestelt« worden sei; er habe an den Arbeiten »vollkommenes Vergniegen«. Bereits für die Skulpturen des Hofkirchener Hochaltars (1756), der sich nicht erhalten hat, bekam Jorhan dann 134 Gulden. Der Kistler hieß Matthias Fackler aus Dorfen. Nach dem vermutlich frühen Tod von Andreas Rauscher wird dieser Altarschreiner für Jahrzehnte die beherrschende Gestalt. Es gelang dem versierten Taktiker Jorhan nicht, in der Zusammenarbeit mit dem Dorfener Meister die Führung zu übernehmen. Dieser stellte zumeist die Entwürfe, erledigte auch die Schneidarbeit, in der er besonders stark war. Aus Landshut kamen die figuralplastischen Teile, und seien es nur Engel oder Kindlköpfe gewesen. Das schloß nicht aus, daß die wechselseitige Beeinflussung stark war. Ob Facklers durchbrochen konturierte Tabernakelkulissen der sechziger Jahre auf Jorhansches Gedankengut zurückgehen oder ob die Zeichnung unseres Bildhauers im Pfarrarchiv von Frontenhausen durch die Vorstellungen des Dorfener Kistlers geprägt wurde, soll hier nicht entschieden werden. Die fragliche Visierung wird jedenfalls als Zeugnis für die vielfältigen Querverbindungen gelten können. Der Dritte im Bunde war in Hofkirchen noch der Erdinger Faßmaler Johann Michael Rieder. Bei der Aufstellung des Hörgersdorfer Hochaltars (1758) hat sich dann zum ersten Mal jene Trias zusammengefunden, die im Spätrokoko und frühen Klassizismus für die Ausstattungen des Erdinger Raums prägend wurde: Fackler – Jorhan – Zellner (zunächst der Vater, ab 1762 endgültig der Sohn Franz Xaver Andreas). Mit seinen tordierten Säulen wirkt der Altar von Hörgersdorf etwas altertümlich, doch zeigen seine Bildwerke immerhin, welche Sicherheit Jorhan in der Produktion von Massenware erreicht hat. Die aufgeschluchteten Gewandmassen des Rochus weisen die Skulptur als eines der trefflichsten Beispiele seiner Kunst aus, den Figurenblock schnell, wirkungssicher mit Axt, Eisen

▷ 46

Attest des Pfarrers Joseph Sterr von Baierbach *(1756; StA La, Rep. ad 7b Verz.6 Fasz.25 Nr.254)*

Ein sensationeller Beleg für das unbekümmert zupackende Vorgehen Jorhans und zugleich ein Nachweis für zwei seiner frühesten Skulpturen, welche in Landshut geschnitzt wurden, einen Florian und einen Nepomuk, die heute noch in der Baierbacher Pfarrkirche stehen.

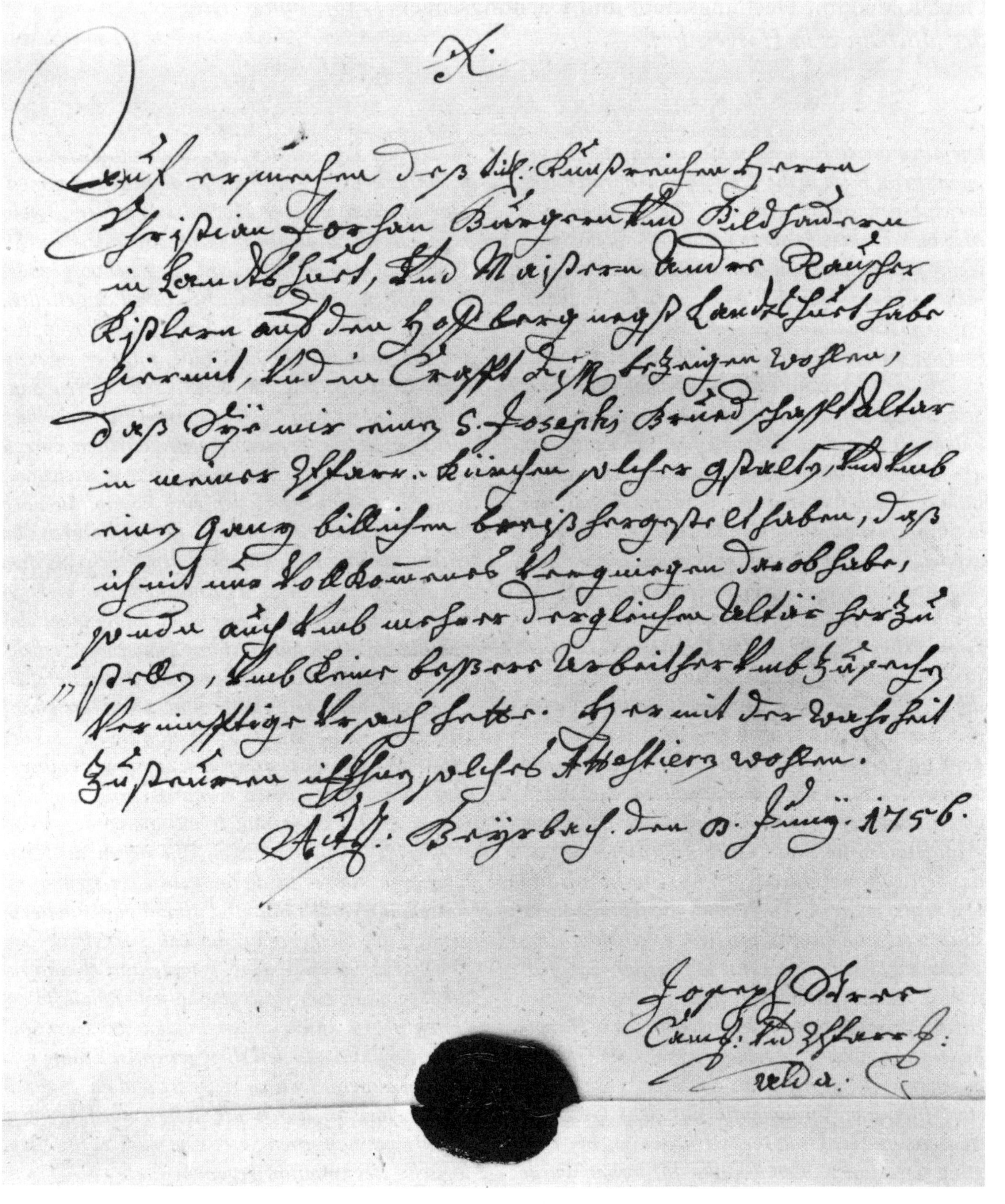

X.

Auf ersuechen deß Hl. Kunstreichen Herrn
Christian Johan Jorhan Bildthauern
in Landtshuet, und Maistern der Kayßer
Kistlern auf dem Hofberg negst Landtshuet habe
hiermit, und in Crafft diß bezeugen wollen,
daß Er mir einen S. Josephi Bruederschafft Altar
in meiner Pfarr: Kürchen solcher gestalten, und umb
einen ganz billichen Preiß hergestellt haben, daß
ich mit ein vollkommenes Vergnügen darob habe,
werde auch umb weithere dergleichen Altär herzu
stellen, umb keiner bessern Arbeither umb zu [illegible]
[illegible] [illegible]. Hiermit der Wahrheit
zu steuern [illegible] welches Attestiern wollen.

Actum Bayerbach den 13. Juny 1756.

Joseph [illegible]
Camer: und Pfarrer [illegible]
[illegible]

Gebälkzone mit Dachungskindl und Dachungsengel *(1758), linke Seite des Hochaltars in Hörgersdorf*

Die abgenutzte Rede vom Gesamtkunstwerk gewinnt beim Blick in die Welt dieser Altararchitektur eine gewisse Berechtigung. Der Prospekt von Matthias Fackler benützt manche Floskel, die er wenige Jahre später aus seinem Repertoire genommen hat; noch stärker verliert sich der Impetus, mit dem Kurvaturen gezogen, Vor- und Aufwölbungen durchgeführt werden. Die tordierte Säule im Bildvordergrund oder die wie bei einem Schiffsbug aufsteigende Hochziehung des Gebälkkopfs mögen als Beispiele für Formen dienen, die 1758 sich zu überleben begannen. Interessant ist nun, daß Jorhan beim vorderen Kindl eine ähnliche Hypertrophie der Bewegung einhält. Es explodiert vor angestrengter Aktion. Linkes Bein und hochgebogenes Ärmchen ergeben eine einheitliche Kurve, zweifelsohne eine Entsprechung zu mancher Biegung in der Architektur. Die plastische Konsistenz des Puttos ist keine andere als die des etwas robusten, outriert lebendigen Ornaments von Matthias Fackler, welches auf Kapitellhöhe an der Außengrenze der Anlage angebracht wurde. Da führt die Genie über dem rückwärtigen Gebälkkopf die grußartige Gebärde zweier geöffneter Arme schon erheblich exakter aus als das heftige Kindl. Ihre Emphase ist fortschrittlich. Das entspannte Goldgewand, der individuelle Blick treten wohltuend aus dem überhäuften Architekturgeschehen heraus. – Fackler hat sehr schnell seine Altarkonzepte modernisiert, zugleich freilich standardisiert. Wenngleich seine Hauptbedeutung wohl in seiner Arbeit als »Flacharbeiter« zu sehen ist, als Schnitzer vorzüglichster, filigraner Ornamentik aus dem Geist der sterbenden, das Groteskenwerk Bérainscher Prägung repristinierenden Rocaille, für Jorhan wurde er so wichtig, weil die Altaraufbauten aus seiner Hand den Figuren des Landshuter Bildschnitzers mehr gaben als nur den ästhetischen Rahmen. Der durchschnittliche Hochaltar Facklers – nehmen wir die Anlage in Großschwindau bei St. Wolfgang – besteht zunächst aus zwei vorgezogenen großen Säulen mit leicht übers Eck gestellten Gebälkköpfen. Sie sind je durch einen Bogen, der optisch nicht ins Gewicht fällt, mit der eigentlichen Retabelrückwand verbunden. Deren Säulen-/Pilaster- und Gebälksystem ist erheblich niedriger als das der nach vorne gestellten Einzelsäulen. Da die rückwärtigen Stützen gleichfalls isoliert werden, ergibt sich eine Pointe, die auch zum Verständnis der Jorhanschen Skulpturen von entscheidender Bedeutung ist. Im Blick aus dem Kirchenraum entsteht der Eindruck eines viersäuligen Baldachins, dem unten der Tabernakel eingestellt und oben die Dachung genommen wurde. Da überdies der Auszug der rückseitigen Retabelwand sich verjüngt, glaubt man, der Herr könne sich während der Zelebration unmittelbar aus der Höhe zu dem Ort seiner Erscheinung herabsenken. Nur unter dieser Voraussetzung wird die Gepflogenheit verständlich, auf die vorderen Gebälkköpfe Engel zu setzen, die gegen die Tiefe adorieren, nur so ist die oft reiche Besetzung mit Putten auf Wolkenkissen motiviert oder die Bezogenheit der Heiligen auf die Tabernakelmitte zu. Das Facklersche Konzept, fragmentarisch und radikal bildhaft eine nach oben offene Baldachinarchitektur zu zitieren, hat in den sechziger und siebziger Jahren in den Pfleggerichten Erding und Dorfen außerordentlich reüssiert und der Figuralplastik Jorhans durch die Rahmenbedingungen des architektonischen Orts eine zusätzliche theologische Legitimation gegeben.

Heiliger Rochus *(1758), rechte Assistenzfigur des Hochaltars in Hörgersdorf*

Im rechten Figurenfenster des Hörgersdorfer Hochaltars weist der heilige Rochus theatralisch auf die Pestschwäre über seinem linken Knie. Hierzu bleibt das Bein bis zu den Lederstiefeln herab frei von Kleidung, während das rechte mit vergoldeten Gamaschen umwickelt ist. Der Heilige trägt reiche Pilgertracht. Der Legende zufolge hat er nämlich mit zwanzig Jahren sein Erbe unter die Armen verteilt und sich von Montpellier aus auf eine Pilgerfahrt nach Rom begeben. Bei der Rückkehr wurde er, der zunächst hingabebereit Pestkranke pflegte, selbst ein Opfer dieser Krankheit. Wie es einem frommen Wanderer nützlich ist, reicht der Rock nur bis zu den Knien. Zur unvermeidlichen Ausrüstung zählen der Pilgerstab in der Linken und der knappe Schulterkragen, dem zu beiden Seiten eine Muschel aufgenäht ist. Nur der breitkrempige, mit Nackenschirm versehene Hut fehlt dem Heiligen, der barhäuptig in Richtung Altarmitte zur Höhe blickt. Das Hündchen mit einem Brotwecken im Maul, ein weiteres Attribut des Pestpatrons, spielt auf das nächste Kapitel der Legende an. Rochus hatte sich bis zu seiner Genesung in einen Wald zurückgezogen, »wo ihn ein Engel pflegte und wohin der Hund eines in der Nähe wohnenden Edelmanns ihm das Brot brachte, dessen er bedurfte.« – Das furiose Aufbrechen der Gewandschicht der Skulptur wird dermaßen auf die Spitze getrieben, zu einem Paroxysmus stilisiert, daß Jorhan sogar ein ikonographisch nicht erfordertes Element, ein zweimal den Leib querendes Manteltuch, einführt. Bezeichnend die linke Brustseite der Pelerine: Sie wölbt sich – das Material ist Holz! – wie an den Rändern aufstehendes Papier.

Heiliger Joseph *(1758), linker Seitenaltar von Vatersdorf*

Joseph wird ohne eigentliche Attribute als Nährvater des Herrn gezeigt, in eine Handlung umgesetzt, welche die Eigenschaften des Porträtierten offenbart. Schreitmotiv und schützende Gebärde erinnern den Betrachter an die Flucht nach Ägypten, zeigen jedem christlichen Familienvater, worin »heiliger Wandel« liegen könnte. Man beachte, daß auch die frühen Gewandfiguren Jorhans allein schon deshalb, weil sie eine sehr durchdachte Körperlichkeit auszeichnet, barocke Motive nur als Zitat verwenden. Die ausladende Begrenzungslinie des vergoldeten Schutzmantels wird außerdem durch einen harten, spröden Kerbstil im Binnenbereich zurückgenommen, eine der vielen unterschiedlichen Schnitzmanieren, über die der junge Meister wie selbstverständlich gebietet.

Putto mit Pflugschar *(um 1760), Hochaltar der Wallfahrtskirche Zu unserer lieben Frau in Baierbach*

Das Kindl steht über dem Durchgang der rechten Altarseite, dem heiligen Isidor zugeordnet. Es ist so frisch gearbeitet, daß man gar nicht seine Abkunft aus der Funktions- und Typengruppe des heraldischen Puttos bemerkt. Als Standfläche dient ein Rasensockel, für einen Engel eine unzulängliche Fixierung an Irdisches. Seine Aufgabe besteht denn auch darin, in kecker Aktion das Attribut des Patrons der Feldarbeit zu weisen. Während aber Isidor seinen Strohhut demütig abgezogen und vor die Brust genommen hat, damit der Marienkönigin des Wallfahrtsaltares huldigt, trägt ihn sein Wappenengel ungeniert auf dem Kopf. Die Pflugschar, Legitimationszeichen der himmlischen Zuständigkeit des Heiligen, wird von den üppigen Händchen wie eine Schutzwehr vor die Brust gehalten. Der jubilierende Aufblick, weniger dem heiligen Herrn als der Muttergottes geltend, zeigt endlich, daß trotz aller irdischen und heraldischen Einmengung ein echtes Himmelswesen vor uns posiert, mit zarten Flügeln und sattem Milchfleisch. Die Gläubigen der rein bäuerlichen Wallfahrt wird der Jorhansche Lausbub verzaubert haben; er vermittelte ihnen einen unauslöschlichen Begriff von den Lizenzen des bayerischen Rokokohimmels.

▷ 36 und Schnitzmesser zu durchpflügen. Im gleichen Jahr wurden mit Rauscher zwei Seitenaltäre und eine Kanzel für Holzen (bei Buch am Erlbach) aufgestellt, wurde für die Kirche in Vatersdorf ein heiliger Joseph geschnitzt. Kann man in Holzen studieren, wie für unbedeutende Filialkirchen der schnitztechnische Aufwand auf ein Minimum reduziert wird, ohne eine gewisse Qualitätsstufe zu unterschreiten, in Vatersdorf begegnet man einer Arbeit, die weitgehend eigenhändig ist. Die psychologischen Valeurs, die der schützenden, sorgenden Gebärde des Nährvaters eingeschrieben sind, nehmen die Entdeckungen und Würfe der reifen Werke vorweg. – Sämtliche Aufträge aus dem Erdinger Gebiet bis 1770 aufzulisten, würde umständlich und ohne großen Aussagewert sein. Es mußten Skulpturen für alle Altäre einer Kirche geschaffen werden, so in Buch am Buchrain oder Salmanskirchen. Oft aber wurden nur Seitenaltäre (beispielsweise Niedergeislbach) oder der Hochaltar erneuert (beispielsweise Taufkirchen; 1761). Daneben waren Kanzeln mit Putten zu versehen oder Tabernakel mit Adoranten beziehungsweise Leuchterengeln zu schmücken

Kostenvoranschlag für Niederding (StA La, Rep. ad 7b Verz.6 Fasz.24 Nr.237)

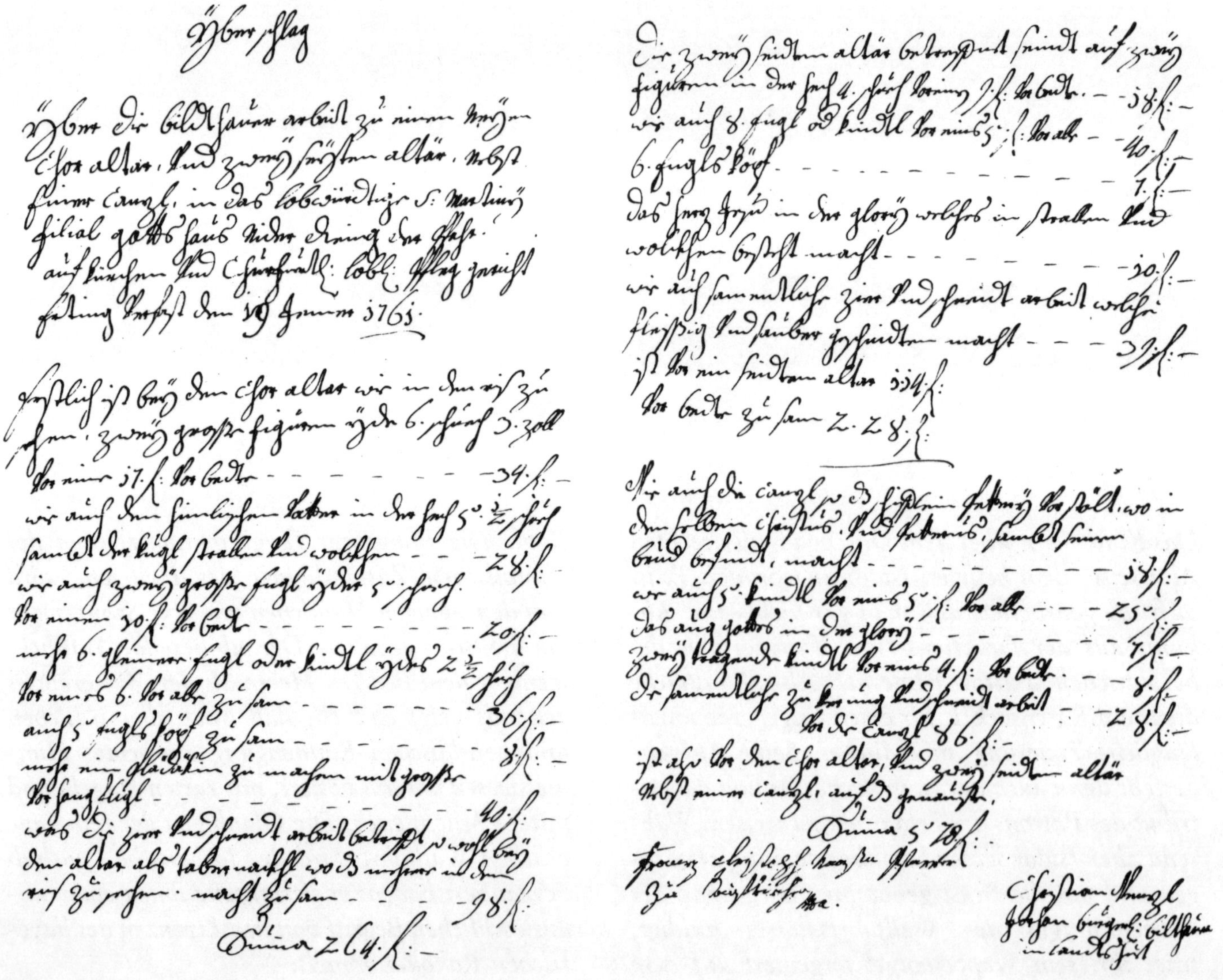

(beispielsweise Reithofen). Gleichbleibendes Merkmal der Massenproduktion ist die Verve, die populäre Rhetorik, mit der nahezu jede einzelne Figur irgendeinen besonderen Einfall entwickelt, so überzeugend, daß man selbst heute die bedenkliche Routine in der Ausführung kaum bemerken will. Natürlich ging es nicht ohne Wiederholungen ab, wenngleich sie auffällig selten sind. Der Rochus in Esterndorf gleicht insgesamt dem des Lengdorfer Seitenaltars. Dennoch ist durch signifikante Details, wie die Drehung des Kopfes, die Abhängigkeit geschickt verschleiert worden. Das schönste Exemplar dieser landläufigen Rokokoplastik, zugeschnitten auf die traditionsgebundene Vorstellungswelt einer bäuerlichen Bevölkerung, befindet sich wiederum streng genommen nicht im Pfleggericht Erding. Es ist der Hochaltar in der Wallfahrtskirche Zu unserer lieben Frau in Baierbach. Das Gnadenbild der Muttergottes flankieren auch zwei Kindlköpfe, wovon der eine mit seinem prüfenden Blick, seinem sauber gekämmten Haar, dem üppigen Rosettenschmuck und der protzigen Perlenkette zweifellos das Konterfei der Dirn eines wohlhabenden Freibauern sein könnte. Folgerichtig bewachen Isidor als Patron des Ackerbaus und Leonhard als Patron der Viehzucht den marianischen Gnadenthron.

Niederding und Altenerding

Zwei Kirchen des heutigen Landkreises Erding erfordern es, eigens behandelt zu werden: Niederding und Altenerding. Sie sind zu bewunderten Zeugnissen des Jorhanschen Könnens geworden. Zuerst die Ausstattung von *Niederding*, für die in dem Kostenvoranschlag von 1761 insgesamt 578 Gulden gefordert wurden. Bedauerlich, daß sich die Entwürfe nicht erhalten haben. Der Auszug des Hochaltars mag uns zu überladen erscheinen – ein typisches Bildhauerprojekt! –, die beiden Assistenzfiguren trotzen jeder Kritik. Die Gesichtszüge des Petrus, wie formelhaft immer sie sein mußten, brillieren mit ausdrucksstarken Einzelheiten. Müde herabgezogene Augenlider, leicht gerunzelte Stirnhaut, die den massiven Schädel spüren läßt, kräftige Backenknochen und sinnliche Lippen: Aus teilweise antagonistischen Ausdrucksträgern wird ein Gesamtbild gewonnen, das eine unverwechselbare Sprache zu besitzen scheint. Der Paulus imponiert hingegen wegen seiner stringenten Gewandbehandlung. Mittels leicht diagonaler Züge überformt die gesamte Figur ein Muster, in dem man das Strömen des Heiligen Geistes zu verspüren meint. Schwer vorstellbar, aber gut nachzuprüfen, daß im selben Jahr zwei weitere Kolossalfiguren mit gleichem Darstellungsinhalt die Jorhansche Werkstätte verlassen haben, die in schnitztechnischer Invention und Detailqualität die Niederdinger Skulpturen bei weitem übertreffen. Dieses Apostelpaar steht in Taufkirchen. – Nicht leicht fällt die Entscheidung, welches Beispiel aus dem Niederdinger Œuvre zusätzlich kommentiert werden soll, die erzählfreudigen Tableaux auf den Auszügen der Seitenaltäre, eine Fundgrube ikonologischer Finessen und ein Muster szenischer Auflockerung, der Interaktion von Blicken, Winken und »Texten«, die jedem der Mitspieler aufgetragen sind, – oder die Schiffskanzel. Diese beruht auf einem Visier Jorhans, der damit einen Kanzeltyp, welcher ihm aus Schwaben (Irsee?) bekannt war, in die Erdinger Gegend verpflanzt. Gegenüber der Lösung von Altenerding (Matthias Fackler; 1767), die noch durch die zarte, wohllautende Formgebung des Rokoko inspiriert wird, ist die zeitlich frühere Arbeit insgesamt die fortgeschrittenere. In der Wirkung erstaunlich streng und redlich, zieht der Entwurf seine raison d'être aus einem angeschnittenen Zylinder, strukturiert ihn ein kühl disponierender Konstruktivismus, der durch keine der angetragenen Ausschwingungen zu überdecken ist. Die Frontalansicht weist eine

▷ 57

Heiliger Petrus *(1761; Ausschnitt), linke Assistenzfigur des Hochaltars in Niederding*

Der Bildausschnitt belegt den besonderen Weg des frühen Jorhan, der anders als Johann Baptist Straub und Ignaz Günther die rhetorischen Traditionen, wie sie ihm hauptsächlich sein Vater vermittelt hat, bewußt weiterführt. Der heilige Petrus, geschnitzt für den Hochaltar einer Filialkirche, will festgeschriebene Erwartungen erfüllen und trotzdem neue Töne einmengen, steht somit in einer Dialektik, zu deren Wesen es gehört, daß die gegensätzlichen Stilmomente bis zum äußersten auseinandertreten, um in der Synthese wechselseitig aufgehoben werden zu können. Das gilt für belanglose Äußerlichkeiten und für den Kern der Sache. Die drastische Größe der attribuierenden Schlüssel widerspricht der Feinheit der Nimben, die zisellierte Physiognomie der groben Faltenlandschaft. Die gedoppelte Schüssel des roten Mantelumschlags wäre verbrauchtes Formgut, wenn nicht die innere Falte über der Heiligen Schrift fortgeführt würde und dadurch ein melodischer, fast reißerischer Zug in das Ganze käme. Wie abgedroschen sind allein konvergierende oder antithetische Faltenreihen, die von einem haltenden Band hervorgerufen werden; doch in unserem Fall führt der Bildhauer dieses so frech, schräg aus der Tiefe hervor, flacht es so hauchdünn ab, daß das Motiv wie neu geboren vor uns steht. Vieles ist nur in großem Raster gegeben, »zeigt (...) blecherne Stofflichkeit«, eine »Muldenbildung zwischen verschliffenen Graten«. Hier und da werden aber die Grate ausgedünnt, geringelt oder geknickt. Das allein genügt, den schweren Stil zu illuminieren, ihm eine sensible Richtung zu geben. Synthese auf dieser Entwicklungsstufe: Die Energien eines großen Erbes mischen sich mit Empfindsamkeit und dem Wissen um eine dem Rokoko verwandte Delikatesse. Kalkulierte »Lebhaftigkeit« im Schnitzstil ist die Folge, ein virtuoses Brio als »Würze zur Erhöhung der gewöhnlichen Vorstellungen«.

Heiliger Petrus *(1761), heute rechte Assistenzfigur im Hochaltar von Taufkirchen*

Der alte, durch die Schloßherrschaft gestiftete Hochaltar hat sich nicht mehr erhalten. Nur die beiden Assistenzfiguren Jorhans bewahrte man auf. Trotz ungünstiger Aufstellung und wenig gelungener Fassung (Inkarnat!) können sie zeigen, was der Bildhauer im Bereich der anspruchsvolleren Kolossalskulptur zu leisten imstande war. Noch demonstriert der Apostelfürst einen seiner Schlüssel. Mit der anderen Hand stemmt er das Neue Testament gegen seinen Körper. Sinnend, erfüllt von innerem Glück blickt er in die Tiefe. Mit seinem rechten Fuß ist er auf einen Fels getreten, vermutlich unter anderem eine Anspielung auf seinen Namen. Obwohl der Bildhauer das Spielbein durch das Kleid scheinen läßt, wird die Beinstellung alles andere als anatomisch korrekt motiviert: Die ästhetische Eloquenz der Gewandung ist es, die Jorhan in seiner Frühzeit primär interessiert. Die gleichzeitige Petrusskulptur von Niederding wurde durch ein breites Hohleisen aufgeschürft, zerwühlte Affektik dem Bildwerk der Filialkirche zugedacht. Die angesehene Pfarrkirche erhielt eine vornehmere, eine fortschrittlichere Figur. Gut vergleichbar der Mantelzipfel über der rechten Schulter, denn er enthält gleichfalls einen ansehnlichen Teil umgeschlagenen Tuchs. Bei dem Taufkirchener Petrus ist es gedrückt, zeichnet es die Schulterlinie ab. Außerdem endet die Zipfelung mit einer flachen Mulde, scharf gerandet und durch Unterschneidung glaubwürdig als Stoff gekennzeichnet. Jorhan berücksichtigt damit das Hauptanliegen der Ästhetik des 18. Jahrhunderts, das Gebot der Nachahmung. Im Gegensatz zu Niederding hebt sich diese Skulptur durch ihr mimetisches Niveau ab, doch noch mehr durch ihr ästhetisches. Über dem Spielbein gliedern geschlängelte Antiklinalen die sphärisch entspannte Oberfläche der Gewandung. Diese Art ist keinem seiner Zeitgenossen geläufig, sie bürgt für eine optische Verlebendigung, die dem monumentalen Ernst des Apostelfürsten gerecht wird. Mit großzügiger, doch beherrschter Einfallskraft hat der Landshuter Meister Kolossalfiguren ausstaffiert, ihnen in Gewand, Händen und Kopf eine serene Korrektheit gegeben, die einem Ignaz Günther fremd ist. Die Taufkirchener Arbeiten nähern sich überhaupt so stark dem Stilideal des Klassizismus an, daß sie selbst in den jüngsten Publikationen falsch datiert werden (»um 1780« – in Nachfolge von Josef Blatner).

Florianstableau *(1761), Auszug des rechten Seitenaltars in Niederding*

Auf einem Wolkendreieck erscheint Florian, der Schützer gegen Feuersgefahr und andere Nöte. Seine Rechte hält einen riesigen Kübel, aus dem sich Wasser ergießt. Diese Aktion vollzieht der Heilige allerdings nur nebenbei, denn mit ganzer Inbrunst hat er sein Haupt nach oben und gegen den Triumphbogen der Kirche gewendet. Adoration, eben die inbrünstige Anbetung, ist sein Hauptanliegen. Deshalb führt er seine Linke zur Brust, so heftig, daß sein Mantel im Gegenschwung zur Fensterseite ausfährt. Als »Beamter im römischen Heere« trägt er die Idealtracht eines römischen Offiziers, die vor allem im Schutzmantel derart abundant ausfällt, in allen Teilen vergoldet, daß die himmlische Pracht der Kleidung gut zu dem Strahlenkranz paßt, der zur Verherrlichung des Adiutors die gesamte Auszugsfläche füllt. Zwei Kindl zu seinen Füßen geben die Begründung seiner Vollmacht als Fürbitter: Er handelte als miles christianus (»Sonnen«gold der Fahne: Streiter für Christus) und erlitt das Martyrium (Geißel des linken Puttos). Das brennende Haus auf dem Gebälk scheint noch einmal auf seine Zuständigkeit als Bewahrer vor Feuersnot hinzuweisen. Das ist nur der kleinere Teil des Sinns dieser Beifügung. Seiner vorderen Ecke entwächst in der Form eines Erkers ein vergoldeter Turm. Er muß als Emblem der Glaubenstreue, der unerschütterlichen Festigkeit im Glauben aufgefaßt werden. Das geschnitzte Bild der Altarbekrönung zeigt eben nur nebenher einen Heiligen, der im Sinne der Volksgläubigkeit bestimmte Anliegen im Himmel zu vertreten hat, sondern in erster Linie ein Tugendgemälde. Wegweisung in paradigmatische Christenpflichten ist die Aufgabe der Darstellung.

Schiffskanzel *(1761; Ausschnitt), Niederding*

Wir sehen am Bug eines großen Kahns Christus in einer Pose, die offenläßt, ob der Herr lehrt oder etwas beteuert. In seiner Nähe steht Petrus, in der rechten Hand ein winziges Ruder haltend. Die beiden Figuren, zu denen auf der anderen Seite des Kanzelkorbes noch der heilige Andreas gehört, sind nicht als Nachbildung eines realen Geschehens gedacht, sondern nur als allegorische Hinweise auf die Semantik des Schiffes, damit der Funktion, die zunächst der Kanzel zukommt. Deswegen die Mikromegalie, das größenmäßige Mißverhältnis zwischen Figurenbestand und Kahn. Die gemeinte Bedeutung ist nur schrittweise freizulegen. Petrus sieht in die Richtung des Presbyteriums, durch kurzen, gegürteten Rock ohne Schutzmantel als Fischer charakterisiert. Er rudert nicht, hält inne, reagiert auf die Worte des Herrn und ein imaginäres Geschehen in der Ferne. Christus wird dagegen durch Mantelpracht äußerst hoheitlich ausgestaltet, als wäre er nur Gast. Mit der dozierenden Rechten weist er seinem Jünger die Richtung, so beteiligt, daß der gegen die Brust geführte linke Arm und der gestreckte zu einer machtvollen Deixis verschmelzen. Zwei biblische Stellen werden hier zusammengezogen und die so gewonnene Aussage auch noch zu einer Anwendung gebracht, die Kanzelverkündigung und Meßereignis eng miteinander verknüpft. Gemäß Luk. 5, 1–11 predigt Jesus vom Schiff des Petrus aus (»et sedens docebat ...«). Matth. 4, 19 und Mark. 1, 17 zufolge werden Petrus und Andreas zu »piscatores hominum«, zu Menschenfischern, nachdem der wunderbare Fischzug sie zu Jüngern gemacht hat. Die Darstellung ist so zu verstehen, daß auf biblischer Bedeutungsebene der Herr seinen Nachfolger in das Fischen von Menschen einweist, und in übertragener Bedeutung, daß Christus sich selbst dem Betrachter als das Heil der Welt auslegt, an dem wir in der eucharistischen Gabe kommunizieren dürfen. Dem Prediger auf der Kanzel ist der lehrende Herr im Bug der Arche höchstes Vorbild in seinem Tun und höchster Gegenstand seiner Verkündigung. Das innerste Geheimnis, welches die Bildidee uns mitteilt, bleibt indessen die gewisse, lebendig sichtbare Gegenwart Christi: Er zeigt sich als das Haupt seines Schiffes, der Kirche, und »ist« zugleich in ihm, welches sich durch die Realpräsenz damit zu seinem (vergoldeten!) Leib verklären darf (der supremen analogia zur erlösten, dienenden Natur, dem Nixenkörper und den beiden Fischen?). – Selbst ein so unbedeutender Ausschnitt enthüllt die ikonologische Dignität, die den Jorhanschen Arbeiten grundsätzlich zukommt.

Überschlag gemacht den 12. August 1766.

In das lobwürdige Gottshaus alten heilig. Kirchfahrt löbl:
Pfleg gericht heiling.

Was ich zu einem Flügl, Flügl Stöck beträgt, zum Chor und
zu den zweyen seiten Altar wie auch zu der Cantzl, wie ich in der hiemit
den Vorschein hinauß vorzeigen hab.

Erstlich zum Chor altar 4. Figuren 7. heiß hoch. Und nach proportion
zwey dachung Engl. 4. Kindl. und zwey brunnen — — — 325 f.

Mehr auch zum tabernackl 2. Engl. 2. Kindl. des herrn Gottes
2. Engl. Stöck, 2. brunnen und alles zu Kreutzen — — — 56 f.

Zu den zwey seyten altaren kommen 4. Figuren 5. heißhoch und
nach proportion 8. Kindl. und 4. blumen — — — 180 f.

Mehr auch zu der Cantzl 3. Figuren 7. Kindl des auch Gottes
den Hl. Geist, 3. heiß. Und der Cantzl 2. fürhang — — — 120 f.

Jacob Adolff   Summa 681 f.
Bildhauer

                                            Christian Jörgen Bischof
                                            Bildhauer in Landshut

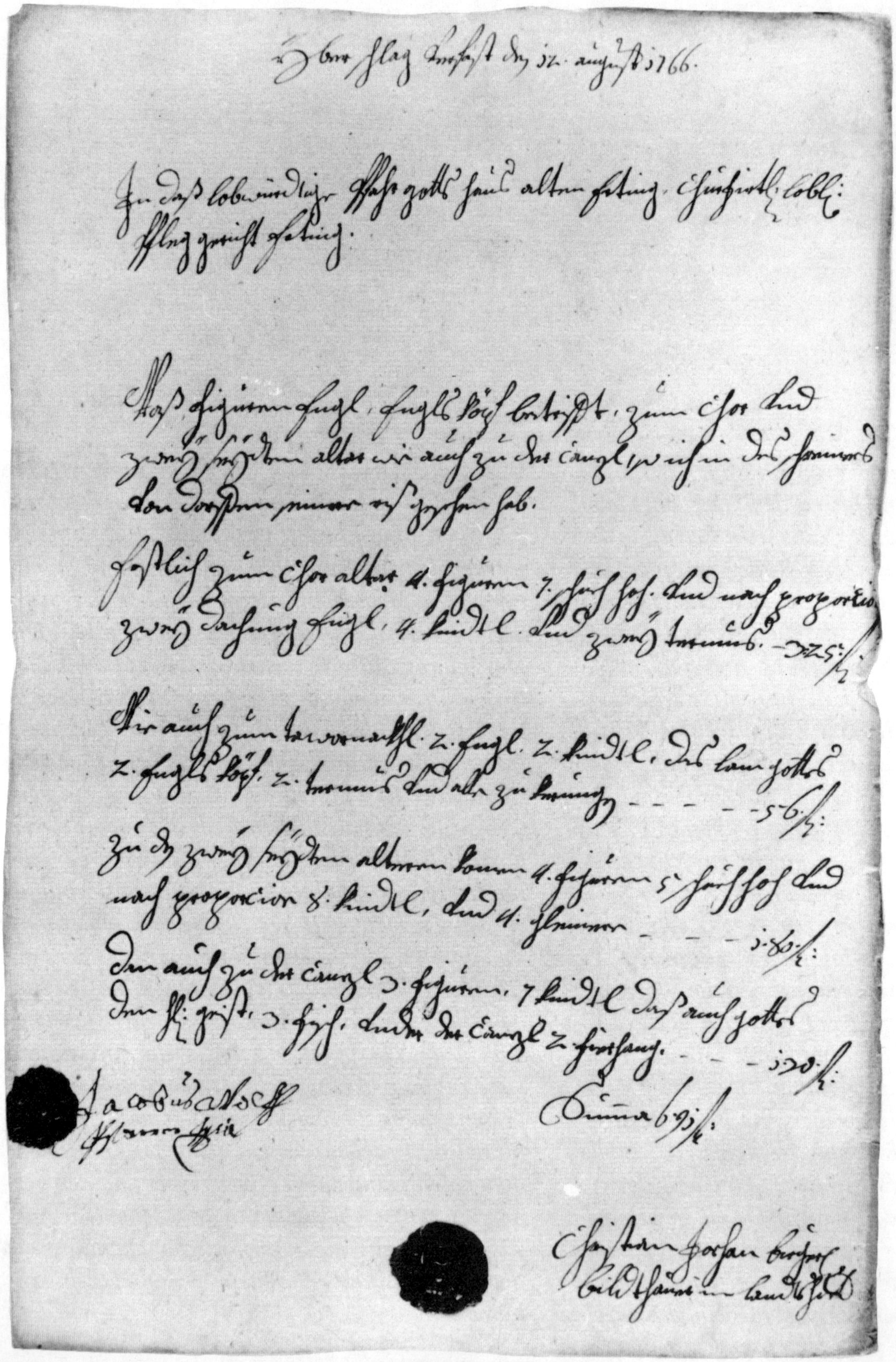

▷ 47 prononcierte Mittelachse auf, vom »griechischen« Haarschopf des »Meer Freylein« über die Mittellisene des Korbes und den Mittelscheitel der Dachung bis zum Dreieck des »Aug Gottes« reichend. Die Figuralplastik zieht Jorhan teilweise zur Begründung der Bildlogik heran, so die beiden Fische, die das Schifflein des Petrus und Andreas mittragen, so die beiden Kindlhermen, die mit je einem Ärmchen den Schalldeckel zu stemmen versuchen. Höhepunkt der rationalisierenden Konstruktion – zugleich kühne Vorahnung des Klassizismus – sind die girlandenförmig drapierten Fischernetze unter der Brüstung. Bei den Skulpturen haben wir mit dem profanen Ni-

◁ Kostenvoranschlag für Altenerding (StA La, Rep. ad 7b Verz.6 Fasz.23 Nr.107)

Antrag von 1779 um Ratifikation eines Nepomukaltars für Altenerding auf das Jahr 1780 (StA La, Rep. ad 7b Verz.6 Fasz.21 Nr.75). Wie ein Aktenvermerk ausweist, wurde er ohne Verzug genehmigt.

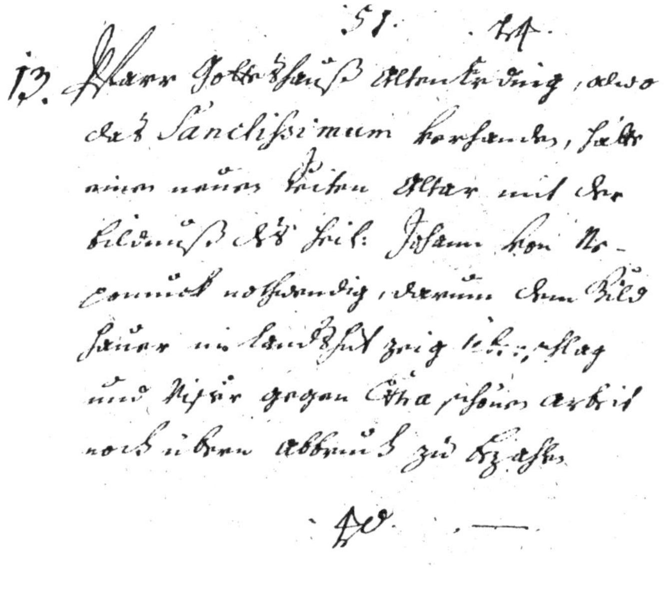
51.
13. Pfarr Gottshauß Altenerding, alwo
das Sanctissimum vorhanden, hette
einen neuen Seiten Altar mit der
bildnuß des heil: Johann von Nepomuck nothwendig, weillen den Bild
hauer in landshut [illegible]
und [illegible] gegen [illegible] arbeit
noch in [illegible] zu [illegible]
40.

xenleib, der sich lotrecht zur Wandung des Bootes ringelt, gleichfalls eine Inkunabel des kommenden Stils. Die ohne Einbeugung gestreckten Arme streben in gleichen Winkeln, einschränkungslos symmetrisch, vom Körper ab, bilden somit ein gleichschenkliges Dreieck: für einen Rokokomeister eigentlich ein sacrilegium principii. – Zur Steuer der Wahrheit muß einbekannt werden, daß die in die Zukunft weisenden Züge nur der eine, aber wesentlichere Aspekt sind. Die Kanzel bleibt nämlich in einem äußerst strengen Sinn janusköpfig, weil den Neologismen ein irgendwie noch borromineskes, »böhmisches« Vokabular gegenübersteht. Zwischen diesen beiden Polen fällt nahezu alles aus, was das Rokoko an Möglichkeiten gebracht hat. Rocailleornamente stellen sich fast nur aus Zufall ein, sind eklektisch verwendete Spolien. So verbindet ein Kartuschenlappen das Schiff Petri mit der Einrollung des mittleren Pilasters. Übrigens tradieren sogar Jorhans letzte Kanzeln irritierend hartnäckig Motive aus der manieristischen Phase des Barock. – Die Altarausstattung von *Altenerding* bringt wichtige Verschiebungen. Die Kistlerarbeiten stammen von Fackler, ebenso die Entwürfe. Zudem entstanden die Skulpturen nicht in einem Zug, weshalb die faszinierende Einheitlichkeit Niederdings fehlt. 1760 wurde mit einer neuen Orgel von Schweinacher begonnen, die Jorhan mit Schneidarbeit und zwei Engeln auszieren durfte. Der eine stützt ihr Uhrwerk, der andere bläst die Posaune. Die stattliche Fernwirkung wird durch grobe Schwächen erkauft, die sich dem Blick aus der Nähe auftun. Ein Jahrzehnt später kamen eine Cäcilia mit Portativ und ein harfenspielender David hinzu. Die eleganten Kadenzen in der Gewandung beider Figuren verdienen herausgehoben zu werden, wenngleich wieder einmal bloß die Redaktion einer älteren Erfindung vorliegt, in diesem Fall der Orgelskulpturen aus Maria Thalheim. Der Kostenvoranschlag für die Figuralplastik der drei Altäre und der Kanzel
▷ 65

Heiliger Nikolaus *(1767?), äußere rechte Assistenzfigur des Hochaltars in Altenerding*

Die prächtige Pontifikalkleidung kennzeichnet den Heiligen als Bischof von Myra. Das Haupt krönt eine Mitra, ein Pluviale, von einer Schließe zusammengehalten, umströmt in prächtigen Faltenzügen beide Arme. Nicht weniger reich ist der Zierbesatz der Dalmatik und des Untergewandes. Auf dem Evangelienbuch lagern zwei Äpfel aus Gold. Einen dritten reicht der festlich investierte Kirchenobere wie ein Sakrament dar, mit verstehendem Mitleid und geistlicher Milde. Der Legende zufolge hat der heilige Nikolaus drei Töchter eines verarmten Edelmanns vor der Schande bewahrt, indem er ihnen »zur Nachtzeit das als Ausstattung zu einer standesgemäßen Ehe erforderliche Gold zum Fenster hineinwarf«. – Was Jorhans Schnitzkunst vermag, zeigt sich in den souveränen Stauungen, in denen das Gewand dem Natursockel aufliegt, in den einfallsreich behandelten Schwüngen des Radmantels oder in dem ornamentalen Lockenwerk von Bart- und Haupthaar. Wer an einer der vielen Schnitzmanieren des Bildhauers interessiert ist, kann über dem linken Fuß ein engmaschiges Faltengitter feststellen, aus dünnen, gleichmäßigen Adern bestehend, die flache beziehungsweise konkave Areale abgrenzen. Man fühlt sich an ein Mosaik aus unterschiedlichen Schollenformen erinnert, wobei rautenähnliche Bildungen vorherrschen.

Dachungsengel *(1767?), linker Gebälkkopf im Hochaltar von Altenerding*

Nur die Knochenpartien der Flügel sind vergoldet. Das Federkleid der Arm- und Handschwingen wird in Weiß gehalten, die Kleidung in cremigem Hellgrün und die Körperpartien in lebhaftem Inkarnat. Mit großer Pose sitzt die Genie auf dem Volutenrücken, wobei sie das freie rechte Bein gleichsinnig zur Dachung abstreckt. Das Kleid, das über ihm hochgeglitten ist, flattert mit anderem Winkel ebenfalls der Nordwand zu, desgleichen ein die Brust querender Gewandteil. Der Engel hat seinen Kopf zur Altarmitte gewendet, weshalb Blickrichtung und Fliehrichtung des Tuches vollkommen gegenläufig sind: eine besonders dramatische Antithese. Rhetorisch auch die Aktion der Arme, der rechte beteuernd, der linke auffordernd; Betroffenheit durch das Gesehene soll dem Betrachter übermittelt werden. Andererseits darf die Genie als wegweisend für neue Entwicklungen angesehen werden. Die Haarteile des adulten Engels erinnern an die Mode zur Zeit des jungen Schiller: aufgelöste Haarpracht und doch eine noch perückenhafte Anordnung. Antikischer Geschmack zeichnet sich in den drei parallelen Röhren ab, mit denen das Gewand fast senkrecht zur Querung an der Vorderseite des Figurenkörpers herabstürzt. Die Tendenz zur Parallelführung von Faltenadern und von Volumina ist überhaupt ein Kennzeichen der Skulptur. Ein weiteres Stichwort ist gefunden, sobald man die Vorliebe für das Gewaltige in Extension und Masse bemerkt. Man prüfe nach, in welchem Verhältnis die Gliedmaßen, vor allem das Bein, zur Fülle der Gewandung steht. Jorhan begreift den Dachungsengel aus der Aufgabe, ein imposantes Holzquantum in geformte Gewandmasse zu bringen. Das ist ebenso nachbarock wie protoklassizistisch.

Nepomukaltar *(1780), Südwand des Presbyteriums in Altenerding*

Über dem Fundament von Matthias Fackler, einem Tabernakel und zwei Volutenteilen, hat Jorhan die Verherrlichung des heiligen Nepomuk inszeniert. Der Heilige trägt die Tracht eines Kanonikers: Talar, Rochett, Mozetta aus Hermelin; streng schnürt der Kragen mit seinen Bäffchen den Hals ein. Er ist in die Betrachtung des Kreuzes versunken, Ausdruck dafür, daß sein Leben Meditation, aber auch handelnde Nachahmung Christi war. Die Rechte hält die Märtyrerpalme: Johannes von Nepomuk hat das Beichtgeheimnis gewahrt. Hierfür mußte er mit Gefangennahme und Märtyrertod bezahlen. Der Prügel und ein weiteres Folterinstrument des linken Puttos, die Kette des rechten belegen seine Leiden. Außerdem verweist der Schweigegestus des einen Kindls auf die entscheidende Tugend dieses Beichtvaters hin. Wie reichlich der Himmel lohnt, zeigt der obere Teil des Tableaus. Eine Genie hält einen mächtigen Kronreif mit drei Sternen, letztere auch ein Hinweis auf den Lichtglanz, der nach der Legende den Leichnam umstrahlt haben soll, als er sich aus den Fluten der Moldau erhob. Eine blaue Draperie hinterfängt Nepomuk, während der krönende Engel auf Wolkenballen schwebt. Durch das Blau des Vorhangs wird die »Glorifikation«, die Verherrlichung, nicht weniger sinnfällig als durch den Krönungsakt. Die Farbe spielt auf den Himmel an, welcher ihn zur Belohnung aufgenommen hat.

▷ 57 datiert vom 12. August 1766 und beläuft sich auf 691 Gulden. Jorhan beruft sich hierbei auf Facklers Entwürfe (»so ich in des schreiners von Dorffen seiner riß gesehen hab«). Ein Jahr später begann bereits die Aufstellung, doch blieb das Ganze zum Leidwesen des Pfarrherrn fünf Jahre ungefaßt. Bei den monumentalen Heiligen des Hochaltars fällt auf, daß der Jakobus maior ein besonders eng gefälteltes Gewand besitzt, ein Vorgriff auf den kostümlichen Realismus der späteren Zeit. In gleiche Richtung weisen die ausgefeilten Köpfe der äußeren Altarwächter. Ungerecht, den Nikolaus nicht eigens zu behandeln, somit die Eigentümlichkeiten und Meriten der frühen Großfiguren zu verschweigen. Auch die beiden Dachungsengel als antikisch aufgefaßte Jünglinge sind von Interesse, während die Putten des Auszugs noch in der alten Rokokomanier ihr Spiel treiben. Die progressiven Züge jener zwei Genien werden durch die Fassung – helle, billigere Gewänder statt der herkömmlichen Goldauflage – nicht unwesentlich verstärkt. Die Tabernakelpopulation trägt dagegen in bewährter Anordnung das Tugendparadigma von Glaube, Hoffnung und Liebe vor. Viel zu wenig beachtet werden die Assistenzfiguren der Seitenaltäre, oft als typische Werkstattarbeiten abgewürdigt. Gerade der Petrus des linken und der Franziskus des rechten Altars sind weiterweisende Konzeptionen. Beidesmal wird die Kleidung so behandelt, daß die Illusion entsteht, unter ihrem lockeren Fall verberge sich ein realer Körper. Eine verlebendigte, spiritualisierte Aura umgreift den figuralen Kern, ein Zusammenspiel aus Wirkungen, geschaffen durch kühne Aushöhlungen, aufwallende Stoffröhren und Bewegungscharaktere, die gewissermaßen vom Scheitel bis zur Sohle das Erscheinungsbild beherrschen. Das Figurale der Kanzel ist weitgehend Werkstattgut. Hingegen zeigen sich unter den Cherubim und Kindln, die an den Säulen der Altäre schweben und gaudieren, hervorragend geglückte Stücke. 1780 wurde der Nepomukaltar geliefert, 1794 ein »Jesu Kindt zu 2 ½ Schuch hoch« für 11 Gulden und 30 Kreuzer.

Arbeiten für die Pfleggerichte Rottenburg, Teisbach und Moosburg

Nun grenzten an den Burgfrieden von Landshut neben dem Erdinger Gericht noch die von Rottenburg und Teisbach; das Pfleggericht Moosburg lag ebenfalls nicht fern. Diese Bezirke waren vom Ausstattungsfieber weniger stark gepackt, wiesen auch nicht die Wohlhabenheit auf, welche die fruchtbaren Landstriche unterhalb des sogenannten Waldlandes auszeichnete. Die ärmeren Pfarrkirchen und Filialen leisteten sich zumeist nur einfache Schreineraltäre mit äußerst provinziellen Figuren. Arbeiten des Hieronymus Schauer demonstrieren die kärgliche Rückständigkeit recht drastisch. Alle interessanteren Aufgaben zog ab 1759 Christian Jorhan an sich, wiederum nachdrücklich gefördert von der ratifizierenden Kirchenbehörde in Landshut. Für jedes Gericht sei kurz ein Beispiel angeführt. – Zuerst die Frauenkirche in *Ergolding* (Pfleggericht Rottenburg). Die Arbeiten zum Hochaltar von 1767 (der Entwurf liegt drei Jahre früher) ließ sich Jorhan mit 308 Gulden bezahlen, während der Kistler Stecher nur 163 Gulden erhielt. Die Umkehrung der sonst üblichen Preisrelationen signalisiert, wie selbstverständlich der angesehene Bildhauer inzwischen schalten und walten konnte. Bei den Kindln des Tabernakels und den assistierenden Bischöfen hat er sich in der Tat besondere Mühe gegeben. Der Erasmus ist ein Muster an empfindsamer Eleganz. Den hochgeschossenen, schmalen Körper überdeckt ein Rauchmantel, die übereinandergelegten, auf der Winde ruhenden Hände lagern weit vorm Körper. Damit ergibt sich eine beinahe melodische Positur, die im Antlitz ihre eigentliche Krönung findet. Mit sehnsüchtigem

▷ 69

Rechtsseitige Tabernakelpopulation *(1760), Hochaltar in Rettenbach*

Jorhan ist nicht als fertiger Meister vom Himmel gefallen. Doch faszinieren gerade seine frühen Arbeiten, die keineswegs nur Versuche sind, durch ein Surplus an Temperament und eine riskante Bewegungssprache, die manches Spätere als nivellierte Routine verblassen läßt. Das rosettengeschmückte Kindl besitzt ein Milchgesicht, das man im Volksmund zutreffend als »Vollmond« bezeichnen würde. Von einer übertriebenen Fülle ist seine Leiblichkeit. Bauch oder wabbeliges Brustfleisch, fast schon überhängende Beinwülste vermitteln einen Vorgeschmack himmlischer Herrlichkeit, der den zensierten Vorstellungen der Hofkunst ebenso fernsteht wie den pittoresk skurrilen Putten eines Joseph Deutschmann. Autonom, aus der fülligen und doch irgendwie zarten Körperwirklichkeit wird das huldigende Kindl entworfen, so in sich konsequent, daß sein symmetrisches Flügelpaar wie ein Fremdkörper angedübelt ist. – Welcher dynamische Wurf, welche Verwegenheit aber erst im Gewand, in der Aktion des Körpers und der Schwingen der Tabernakelgenie! Über der expressiven Konfiguration der kreuz- und querschießenden Tuchbahnen vergißt man ganz auf Unfertiges. Simple Halsringe ersetzen anatomische Korrektheit. Wie der abgestreckte Fuß sich durchdrückt, weiß Jorhan noch nicht; ebensowenig überzeugt die Gestaltung der Hüfte, und das obsolete Mittel des groben Kinnballens entwertet alle Feinheiten der Haargestaltung. Trotzdem: Würde der Begriff nicht stilgeschichtlich in die Irre führen, man hätte von Jorhans Sturm- und Drangphase zu sprechen. Barocke Pathetik wird reformuliert in den harten, schnittigen Gewandzügen, die unvermittelt abbrechen und in die gegenteilige Richtung weiterlaufen. Emphatische Ausschläge, horizontale und diagonale Querung, hyperbolische Stauchung in Antithese zu glatter Gewandschwingung sind die Regel. Sein Münchener Lehrer würde die Tumultuarik verurteilt haben, ihm wäre der Anteil der Barocktradition zu stark gewesen. Nichtsdestoweniger praktiziert Jorhan nichts anderes als eine systematische, funktionalisierende »Auf«klärung: Das hohe Pathos läutert sich zu einer konsequenten, stimmig gemeisterten Affektformel.

▷ 65 Blick, trunken vor geistlicher Liebe, hat sich der Heilige dem Tabernakelereignis zugewendet. Leider verweist die spärliche Literatur zu Jorhan die vier hervorragenden Seitenaltarfiguren (Georg und Laurentius, Barbara und Katharina), die zur Zeit noch an den Langhauswänden angebracht sind, ebenfalls in die sechziger Jahre. Sie wurden 1781 geschnitzt und ein Jahr später gefaßt. Der heilige Georg ist einer der sensibelsten Heiligenheroen des bayerischen Rokoko. Format und Schnitzbehandlung verleihen ihm Anmut, die Grazie eines Siegers, bei dem Anbetung den Triumph vergessen läßt. Wer behaupten würde, die Skulptur sei eine vergrößerte Porzellanfigurine, hätte nicht einmal so unrecht. – *Hoheneggl-kofen* (Pfleggericht Teisbach) erhielt einen Hochaltartabernakel, einen Kreuzaltar, zwei Seitenaltäre und eine Kanzel mit Figuren von Jorhan. Der nazarenisch gefaßte Johannes läßt noch von ferne ahnen, welche Rokokowunder ohne Not zerstört worden sind. Schmerz drückt sich aus als pure Bewegung, als vollständiges Durchstürmtsein. Den Kopf theatralisch erhoben, werden die Hände outriert, jedes Auge bestechend, vor dem Körper gefaltet. Mit einer ausladenden Schüsselfalte umfliegt das Gewand den Leib, mit einem diagonal vorschießenden Zipfel trägt es den tumultuarischen Impetus weiter. Eine weit hochreißende Amplitude des Rocksaums antwortet im Gegenzug. Unwillkürlich fühlt man sich an die Prestissimoskalen in den affektischen Sätzen der zeitgenössischen Musik erinnert. – *Bruckberg* (Pfleggericht Moosburg) »ist unter allen das Schönste« Gotteshaus. In ihm sind »geschmakvolle Altäre anzutreffen, so vom kunstreichen Bildhauer Jorhan verfertigt, und die Altäre vom Kaufmann in Landshut gemalen, und gut gefast worden«. Leider haben sich nur zwei Bischöfe erhalten, deren Qualität für sich spricht.

Arbeiten für Kirchen des Klosters Metten

Hätte Jorhan nur diese Pfleggerichte erobert, würde das ein Produktionsvolumen mit sich gebracht haben, das ihn bereits deutlich von seinen unmittelbaren Vorgängern absetzt. Das Ungewöhnliche ist, daß ihm darüber hinaus der Einbruch in Regionen gelingt, die in solcher Weise nie systematisch von Landshut aus beherrscht waren. Zur Erklärung reichen die beiden Grundannahmen, daß man zentralisieren wollte und ein in seinem Fach berühmter Mann allein schon seiner Reputation wegen überall begünstigt wird, nicht aus. Eindeutig kommt das Motiv ins Spiel, landständischen Herrschaften, noch nachdrücklicher exempten, sofern bei den fraglichen Besitztümern eine Trennung zwischen geistlicher und weltlicher Gewalt vorlag, die wittelsbachischen Rechte zu demonstrieren. – Metten gibt das Beispiel eines landständischen Klosters ab. Ihm waren jenseits der Donau wichtige Kirchen inkorporiert. Es ließ zu dieser Zeit bei Joseph Deutschmann arbeiten, für weniger Wichtiges wurde Joseph Hofer aus Plattling gewählt. Wie das Pfleggericht Natternberg in seinem Bereich entschied, wer als Architekt und Faßmaler eingesetzt wurde, legte es auch fest, daß in *Rettenbach* (1760) und Michaelsbuch (1763) die Hochaltäre dem Christian Jorhan zugeschlagen wurden. Ersterer erbrachte 745 Gulden. Mit frühklassizistischer Präzision reiht er sich in die Chorrundung ein, trotz der vorgestellten Mittelsäulen ein Wandretabel, bei dem Basis und Gebälk als die Hauptwörter des regulierten Idioms auftreten. Die Glorie entfaltet im Gegensatz dazu autonomes Himmelsgeschehen, dort zieht der Bildhauer alle Register. Den vier Assistenzfiguren vermochte die abgekühlte Architektur ihr Leben nicht zu entziehen, vielmehr blühen sie vor der Kontrastfolie auf. Virtuos charakterisierte Köpfe: Das Antlitz des Johannes Evangelista von jugendlichem Schmelz, durch zwei vertikale Stirnfalten

▷ 77

Entwurf zu einer Orgel für Michaelsbuch *(1763), Stadtarchiv Deggendorf*

Besonders eng war Jorhans Zusammenarbeit mit Johann Schweinacher, dem gesuchten Landshuter Orgelbauer in der zweiten Hälfte des 18. Jahrhunderts, der aus dem »Hochfürstlichen Salzburgischen Markt Windisch-Matrei« zugewandert war und 1756 die Tochter des nicht weniger berühmten »Orgelmachers« Franz Mitterreither geheiratet hatte. Kooperation hieß, daß der Bildhauer nicht nur wie für das Projekt in Michaelsbuch die »Visier« zeichnete, sondern auch die erforderliche Ornamentik und Figuralplastik anfertigte. Bei diesen Orgelprospekten »ist alles in Bewegung. Gleich, ob es (...) die vorkragenden (...) Gesimse sind« oder »das überall reich anzutreffende Rocailleschnitzwerk«. Aus der langen Werkliste, die G. Brenninger anführt und in der manches zu ergänzen wäre (z. B. Frontenhausen), seien nur die drei Arbeiten genannt, deren figuralplastischer Bestand sich erhalten hat: Altenerding (1760; Erweiterung 1770), Pürkwang (vor 1765), Maria Thalheim (1764). Die Orgelzier für Altheim (frühestens 1787) wurde erst in unserem Jahrhundert beseitigt. Weiterhin können Jorhansche Skulpturen noch an folgenden Aufbauten anderer Meister festgestellt werden: Lohkirchen (aus der Mutterkirche Reichenkirchen; Urheberschaft und Datierung noch offen); Mallersdorf (Anton Bayr, München; 1783); St. Veit in Mettenbach (Franz Mitterreither; 1730. Der Posaunenengel stammt aus der klassizistischen Bekrönung der ehemaligen Jorhankanzel von Altheim.). – Die Orgelentwürfe sind sehr vielfältig. Doch schälen sich zwei grundsätzliche Möglichkeiten heraus, die natürlich oft ineinanderspielen. Die erste: das Engelskonzert. In Mallersdorf ein mit Pauken, Trompeten und Choralisten arbeitendes Tutti, wo alles, »was Odem hat«, den Herrn lobt. An den Rändern des Orgelkastens je eine der beiden Instrumentengruppen, »die Saiten und die Pfeifen«. Flatternde lateinische Textpartituren (Stellen aus dem 150. Psalm) halten die Kindl in Händen, fröhliche Geschäftigkeit ist ihr Wesen. In Pürkwang hingegen mischt sich auch adorierendes Lob mit ein, das Te Deum wird in Musik und Gebet dargebracht. Die zweite: Standfiguren von David und Caecilia als Eckpfeilern – sehr wörtlich zu nehmen! – der Anlage, als Wächter über die rechte Kunst des Orgelschlagens. In Niederding vervollständigt eine von großen Genien gehaltene Uhr das Programm, unter anderem Zeichen dafür, daß zu jeder Hore der Herr zu preisen ist; in Maria Thalheim überhöht dagegen wiederum Kindlvolk das Tun der Menschen. – Beim Entwurf für Michaelsbuch ist David als Harfenist, Psalmist in die Mitte des Prospekts gerückt. Ein konkaver Mittelteil dient ihm als Sockel, ein bekrönender Baldachin überfängt ihn. Er ist mehr als nur ein Patron, er bildet als das Herzstück der gesamten Anlage das Organon der lobpreisenden Schöpfung überhaupt. Darum die Rocaillen und Blütengehänge an den Ausbeugungen des Gesimses, darum der lautenschlagende und der geigende Vertreter der Himmelspopulation. Ob Ornament, Orgelspiel oder Kindl: »Omne quod spirat laudet Dominum. ALLELUIA.«

Hochaltarentwurf für Michaelsbuch *(1763), Stadtarchiv Deggendorf*

Wie der eigenhändige und gesiegelte Eintrag im unteren Teil der sorgfältig ausgeführten Schauzeichnung ausweist, diente sie auch als Grundlage für die Ratifikation des Altars durch die staatliche Kirchenbehörde. (Nicht der Pfarrvikarius von Metten, sondern Natternberg beziehungsweise Landshut hatte sie ausgesprochen und daraufhin die »Visier« am 24. Oktober 1763 an diesen zurückgeschickt, »gdst expediert«!) Der Riß »bezieht die verschiedenfarbige Marmorierung bereits in die Komposition ein und bietet alternative Möglichkeiten für die Gestaltung der Säulen. Geschickt ist das Ovalfenster des Chors in den kühnen Volutenaufsatz mit der Gestalt Gottvaters integriert. Der Kirchenpatron erscheint wie auf einer Bühne zwischen Vorhängen, die von Engeln gerafft werden. Im Grundriß sind lediglich die Altarmensa und die komplizierte linke Säule mit Querschnitten auf mehreren Ebenen wiedergegeben. Die beiden äußeren Grundrisse in brauner Feder geben die nicht in den Aufriß einbezogene Pfeilerarchitektur des Chorjoches wieder. Die rundbogig abschließende Einfassungslinie deutet den Kirchenchor an.« »Gewählt wurde die rechte Alternative mit einschneidenden Änderungen. Da sich die Vorhangdraperie (...) nicht (...) vor, sondern hinter den Säulen befindet, treten diese als architektonisches Gerüst in den Vordergrund und lassen den Altar gegenüber der Zeichnung statischer und konventioneller wirken.« – Drei Gesichtspunkte interessieren besonders. Im Gegensatz zum geschnitzten Tableau steht der Kampf zwischen Michael und Luzifer gerade vor seinem für den Engelsfürsten siegreichen Ende. Mag schon der Protagonist mit seinem himmlisch-unfesten Stand im Wolkengeschiebe als Poseur erscheinen, der Böse – frontalen Blicks und der Länge nach vor dem Zuschauer sich krümmend – ist es schlechterdings. Mit wichtigtuerischer Grazie spielt er vor, was es bedeutet, vom Kreuzstab getroffen und überwunden zu sein. Am Rande des Theatergerüstes posaunen zwei herangeflogene Genien den Siegesruhm der triumphierenden Lichtgestalt aus, des Patrons von Michaelsbuch. – Der Vorhang, dies der zweite Aspekt, stellt keinesfalls nur eine prunkende Folie dar, auf der einen Seite durch einen Engel gerafft, auf der alternativen von Himmelsvolk wolkenartig durchzogen. Da die vorgeführte Aktion höhere Wertigkeit besitzt als ein Schauspiel im heutigen Sinn, repräsentatives Ereignen ist in der Art, wie es im 18. Jahrhundert eine Krönung war oder der Überlieferung nach noch ein Zweikampf, erzeugt die bewegte, die Architektur überdeckende Festkulisse ein Fluidum und fungiert als eine am Geschehen mitwirkende De»finition« von Ort, Sinn und Wert. Diese Repräsentativität bedarf der seligen Klosterbegründer von Metten (Utto und Gamelbert) als idealer Zeugen, gleicherweise Protokollanten wie Ausdeuter. – Zuletzt: Das abschließende Volutengestell für Gottvater ist ein reiner Irrealis. Einerseits holt der Bildhauer die Auszugsphantasie auf die Ebene handfest addierter C-Bogenspangen herunter, andererseits ist die Konstruktion in ihrer Räumlichkeit so extrem, daß es im süddeutschen Raum nicht so leicht eine weitere Himmelssedia gibt – von der lux Christi unterflutet –, die dieser an Kühnheit geglichen hätte. Knapp zwanzig Jahre später erweiterte Jorhan den Moosburger Altar durch Umgestaltung der Außenseiten zu einer filigranen Monstranz, umgeben von einer einzigen Aureole aus strahlender Helle. In Michaelsbuch hat er hingegen auf seine Rokokoart zu erreichen versucht, was bei einer Altarbekrönung an Auflösung und Hereinnahme symbolischen Lichts überhaupt möglich war.

Erzengel Michael und Luzifer *(1763), Hochaltar in Michaelsbuch*

War im 18. Jahrhundert ein Michaelstableau zu gestalten, gab es für den süddeutschen Bildhauer zwei verbindliche Lösungen. Jorhan hat beide aus eigener Anschauung gekannt. Einmal Hans Reichles Arbeit an der Fassade des Augsburger Zeughauses. Für Michaelsbuch erlangte dieses Konzept keine Bedeutung. Zum anderen Hubert Gerhards Bronzeplastik zwischen den beiden Portalen der Michaelskirche in München. Sie diente als Inspirationsquelle, was selbstverständlich Abweichungen und eine andere Sicht des Themas keinesfalls ausschließt. Bei Gerhard trifft der überlange Kreuzstab das Teufelswesen, das überwunden sich zu Füßen des himmlischen Streiters befindet. Was Jorhan übernimmt, ist die Führung dieses signum crucis durch den Engelsfürsten, ist die exzeptionelle Länge des Kreuzstabs (über jeweilige Demarkationen hinausreichend), ist der heftige Kontrapost der Stellung (freilich umgepolt) – und vieles andere mehr. Da der Bildhauer des 18. Jahrhunderts keinen Kampf nachzeichnen will, werden die ehemaligen Engelsbrüder unmißverständlich getrennt. Der Erzengel markiert den Streit für den Betrachter nur noch einmal, weshalb sein Schild neben ihm wie ein Siegeszeichen an dem riesigen Vorhang, dem wichtigsten Bestandteil des Ehren- und Schaugerüsts, befestigt ist. Den überwundenen Antagonisten stattete Jorhan mit volkstümlicher Häßlichkeit aus. Seine Nase war so lang, daß sie Ende des 19. Jahrhunderts um einiges verkürzt wurde. Strahlend der Protagonist: Denkmalartig hebt ihn ein Sockel über dem Tabernakel heraus, zusätzlich überhöht durch eine vergoldete Wolkenbasis. Zwei riesige Flügel, ein wallender Umhang, ein mit Zierfedern besetzter Helm und ein vergoldeter Reliefpanzer staffieren Michael als Titelhelden der actio sacra aus, die eben mehr ein pantomimisches Monodram als ein dramatischer Konflikt sein will. Sein Rock mit übermäßig glockender Saumlinie ist kurz wie ein Tutu. Ballettös, mit der Grazie eines Kastratenheros spielt er seine Rolle als Akteur tugendlicher fortezza, umschwärmt von den Kindlköpfen und -hermen, seinem corps de ballet. Wie gespreizt führt allein seine Linke den Kreuzstab! Da bringt auch der Umstand, daß das Spielbein das obere Wolkenkissen staucht, keine entschiedeneren Töne ins Tableau. Gezeigt wird das Gegenüber von Tugend und Laster. Die rechte Entscheidung trägt, wie die Rosen an der Wolkenbasis andeuten, auch schon vor dem Anbruch der letzten Zeit ihre Früchte.

QUIS
UT
DEUS
IHS

▷ 69 und enggestellte Augenöffnung zu träumerischer, reagibler Meditation gebracht. Der sinnlichen Schönheit der Gewandgestaltung antwortet die kühne Leiblichkeit bei Adoranten und Putten. Späterhin hat es Jorhan nicht mehr gewagt, ihrem Milchfleisch eine solche Präsenz zu geben, das Volle, Weiche, Runde körperlicher Formen derart auszuspielen. – Für *Michaelsbuch* liegen eigenhändige Entwürfe über Hochaltar und Orgel vor. Der Altar wurde weniger aufwendig ausgeführt, unter Verwendung älterer Teile. Zu allem Überfluß hat man ihn im 19. Jahrhundert auch noch verändert, ihm einen Segmentbogen im Stil der Neurenaissance aufgesetzt. Trotzdem war das geistreiche Programm des Theaterretabels nicht zu verdunkeln. Gerahmt von den Seligen Utto und Gamelbert sehen wir auf einem Wolkenpodest den heiligen Michael, wie er den Kreuzstab gegen Luzifer richtet, den von der Schlange des Bösen gefesselten Antagonisten in tenebris. Der Erzengel posiert als grazile Lichtgestalt, Rüstung und Mantel ganz in reflektierendes Gold gefaßt. Blickt man in sein Antlitz, so ist es von weiblicher Weichheit, ausschließlich Mitleid für den gefallenen Engelsbruder zeigend. Michael stellt ein Exempel christlicher Tugend vor, handelt nicht aus eigener Vollmacht, sondern aus der Gnadenfülle Christi. Deshalb das gelbe Rundfenster und der geschnitzte Strahlenkranz, deshalb die auffällige Länge des Stabs, damit sein signum crucis uneingeschränkt im Bereich der von oben einbrechenden Lichtflut steht. Michael ist nur ein Vorkämpfer des Herrn, das wahre Licht wird erst am Ende der Zeiten kommen. (Auf dem Visier, das im Deggendorfer Stadtarchiv liegt, wird es durch das drastische Gelb des Vorhangs und die gleichsam stechenden Nimben der Heiligen erstaunlich direkt »ausgemalt«.) Der segnende Gottvater mahnt den Betrachter, die Gnadenchance wahrzunehmen und gleich dem Erzengel die Tugendbahn zu wählen. – Bliebe nachzutragen, daß man in beiden Kirchen einen Vergleich mit den Skulpturen Joseph Deutschmanns ziehen kann. Diese sind gewiß nicht schlecht, doch der Abstand zu Jorhan ist fundamental. Man kann sich nicht genügend wundern, wie es dem Landshuter Bildhauer gelang, in kürzester Zeit so viel an Qualität zu schaffen.

Hochstift Freising: St. Veit

Das kurfürstliche Territorium besaß im 18. Jahrhundert zunächst kein hauseigenes Bistum. Wenn in Reichenkirchen eine Veränderung anstand, mußte das Plazet der Kirchendeputation eingeholt, daneben auch noch formal ein solches vom Bischof in Freising erbeten werden. Zu jedem Bistum gehörte außerdem ein reichsunmittelbares Gebiet, in dem man unabhängig von den Vorstellungen in München handeln konnte. Wie man die Hofbildhauer der geistlichen Herrschaften vom kurfürstlichen Bereich fernhielt, wurde bereits gezeigt. Umso verwunderlicher, daß Jorhan selbst in Freising zum Zuge kam. Das hebt nicht unsere These von der Konkurrenz zwischen wittelsbachischen und geistlichen Herrschaften auf, sondern hat viel mit den Eifersüchteleien zwischen Bischof und seinem Kapitel, mit den Rivalitäten zwischen den einzelnen Stiften zu tun. Jeder wollte jeden übertreffen. »In dem löbl. Stift bey St. Veit« wurde »im Jahre 1765 nach uneingeschränkter Direktion des hochfürstlichen Hofmalers Johann Deyrer« ein Hauptaltar aufgestellt. Er ist – meint Franz Sebastian Meidinger – »so gut gerathen, daß er sich den ungetäuschten Beyfall der Kenner erworben hat«. »Die Verzierungen, und Statuen sind von dem berühmten Bildhauer zu Landshut Christian Jorhan.« Die Kirche verfiel in der Säkularisation dem Abbruch. Überreste ließen sich bis jetzt nicht identifizieren; daß die Assistenzfiguren heute den Hochaltar der Pfarrkirche von Hohenkammer schmücken würden, ist eines der typischen

▷ 85

Immaculata *(1771), am dritten nördlichen Wandpfeiler der Pfarrkirche von Buchbach*

Schwer zu begreifen: In unserem Jahrhundert wurde der Gesamtsinn des Bildwerks nicht mehr verstanden, weshalb man ihm einen neubarocken Gabriel auf der Südseite des Kirchenraumes zuordnete, den nicht wenige für eine Arbeit Jorhans halten. Weil ein Betpult und das Alte Testament wichtige Bestandteile der Anlage sind, glaubte man, eine Annunziâta vor sich zu haben. In Wirklichkeit greift die Darstellung der »unbefleckten Empfangnus Mariä« den überhistorischen, den heilsgeschichtlichen Bedeutungszusammenhang des Verkündigungsgeschehens auf. Die Muttergottes steht über einer vergoldeten Hemisphäre; die in gleißendem Silber sich zeigende Schlange des Bösen wird vom linken Fuß der zweiten Eva überwunden. Deshalb ist der »Wurm« im Gegensatz zur aufrechten Gestalt der Allerreinsten ins Exterritoriale gedrängt, er umringelt fast ohne Berührung mit dem Bild, unter Entzug jeder festen Grundlage, den Sockel des Betpults. Das ornamentale lectrinum wächst statt dessen schlank wie ein Siegesmonument in die Höhe, damit auf seinem oberen Ende das heilsverbürgende Geschehen sich ereigne. Die Hände der ancilla Domini berühren scheu und wissend das Wort, die Verheißung der Propheten. Reziprok zur Demut der Betroffenen durchströmt und durchschlägt der Heilige Geist ihren Leib, wird das Wort erfüllte Wirklichkeit. Unter den vielen Pointen der Jorhanschen Erfindung ist nicht die letzte die, daß die Höllenfahrt der Schlange und der Einbruch des Heiligen Geistes über dem aufgeschlagenen Buch in zwei einander exakt parallelen Schrägen stattfinden.

Auferstandener *(1772), Pfarrkirche von Buchbach*

Weit über vierzig Auferstandene können bisher der Jorhanwerkstätte zugewiesen werden. Viele sind eigenhändige Meisterleistungen, ihr Format reicht von Miniaturen unter zwanzig Zentimetern bis zu Werken von vier Fuß Höhe. Finden wir auch sehr oft das gleiche Aufbauschema, nur einmal hat sich der Bildhauer – wohl auf Wunsch des Auftraggebers – wiederholt. – Die Buchbacher »Urständ« Christi, die 11 Gulden gekostet hat, repräsentiert den Übergang von den frühen zu den späten Lösungen. Noch besitzt die Wolkenbasis spiraligen Charakter; an beiden Seiten fahren antithetisch geführte Wolkenflügel heraus. Darüber steht der segnende Herr in »über«wirklichem Kontrapost. Sein Antlitz gegen den Himmel gewendet, ist auch sein Körper nichts anderes als zart modellierte, »wohlgetane« Augenblicklichkeit. Oberschenkel, Knie, Waden sind eine einzige Etüde in den Ausdruckswerten dieser fließenden Körperlinien. Schönheitlich auch der Rumpf des neuen Adam, überboten nur noch durch das Antlitz, das die Zwischenstellung des Herrn am sichtbarlichsten verdeutlicht: Voller morgendlicher Schönheit grüßt er mit den Augen seine zukünftige Heimat, aber nicht so ausschließlich, daß man seinen Lippen nicht die Verheißung ablesen könnte, den Gläubigen belohne ein ähnliches Widerfahrnis. Wohllaut ist bei unserer Kleinskulptur zutiefst das Resultat kompositorischer Entscheidungen. Der Bildhauer arrangiert eine Balance zwischen Teilbewegungen, komponiert Kontraste, verstärkt dort und schwächt an anderer Stelle. Dem vorgestellten, schräg geführten Spielbein entspricht die Wendung des Kopfes, der gestreckten Abwärtsbewegung der Linken die gewinkelte Aufwärtsbewegung der Rechten; das in den Hintergrund laufende Standbein wird zusätzlich um einiges tiefer gestellt. Die redende Schönheit, welche Stellung und Körperrelief erreichen, zeichnet nicht nur den Leib des Auferstandenen aus. Analog zu dem Brauch, Figuren einzukleiden, ihren sakralen Wert durch das je ihnen zugehörige Ehrenkleid zu protokollieren, wird der Buchbacher Auferstandene mit flatterndem Mantelwerk angereichert. Es ist die ausschließlich dem verherrlichten Christus zustehende Gewandung, äußerst substantielles Signum seiner Vollendung. Die Ausschläge, welche den Oberkörper freigeben, teilen die Figur in zwei Stockwerke. Ohne in eine Ausdeutung der Details einzugehen, sei nur festgehalten, daß die diagonale Dynamik im unteren Teil, zugespitzt durch kühnes Ausfahren einer Tuchtrompete und eine Auszipfelung, den Akt der Auferstehung nachklingen läßt. Der breiten Schüsselzone aus sich stauender Gewandung entsteigt dann ein beruhigterer Körper, ein Dreiviertelbild des segnenden und triumphierenden Herrn.

Kreuzigungsgruppe *(um 1760?), Nordwand der Taufkapelle in der Kloster- und Pfarrkirche Gars am Inn*

Der Gekreuzigte gehört dem Typus des Dreinagelkruzifixes zu. Der kräftige Körper ist weit heruntergesunken, so daß das geneigte Haupt fast im Scheitel einer imaginären Parabel liegt, die durch die Öffnung beider Arme angedeutet wird. Die Knie stoßen hart aufeinander. Ein einheitlicher Zug geht durch die Positur des gekreuzigten Leibs, vom rechten, stärker vorwinkelnden Bein zum linken, kräftiger gezerrten Arm, vom linken »Standbein« bis zur leichten Armknickung reichend, die das Haupt Christi unmerklich auratisiert. Der Korpus ist ein Wunderwerk der Modellierung in Holz. Seine Formung offenbart unter der geschliffenen, geglätteten Epidermis neben jedem Zug der Muskulatur auch jede Einzelheit des Knochenbaus, soweit er für das anatomische Zustandsbild wichtig ist. Rhetorische Hyperbolik und raffinierteste Oberflächenbehandlung koinzidieren. So veristisch der Körper ist, so symbolisch und ästhetisch ist er. Christus scheint ein Kleid der Sterblichkeit, Menschlichkeit zu tragen. Die Haut wirkt wie eine Membran für die Formenschönheit des Subkutanen, ist Abdruck des gleichsam hinterlegten Leibs. Er spricht in erster Linie nicht selbst, sondern über das Medium einer ästhetischen Hülle, der polierten Epidermis, bei der alle Unebenheiten getilgt sind, damit sie schlackenlos den Körper zu verherrlichen vermag. Leider hat die ungünstige (Farb-)Fassung das Jorhansche Stilisationsprinzip nachhaltig getrübt. Das sehr verwandte Kruzifix in der Pfarrkirche von Oberköllnbach zeigt es gegenwärtig eindeutiger. Literarisch findet sich dasselbe Phänomen etwa bei Wielands Versepen, wo die Schönheit eines erzählten Inhalts erst in der Vermittlung veräußerlichter, vollendeter Form zu leuchten beginnt. Gewissermaßen atmende Oberfläche als strukturbildender Effekt schließt bei unserem Bildhauer nicht aus, daß der Garser Kruzifixus auch im Volumen lebt. Gerade die Kunst, Körpermasse anschwellen und abnehmen, sich vorwölben und einziehen, sich ausbeugen und einkrümmen zu lassen, ist an ihm gut zu beobachten. – Die Konfiguration des Schurzes wird aus dem Zusammenspiel mit den beiden Assistenzfiguren verständlich. Wie deren Mantelflächen auf den Nagel im Fuß des Herrn bezogen sind, setzen sich die Schrägen des Schamtuchs in der Draperie von Maria und Johannes fort. Ihre Körperaktion ist ein einziges Reagieren auf die Vorgaben, die affektisch wie bildästhetisch vom Kreuz ausgehen. Beide Zeugen der Todespein blicken in die Höhe, die Muttergottes mit verschränkten Händen, geneigtem Haupt als Stand- und Johannes als Schreitbild des Schmerzes. Exaltierte Momentaneität ist die Aufgabe dieser Akteure, während die Engel, die einst an den Flanken dem trauernden Paar beigesellt waren, das Sterben des Herrn zeitloser und grundsätzlicher durchlitten. Über der Kreuzesgruppe muß sich ein Gottvater befunden haben, welchen seinerseits klagende Putten umschwebten. Die ganze Schönheit dieses bis in alle Einzelheiten durchdachten actus tragicus ist zu ahnen, wenn man weiß, daß nur in geringer Entfernung von den Köpfen je ein Fenstersturz ansetzte, also schräg von oben einfallendes Licht die Trauernden überhöhte.

INRI

▷ 77 Jorhan-Gerüchte, die jeder Grundlage entbehren. (In diesem Fall hat es sogar das angesehene »Handbuch der deutschen Kunstdenkmäler« in die Welt gesetzt.)

Erzstift Salzburg: Buchbach und Gars

Etwas anders ist der Fall in Buchbach oder Gars gelagert. Der Markt *Buchbach* gehörte als Hofmark zum Erzstift Salzburg, die hohe Gerichtsbarkeit lag bei Bayern. Nach dem Brand der Kirche wurde sie mit Salzburger Kräften wieder aufgebaut, die Ausstattung übernahm die Dreiergruppe, die im Pfleggericht Erding sich so bewährt hatte: Jorhan, dessen Vorstellungen sich beim Hochaltar durchsetzten, Matthias Fackler und Franz Xaver Andreas Zellner. Die beiden Bischöfe des Hauptaltars spiegeln die stattgehabten Auseinandersetzungen: der heilige Benno, Patron von München, Ober- und Niederbayern, auf der rechten, der heilige Rupert als Vertreter des Salzburger Metropolitanbistums auf der linken Seite. Eine bayerische Interpretation dieses Gegenübers ist angezielt, denn Rupert besitzt kein Salzfaß zum Attribut. Vielmehr hält er mit tiefer Devotion die Altöttinger Muttergottes in seinen Armen. – Sogar die Taufsteinbekrönung oder der Auferstandene wurden in Landshut geschnitzt. Viele Stücke sind ziemlich durchschnittlich, doch eine Skulptur sprengt den Rahmen, behauptet auch innerhalb des Gesamtwerks ihre Sonderstellung. Die Immaculata von 1771 (33 Gulden; zur Zeit leider unvollständig, weil die Heiliggeisttaube fehlt) scheint einen Rückfall in barocke Gestaltungsprinzipien zu indizieren. Ungewöhnlich komplexes, gehäuftes Faltengeschiebe – auf der Schwelle zum Frühklassizismus? Der Motivsturm der Grate, Einrollungen, Ausschwünge fügt sich zu einem kohärenten Bild, sobald man die Absicht der Darstellung erkennt. Das Durchwirktsein von der Gnadenkraft des Heiligen Geistes wird verbildlicht. Somit reißt die Gewandung zu einem diagonalen Schacht auf, durch den das Licht einbrechen kann. Zuerst wird von seinen Strahlen der Bezirk des Herzens getroffen. Die demütig abgeknickte Rechte der Magd des Herrn bestätigt es dankbar ergriffen. Dann erobert es die gesamte Goldoberfläche der Skulptur, wobei die Diagonale das Zentrum und die unzähligen Reflexionsstellen der Gewandung die Epizentren abgeben. Überschattet wurde die »unbefleckte Empfangnus Mariä« von der Taube als dem Symbol des Heiligen Geistes, indem sie zur Bestätigung und Bekräftigung der actio sacra auf einem Kreisviertel aus Wolkenballen zur Rechten der Gottesmutter schwebte. – Das Augustiner-Chorherrnstift *Gars* lag im Territorium der Wittelsbacher, war daneben salzburgisches Archidiakonat. Abermals ein neuer Fall. Sofern das Stift noch Bildhauerarbeiten benötigte oder bei ihrer Vergabe mitsprechen durfte, bekam Jorhan den Auftrag. Keineswegs geht die Bevorzugung auf kurbayerische Repressalien zurück. Man muß von Anfang an seinem Können gehuldigt haben. Die heute profanierte Leutkirche St. Peter besaß einen großen Kreuzaltar, von dem die beiden Anbetungsengel in das Landshuter Stadtmuseum gekommen sind. Lexika und topographische Werke der Zeit rühmen ihn: »ein Meisterstück des berühmten Christian Jorhan«. Monumentalität, Größe in den Affekten und plastische Bestimmtheit, ingeniöse Oberflächenbehandlung gehen Hand in Hand, rückwärtsgewandte und in die Zukunft weisende Tendenzen verschränken sich. Der Verismus des Gekreuzigten, der sich aus der Weite in edle Körperschönheit zurückverwandelt, dürfte in der Rokokoplastik singulär sein.

▷ 91

Hochaltar *(1766?), Schloßkapelle in Wildenberg*

Entwurf, Figuralplastik und Ornamentik des Altars stammen von Jorhan. Nur die Tabernakelfront und die Fassung sind nicht mehr original. – Für den Bildhauer bestand die Aufgabe, ein Retabel zu planen, das in den gedrückten Raum paßt und dem Altarbild mit beiden Patronen der Schloßkapelle, Georg und Katharina, eine würdige Aura gibt. Das heißt nicht, die Ausmaße des Gemäldes wären vor der Planung bereits festgestanden. Für eine nachträgliche Einfügung spricht manches. Doch besteht andererseits ein Wesenszug Jorhanscher Entwürfe darin, Bildflächen (sei es in skulpturaler oder nur gemalter Ausführung) möglichst groß zu halten. Er liebt das Eindeutige – die gleichsam plakative, bis an die Grenzen gehende Bebilderung. Vielleicht ist die unproportioniert mächtige Gemäldetafel mit ihrem schmalen, rocaillenbesetzten Rahmen aus der Hand des Landshuter Meisters die höfische, goût zeigen wollende Version dieser Tendenz. – Die eigentliche Architektur des Retabels offenbart beispielhaft Grenzen und Vorzug von Jorhans Altarplanungen. Auf ihre Hauptelemente hat er nur hier und da verzichtet. Erstens: Der Bildhauer arbeitet mit einfachen, oft grobschlächtigen Sockel- und Gesimsbildungen. Er wünscht sich eindeutige Lebensbedingungen für seine Skulpturen, sie sollen nicht wie bei Straub und Günther in der Eleganz eines Gesamtbildes untergehen. Zweitens: Eine besondere Vorliebe hat Jorhan für Volutenspangen mit kräftigen Einrollungen. Sie können als Stütze dienen oder nur, wie in unserem Beispiel, Pilastern vorgeblendet sein. Drittens: Unentbehrlicher Bestandteil ist ein Baldachin, der in der Altarmitte entweder einen einzelnen Heiligen oder ein gesamtes Ensemble bekrönt. Prächtige Lambrequins mit Quasten zeichnen ihn aus. Viertens: Wo immer es geht, ist mit dem Baldachin ein lebhaft geschnitzter Vorhang verbunden. Putten können ihn halten oder gerade arrangieren. Mit den zwei letzten Merkmalen sind wir zu dem Sinngehalt der Jorhanschen Anlagen vorgestoßen, den der Bildhauer zu keinem Zeitpunkt aufgeben wollte. Der Altar gilt als momentan sich ereignende Offenbarung. Der Vorhang hebt sich (relevatio!) vor einem heiligen Geheimnis, dessen himmlische Realität assistierende Engel oder Heilige bewahrheiten. In Wildenberg sanktioniert in einer abschließenden Gloriole das Symbol der Heiligen Dreifaltigkeit zusätzlich die actio der Anlage. Das letzte, alles fundierende Sinnelement ist indes noch eigens zu benennen, so selbstverständlich es für Jorhans Zeit war. Das je spezifische heilige Geschehen, welches das »Bild« in der Retabelmitte herausstellt, ist seiner realen, glaub»würdigen« Erscheinungsweise nach nur ein schwaches Abbild der Realpräsenz des Herrn. Ihr gilt die ewige Anbetung der Wildenberger Genien, auch das Gerieren der Putten. Auratisierung durch Figuralplastik heißt: Durch den Christus praesens überkommt himmlische Glorie die Anlage. Die kronenartige Draperie mit ihrem goldprunkenden Bortenbesatz ist nichts anderes als ein Hoheitszeichen, himmlischer Hofstaat und schmückende Zier wollen als Insignien der Herrlichkeit des Herrn aufgefaßt werden.

Entwurfszeichnung zu einem rechten Seitenaltar für Zweikirchen *(1763)*, *Staatsarchiv Landshut (Rep.7b Verz.6 Fasz.24 Nr.184)*

Der Pfarrer von Zweikirchen wollte die zwei Seitenaltäre seines Gotteshauses durch zeitgemäße ersetzen, wobei der bessere der beiden Vorgänger nach Herbersdorf kommen sollte, zur erneuerten Filialkirche. Deshalb ließ er sich vom Ordinariat in Freising den Konsens erteilen und reichte daraufhin über das Pfleggericht Erding um Ratifikation ein. Seinem Bittbrief fügte er einen Überschlag Jorhans (datiert: 10. April 1763) und Andreas Rauschers bei, außerdem den abgebildeten Entwurf. Reizvoll wäre es, den Ausgang der Geschichte zu berichten. Doch nur der Hinweis, daß die Visierung nicht, wie bisher angenommen, für Herbersdorf gedacht war. (Sie befindet sich nämlich irrigerweise in den Bau- und Ausstattungsakten dieser Filialkirche!) – Die Zeichnung repräsentiert den durchschnittlichen Seitenaltar für eine kleine ländliche Pfarrkirche, einen Typus, wie ihn Jorhan bereits in der Filiale Holzen zur Anwendung gebracht hatte (1758). Der Aufwand wird erheblich reduziert – der Kistler forderte 50, der Bildhauer 37 Gulden –, doch bleiben alle Bedingungen eines vollen Ornats, vor allem aber der angemessenen Auratisierung gewahrt. Die »Visier« verdeutlicht dies schon ihrer Ausführung nach: Obwohl von einem nicht sehr reichen Auftraggeber bestellt, wurde sie nicht weniger sorgfältig ausgeführt als die großen Imponierentwürfe; nur die Koloristik vereinfacht sich auf eine der Grisaille nahestehende Tönung. Der Nebenaltar ist seinem Prinzip nach nicht »Gepäu«, sondern Wand mit übersichtlich eingesetzten Architekturteilen. Das hochrechteckige Hauptfeld schließt ein auffällig mächtiger Auszug ohne feste Bauordnung ab. Diese starke Gewichtung (Überbetonung?) der Altarbekrönung ist ein durchgehendes Charakteristikum der Jorhanschen Seitenaltäre. Wieder einmal ein nicht zu übersehender Hinweis, daß der Bildhauer von der Bedeutung ausgeht. Weil über dem Gebälk nach den Kategorien barocker Abbildung der Himmel anhebt, wird dieser Bereich entsprechend bewertet. Die Stringenz theologisch begründeter Bildregie macht es uns leicht, zu einem tieferen Verständnis der Anlage vorzudringen. Nachdem kein Tabernakelaltar, ein altare princeps oder authenticum, errichtet werden soll, trotzdem alle Voraussetzungen für die Repräsentation des Meßereignisses zu schaffen sind, wird ein Heiligenaltar entworfen, mit prononcierter Heilsstraße in der Mitte und einem Auratisierungsgrad, der der herabgestuften Würde der Anlage entspricht. Über dem Hauptbild, das dem Patron zu widmen ist, reißt das Gebälk auf. Eine asymmetrische Kartusche und das Ovalbild eines Märtyrers (zwei verknüpfte giganteske Palmwedel!) gehören, geschützt durch das Dach eines Baldachins, zur sphaera coeli, die mit dem historisch-hagiographischen Bereich des unteren Mittelfeldes durch Suspension trennender Horizontalen in Austausch steht. Links und rechts

Entwurfszeichnung zu einem rechten Seitenaltar für Zweikirchen *(1763)*, *Staatsarchiv Landshut (Rep.7b Verz.6 Fasz.24 Nr.184)* *(Fortsetzung)*

wurden die Pfeiler oder Säulen der Quasiarchitektur durch heiliges (Florian, Isidor) beziehungsweise himmlisches Personal (Hermenkindl) ersetzt. Es zählt wie die vorspringenden Sockel und Gebälkköpfe einerseits zur Rahmung, die Einbergung des Meßgeschehens wenigstens symbolisch vollführend. Andererseits sind diese Ehrenwächter wesentliche Träger der an den Rändern des Retabels sich vollziehenden Auratisierung. Ihr Gewand dissoziiert zu freiem Ereignen. Wie bei den Putten die Tuchgirlande dem Körper entgleitet und zu blitzhafter, zuckender Bewegung sich befreit, so liegt die vis auratica der figuralplastisch aufgelösten Rahmung überhaupt in der unbestimmten Bewegtheit ihrer Erscheinung. Im Auszug hinterlegen und umspielen Rocaillen, die zum Teil flammende Zungen aussenden, das Retabelhaupt gleich einem »Schein«. In dieses bildhafte Arrangement der Bekrönung ragen zwei phantasievoll komponierte Vasen hinein, denen Rosetten eingesteckt sind. Sie vervollständigen den Aufputz des Altars, antworten auf das Herabregnen, die besondere Symbolqualität des Lambrequins. Sicher geht man nicht fehl, wenn man bei Jorhan in den Vasen mehr sieht als nur das übliche Ziergut für den oberen Abschluß einer Altaranlage. Verführerisch zumindest folgende Lesart: In Florian und Isidor kann man die Paradigmen der Verherrlichung Gottes durch eine Vita sehen, die nichts als Gottes»dienst« ist. Dann werden die Gebälkköpfe zu Sockeln, welche jeweils die Essenz eines solchen Lebens der Liebe, des Glaubens und des Opfers tragen, symbolisiert in der Vase, dem Gefäß, das alles umschließt, was an Vorzüglichem zu sammeln, zu bewahren und zu schenken ist. Dadurch werden die Engel verständlich. Hätten sie nur belanglose Gebälkteile zu stemmen, wäre ihre Wertigkeit, die sie für Jorhan haben, zu sehr verletzt, ins Ornamentale aufgehoben. Vielmehr hieven die Kindl die Rechtsgrundlage der jeweiligen Glorifikation glückselig der Höhe entgegen. Unabhängig von der Akzeptanz unserer Deutung steht fest, daß wir nun endgültig einen Zugang zu der Vorliebe des Bildhauers haben, die Architekturteile schonungslos handwerklich einzusetzen. Die Methode beweist Jorhans künstlerischen Takt, die kluge Art, das ästhetisch-auratische Wesen seiner Skulpturen zu pointieren. Deshalb sind auch seine eigenen Anlagen stets ein überzeugenderer Ort für sie gewesen als selbst Matthias Facklers beste Arbeiten. Vor allem aber ermöglichten die Inszenierungen im Zusammenspiel mit der Figuralplastik eine Hermeneutik, die zumindest erstaunt, in der Eigenwilligkeit des eingeschlagenen Weges jedenfalls den Intentionen seiner Bildhauerkunst vollkommen gleichgeht.

▷ 85 Schloßkapellen

Ein Sektor, bei dem Werkstattbeteiligung sich in der Regel von vorneherein verbot, war die Ausstattung von Schloßkapellen. Es hat sich mehr erhalten, als man vermuten würde. Stellvertretend mag der Hochaltar von St. Georg und Katharina in Wildenberg angeführt werden (1766?). Er ist eine überzeugende Erfindung Jorhans. Die Anlage hinterfängt ein Vorhang, der von Putten gestützt wird. Die unbeschwerten Gesimskindl ergänzen in der unteren Altarzone vornehme Genien. Majestätische Schwingen, nach außen gespreizt und zur Mitte hin ehrfürchtig eingeknickt, steigern die durchglühte Würde dieser schlanken Gestalten.

Ursachen der Expansion

Innerhalb von 15 Jahren die Ausbreitung in einen Raum, der von Schöllnach bis Landsham vor München, von Gars bis Pürkwang reicht. Die Geschwindigkeit des Vorgangs erstaunt ebenso wie die Dichte, mit der einige Regionen durchsetzt wurden. Über die Hilfestellung, welche die Landshuter Regierung leistete, braucht nicht mehr gehandelt zu werden. Der Aufstieg wäre weniger jäh, boomartig ausgefallen, wenn nicht zwei besondere Voraussetzungen erfüllt gewesen wären. Einmal Jorhans Können. Er ist modern genug, um seine niederbayerischen Konkurrenten mangelnder Attraktivität wegen auszustechen, und konservativ genug, um das ästhetische Raffinement, das preziöse Sentiment Güntherscher Hofkunst zu vermeiden. Die Sprache seiner Bildwerke kannte keine Legitimationsnot. Stupende Schnitzkunst verband sich mit der Fähigkeit, Skulpturen von unmittelbarer Wirkung, von unverbrauchtem Detailreichtum zu schaffen. Das zweite Moment ist nicht minder wichtig. Noch einmal war das Verlangen nach Erneuerung in Kirchenbau und Kirchenzier voll zur Geltung gekommen. Der geradezu hybride Ausstattungsbedarf besaß eine religiös-soziale Wurzel. Es ging um mehr als nur um Schmuck, Bebilderung, Auslegung, Ermahnung und Anmutung, oder gar um eine Prestigefrage in der Konkurrenz der Gotteshäuser. Das Opfer für die Kirche galt als ein Weg zur Heilsvergewisserung. Zunächst in dem Sinne, daß die konkretistische Einstellung, weit jenseits dessen liegend, was das Konzil von Trient den Gläubigen zugestehen wollte, in den Darstellungen von Christus, Maria und den Heiligen eine Anwesenheit an gnadenhafter Qualität erfährt, die der Realpräsenz Christi in der transsubstantiierten Hostie analog ist. Vergegenwärtigung bedeutet also weniger eine Abbildung mittels Kunst als magische Dinglichkeit. An dieser volksreligiösen Interpretation vermochte im katholischen Raum erst die Aufklärung zu rütteln. Zum zweiten wurde der Bau einer Kirche oder der Erwerb einer neuen Ausstattung als ein wirksamer Akt, als ein Königsweg angesehen, sich der göttlichen Gnade zu versichern. Wenn es gelang, mit dem bildsprachlichen Kapital der neuen Generation das Alte-Wahre zu erneuern (Renovatio!), das heißt, in noch nie dagewesener Weise gegenwärtig zu machen, wenn dies zugleich unter Aufopferung der gesamten finanziellen Ressourcen geschah, dann *mußte* dies Gott wohlgefällig sein. – Bevor eine gewandelte Kirchenpolitik mit allen Mitteln der massiven Katholizität die Schranken weisen wollte, genoß Jorhan die Gunst der Stunde. Er gewann in den um Landshut liegenden Gerichten ein Monopol, im Rentamt und über seine Grenzen hinweg interessante Aufträge.

Peripetie

Gegen 1770 trieb die Entwicklung ihrem Höhepunkt zu. Der Bildhauer wußte um seine Bedeutung und zeigte dies auch. Mit willkürlich gewählten Nachweisen werde die Situation schlaglichtartig beleuchtet und gezeigt, daß dem Aufstieg wie im klassischen Drama ein Niedergang folgte, der freilich nicht nur eine Reihe retardierender Momente kennt, den zwischen 1790 und 1797 vielmehr eine Konjunktur unterbricht, welche die frühen Erfolge vielleicht sogar in den Schatten stellt.

Höhepunkt. Erstes Beispiel: Hochaltar der Landshuter Heiliggeistkirche

Die Heiliggeistkirche in Landshut benötigte einen neuen Hochaltar. Der »uralte« Vorgänger war »der massen vermodert und gänzlich unbrauchbahr geworden«, daß der Priester nicht mehr ohne Gefahr habe zelebrieren können. 1766 reichen der Kistler Johann Georg Stecher, Jorhan und der Maler Ignaz Kaufmann ihre Überschläge ein. Der erhaltene Entwurf verdeutlicht unmißverständlich, daß der Bildhauer die Regie führt und an ein Prestigeprojekt denkt, das seinen Ruhm für die Nachwelt sichert. In welche Dimensionen Jorhan sich hineingesteigert hat, lassen allein die Preisrelationen erkennen. Während die gesamte, durchaus aufwendige Ausstattung von Niederding 578 Gulden kostete, forderte er für den Hochaltar 1200 Gulden; während in der Regel die Leistungen des Faßmalers um die Hälfte teurer sind, liegt Kaufmann mit 890 Gulden um ein Viertel unter den Forderungen des Bildhauers. In der Preisgestaltung drückt sich Jorhans Ansehen aus: Er zeigt den Landshutern, was er wert ist. Die außergewöhnliche Summe war natürlich gegenüber dem Auftraggeber auch durch hohe Material- und Arbeitskosten begründbar. Anstelle eines Bildes hätte nämlich die Mitte des Altars ein Marientableau ausgefüllt. – Der Entwurf verdient es, näher untersucht zu werden.

Kostenvoranschlag für die Bildhauerarbeiten zum Hochaltar von Heiliggeist, Landshut *(1766; StA La, Rep.5 Verz.8 Fasz.6 Nr.31)*

Er liegt nur in einer Abschrift vor, wobei Jorhans ungewöhnlicher Name in »Johann« eingedeutscht wurde. Samt dem Entwurf und den anderen Überschlägen wurde dieses Exemplar einer Bittschrift an die kurfürstliche Regierung beigelegt, welche die Finanzierung des Projekts ermöglichen sollte. Die visierte Mariendarstellung fällt, weil sie wohl nur reliefartig sein sollte, entschieden billiger aus als »alle Zierdt: und Schneidarbeith«.

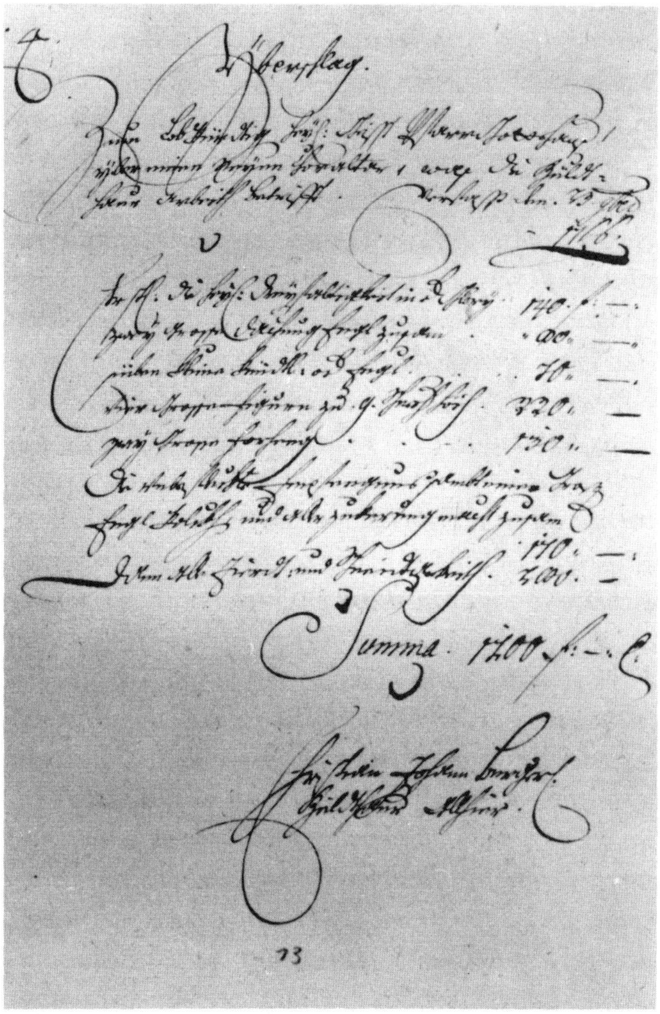
Summa 1200 f.

Oberflächlich betrachtet scheint eine Aufnahme der Gottesmutter in den Himmel vorzuliegen, nicht mehr so schwungvoll und konkret geschildert wie in Rohr, doch mit deutlich spätbarocken Zügen, zu denen die steife Retabelarchitektur mit ihren Kolonnaden und den altmodischen Volutenspangen vorzüglich paßt. Obgleich Gottvater und sein Sohn sich zu einer Krönung anschicken, bringt die Mariendarstellung ungewohnte, abweichende Bild- und Inhaltsmomente zur Geltung. Die Protagonistin sitzt auf einer Weltkugel, demütig und triumphierend in einem, mit der Rechten das Zepter – Signum ihrer Herrschaftsrechte –, mit der Linken den Lilienstab – Signum ihrer unschuldigen Menschheit – weisend. Himmlischer Hofstaat umschwebt sie. Ein Putto ist sogar im Begriff, ihr den Fuß zu küssen. Das Wolkenpodest entrückt das Geschehen in die himmlische Sphäre. Trotzdem ringelt sich um den Erdball die siegreich überwundene Schlange. Ein Umbruch wird faßbar, der in seiner Bedeutung nicht hoch genug eingestuft werden kann: bei den Asams die Illusionierung, das sinnliche Abbild eines geglaubten Geschehens, hier eine eklektizistische Allegorie. Die gesamte Aspektfülle marianischer Theologie wird zusammengerafft und unter einen Lerninhalt gebracht, die Maxime, daß durch nacheifernde Tugend dem Gläubigen ein ähnlicher Gnadenreichtum zufließt wie dieser Purissima in ihrer Glorifikation. Deshalb die dozierenden Gesten bei den erwachsenen Engeln des Gebälks, die anbetenden, bezeugenden und unterweisenden Posen der kolossalischen Assistenzfiguren. Nachdem es sich um eine Heiliggeist-Kirche handelt, bildet eine riesige Taube das Bildzentrum. Christlich erleuchtete Tugend wird als ein Werk des Lebendigmachers und Parakleten ausgewiesen. – Verwirklicht wurde eine einfachere Lösung. Das Tafelbild von Ignaz Kaufmann, das die Ausgießung des Heiligen Geistes darstellt, und vier Evangelisten, Altarwächter von 2,60 Metern Höhe, haben sich erhalten.

▷ 98

Entwurfszeichnung zu einem Hochaltar für Heiliggeist, Landshut *(1766); Staatsarchiv Landshut (Rep.5 Verz.8 Fasz.6 Nr.31)*

Es mag enttäuschen, daß hier kaum etwas über Jorhan als Zeichner mitgeteilt, weder Hinweise zur Technik der Kolorierung gegeben, noch ein stilistischer Vergleich mit den Arbeiten Günthers gezogen wird. Auch ist es kein Ziel, das Korpus der inzwischen bekannt gewordenen Zeichnungen zu erweitern. In unserem Zusammenhang interessiert ausschließlich die Frage, in welcher Weise die Visiere zu einem vertieften Verständnis der Skulpturen beitragen, ihres Aufbaus, ihrer Funktion und ihres Bedeutungswerts im Ensemble. – Bei den vier assistierenden Aposteln sticht die nervöse Ekstatik im Duktus der Umrisse und in der Schattierung der Körper besonders ins Auge. Diese flüchtig hingestrichelten Silhouetten, mimosenhaft anfällig, durchrieselt vom Hauch geistiger Lebendigkeit, überraschen, weil sie sich auf der Bühne der handwerklich korrekten Altarzeichnung wie Akteure ausnehmen, die in eine ihrem Rang nicht ganz würdige Szene geraten sind. Ihr Wesen ist schlechthin auratisch, sie sind durchzogen von dem lieblichen Duft, dem sanften Schimmer der aura honoris. Der Abstand gilt indessen für alles Skulpturale der Entwurfszeichnung, das sich als Bestand einer höheren Sphäre nur zu markant von der Lineal- und Zirkelarbeit der Architektur abhebt. Entscheidendes wäre begriffen, wenn man den Unterschied nicht nur als das Ergebnis verschiedener Zeichentechniken sähe, was er naturnotwendig zunächst einmal ist. Auch in den verwirklichten Altären schlägt sich diese wertmäßige, hieratische Distanz nieder, selbst bei den Architekturlösungen Matthias Facklers, die das auratisierende Prinzip zum Teil noch unvermittelter in das Gefüge des Aufbaus hereinnahmen als die Jorhanschen Visierungen. In dem Riß für Heiliggeist liegt ein dreifacher ascensus vor, ein Dreischritt in der Zunahme auratischen Charakters. Die Kolonnaden der wuchtigen Retabelmaschine ähneln – gleich, ob in der linken oder rechten Version – einem in Bewegung gebrachten Paravent. Er schirmt das Auge vor der blendenden Übermächtigkeit der Heilsgehalte ab, vermittelt sie in paradoxer Aufhebung und Steigerung seiner Funktion jedoch auch. Transparenz, überhöhte Durchsichtigkeit, ist die wirkliche Eigenschaft jenes Baugerüsts. Auratischer Charakter heißt bei ihm, daß es sich in der Mittlerschaft für etwas anderes aufhebt, indem es zu diesem zunächst als wohldefiniertes, bewußt robustes Architekturraster in Antithese tritt und dann aus der Synthesis der gesamten Heilsabbildung als übermittelndes Moment weiterwirkt. Diese – auratische! – Ambiguität findet im Bereich der Schneidarbeit (Ornamentik, Vorhänge, Wolken, Aureolen) zu einer neuen Existenzstufe, da ihre Elemente nicht mehr nur Funktionsträger darstellen, sondern eigenwertig Bedeutungen repräsentieren. Das Ornament »ist« Schmuck, somit ein notwendiges Attribut der Heilsherrlichkeit; die Wolken »sind« Himmel, notwendiges Prädikat der Heilsüberwirklichkeit. Soweit der auratische Aspekt; in Wirklichkeit verdeckt das Gewölk unter der Immaculata ein Stützgerüst, formiert es bestenfalls ein Podest, sind die wenigen Ornamente dazu da, das ästhetische Gleichgewicht zu wahren. In den Aureolen tritt wiederum jenes Prinzip der Vermittlung entgegen, das wir gerade an der Architektur des Retabels herausgearbeitet haben, freilich auf einer neuen Stufe. Sie bringen nicht einen Aspekt des Heilskosmos insgesamt zur Erscheinung, in welchem Himmelsbewohner und Trinität zu einem »Schau«spiel zusammenwirken, verschmelzen vielmehr mit den göttlichen Personen zu einem einzigen Bildgeschehen: auratisierende Folie für deren Epiphanie – zugleich nichts als Aura, einziger, wahrer und doch unzulänglicher Begriff (comprehensio!) der Vollkommen-

heit. Am deutlichsten der repräsentative Gehalt des Vorhangs. Wie seine von oben her sich absenkenden Fallinien angeben, er »ist« geschenkte Offenbarung; sie ereignet sich innerhalb dieses festlichen Velums, das heißt zwischen und »in« ihm. Mit dem figuralen Bestand des Altars endlich erreicht die auratische Kraft ihre volle Wirksamkeit. Während bei den geschnittenen Objekten die Eigenständigkeit bedingt ist, sich aus der Zuordnung zu einem höheren Darstellungsinhalt begründet, ist sie in der Figuralplastik absolut. Die Engel, die Heiligen entwickeln ihr himmlisches Leben aus sich heraus, als »Personen«, als »vollständige, mit Vernunft begabte Substanzen«. In Analogie zur Trinität, perfectio schlechthin, ist auch ihre »Natur«, wie die skizzierten Skulpturen zeigen, ohne Einschränkung zu sich selbst gekommen. Die überschießende Aura stellt in gewisser Weise den formalen Aspekt der Gnadenfülle dar, die diese Vollendetheit möglich macht. – Der Zeichner kennzeichnet an den Schnitzarbeiten die Auratisierung vornehmlich durch impressionistisch gereihte Strichquanten, die Zwischenräume gefüllt durch schattierende Farbeindunkelung und belebende Schraffen. Aufgelöster Linienfluß ist das erste. Die Gewänder der Apostel zerzaust und verwildert ein supranaturaler Magnetismus zu gebrochener Kalligraphie, welche die Figuren kraft göttlicher Devise sub gratia zu stellen scheint. Die Mäntel flackern horizontal aus. Umschläge schmelzen zur Tiefe hin ab, Falten überlaufen das Tuch wie Krakelüren. Dennoch: Mitnichten handelt es sich um die spontane Improvisation eines ungebundenen Entwurfs! Jeder Ausschlag fixiert eine Achse, auf die auch die anderen Assistenzfiguren festgelegt sind, keine Schräge, die nicht mit präzisen Parallelen wiederkehren würde. Die horizontale, vertikale und diagonale Rasterung präponderiert derart, daß die Verbindungsteile zwischen den trigonometrischen Punkten der Figur in der Tat mit unzensierter Handschrift eingetragen werden können; das engmaschige Netz wäre selbst durch gewagteste Devianz nicht zu stören. – Auratisierung in der geschnitzten Skulptur bedarf zu ihrer Abbildung unter anderem eines externen Mittels, dessen Wirkungsweise in der Zeichnung mit jeder nur wünschbaren Deutlichkeit zu studieren ist. Das rechte Apostelpaar wird durch Lichteinfall von der Altarmitte, das linke durch einen von der Außenseite her interpretiert. Das Ergebnis ist beidesmal gleich. Kaum fällt ins Gewicht, daß das Licht die Sendboten des Herrn zu solemner Erscheinungsweise zu erhöhen vermag. Grundlegend hingegen, daß es als »rein und lauter«, als eine Qualität, die »unter allem Materiellen am wenigsten materiell ist«, die Apostel zu »Kindern des Lichts« (filii lucis) umprägt. Authentisch belegt der Entwurf, wie Jorhan diesen Vorgang imaginiert. Die Gesichter und einzelne Gewandpartien werden übermäßig angestrahlt, weshalb sie sich ebenso unwirklich aufhellen wie andere Partien ins Dunkle treten. Die Figur beginnt zu zerfallen, sich zu entwirklichen, wobei das gesamte luminaristische System nichts anderes darstellt als eine Auflösung skulpturaler Zuständlichkeit in eine rein optische Reizwelt, äußerst polarisiert und trotzdem nur eine kleine Skala an Werten umfassend. In der Weise, wie es alttestamentlich belegter Brauch war, das Feiertagskleid mit Myrrhe und Aloe wohlriechend zu machen, wandelt sich durch die Ausatmung (exhalatio) himmlischen Glanzes die Gewandung – Ausdruck der möglichen integritas des Menschen nach dem Sündenfall – zu einer abschmelzenden, entbergenden Lichthülle, deren aspirierter Schimmer (candor) das Königszeichen der »Gesegneten des Vaters« (Matth. 25, 37) ist.

▷ 93 Höhepunkt. Zweites Beispiel: Kanzel für Dingolfing

Jorhan erlebte zu dieser Zeit weitere Triumphe. Dem Erfolg in Landshut kommt gleich, daß die größeren Orte des Rentamts ihn frequentierten. 1769 wurde für die Stadtpfarrkirche in Dingolfing eine Kanzel bestellt (1770 geliefert), die zu den aufwendigeren Objekten im ausgehenden 18. Jahrhundert gehört. Sie »ist ausnehmend schön«, hat »tausend Thaler gekostet«. Franz Sebastian Meidinger nennt voller Respekt vor dem sensationellen Preis nur die Gesamtkosten. Dem Bildhauer wurden 346 Gulden ausbezahlt, etwa das Zweifache der Entlohnung für den Kistler. Erhalten hat sich eine flüchtig hingeworfene Ideenskizze, die uns erahnen läßt, wie abundant das Werk gedacht war. Vor allem die Reliefs (Szenen aus dem Leben des Johannes Baptista; Guter Hirte an der Rückwand) und die Bekrönung, der Erlöser auf einer Weltkugel, werden Jorhans Können verraten haben. In der Gründlichkeit, mit welcher die Regotisierung betrieben wurde, klingt vielleicht das Provokante, die freche Bravour seiner Skulpturen nach. Man wollte aufräumen mit »dem verdorbenen Geschmacke der damaligen Zeit«, den »Auswüchsen einer entarteten Renaissance«, dem »sog. Zopf in seinen unschönsten Formen«. Die Kanzel wurde nach Deggendorf verkauft. Über ihr weiteres Schicksal ist bis heute nichts bekannt.

Höhepunkt. Drittes Beispiel: Altäre für Kötzting

Zu den Renommierstücken wie der Dingolfinger Arbeit gesellen sich unerwartete Offerten, die zunächst einmal dem Bekanntheitsgrad des Meisters zuzuschreiben sind. Damals lag Kötzting in der nördlichen Ecke des Rentamts Straubing, kirch-

Kanzelentwurf für Dingolfing *(1769; dortiges Pfarrarchiv)*

»Im Gegensatz zu den meisten sehr sorgfältig ausgeführten Bestellzeichnungen legte Jorhan (...) die Kanzel mit schnellem Strich nur flüchtig an. Offenbar mußte ihm nicht daran gelegen sein, durch eine effektvolle Präsentation die Auftraggeber erst für sich zu gewinnen.«

lich ein Priorat des Klosters Rott am Inn. Den politisch-rechtlichen und den sozialen Gegebenheiten nach war es erstaunlich, daß für die Seitenaltäre der Pfarrkirche Jorhan bemüht wurde. Man bedenke die Transportwege, beachte, daß in Kötzting vielleicht die Bildhauerwerkstätte der Familie Hager noch nicht aufgelöst und daß das Benediktinerkloster Rott auf Ignaz Günther und Joseph Götsch eingeschworen war. Die Vergabe geht auf den eigenwilligen Marktkämmerer, Gastwirt und Bräu und erfolgreichen kurfürstlichen Hopfenhändler Wolfgang Luckner zurück. Riß und Überschlag datieren von 1770. Zwei Jahre später teilt Jorhan mit, daß der umfangreiche figuralplastische Apparat (allein zwölf Kindl und 18 Engelsköpfe) zur Abholung bereitstünden. Die Ware könne man »auf einmahl (...) nicht aufbacken wegen Mangel des Plaz (;) den (auf) einem so weiten Weg, mus die Sach gut eingepakt werden«. Der Transport war nicht billig. »Von Abhollung dieser Jorhannischen Arbeith aus Landshut mit Pferdt, und Knecht eigens, seint an Unkosten zu zur blossen Zöhrung erloffen, mit Einschlus 1½ Tag Anwarth in loco Landshut«, 14 Gulden. Die Reise des »berihmten bürgerlichen Bildhauers« zur »Besichtigung der Pläzen«, »um die alseitige Ris (...) verfassen zu können«, wurde »hinauf und herab« mit fünf Gulden entschädigt, die Ausgaben »vor Briefgelder« betrugen 18 Kreuzer. Ein erbitterter Streit zwischen Luckner und dem Pfarrherrn, Pater Gregorius Mack, schloß sich an. Denn Jorhan hatte geschnitztes Auszugswerk geliefert, während der Benediktiner sich Bilder seines Ordensgründers und der beiden Rotter Hausheiligen Marinus und Anianus wünschte. Am Ende mußten die Schnitzarbeiten der Altarbekrönungen abgenommen werden. Wie sorgfältig der Meister die Putten »exekutiert« hatte, ist zwei Exemplaren abzulesen, die über dem Tabernakel in Schönbuchen erhalten blieben.

Höhepunkt: Maria Thalheim als Paradigma der mittleren Periode

Das Fazit aus dem, was sich Jorhan bis gegen die siebziger Jahre erarbeitet hatte, gibt die Ausstattung von Maria Thalheim. Bereits die Bearbeiter der »Kunstdenkmale des Königreiches Bayern«, die dem »frechen Rococo« äußerst feindlich gesinnt waren, kargen nicht mit Lob. Die Heiligen und Engel des Thalheimer Himmels wurden für viele zum Inbegriff der Jorhanschen Kunst, und für seine Rokokophase sind sie es auch. Nur wäre es grundfalsch, das Spätwerk, in dem andere Richtbilder herrschen, nach dem Maßstab dieser blühenden, augensinnlichen Skulpturen zu messen. Die Arbeiten der Wallfahrtskirche sind zuerst einmal Höhe- und Wendepunkt in dem Sinn, daß zu keinem späteren Zeitpunkt ein derart umfangreiches Ensemble in so kurzer Frist hergestellt werden mußte. Zugleich vollzieht sich der Abschied von der traditionellen Kirchenzier, dem ungebrochenen, heiteren Vortrag ihrer Heilswahrheiten. – Die Figuralplastik für die Orgel (1764) und den Tabernakel (1765; 60 Gulden) bildet das Vorspiel. Jorhan wußte offensichtlich, daß ihm ein größerer Auftrag zufallen würde. Deshalb ist die Ausführung angesichts seiner Geldforderung außergewöhnlich sorgsam. Die Leuchterengel und Anbetungskindl am Tabernakel vollenden auf der Stilhöhe Münchener Hofkunst, was das volksläufige Rokoko je angestrebt hat: täuschende Körperlichkeit von unwiderstehlichem Rapport, geradezu explodierende Aktionsfreude, feinste Ausbildung der Details. Über die Anschaffung der sechs Seitenaltäre und der Kanzel liegen keine direkten Nachrichten vor. Wie die Verkaufsbelege von 1770 für die alten Objekte, ebenso verrechnete Beträge über die erforderlichen Eisennägel erweisen, ist die Auswechslung in einem Zug erfolgt. Dieses Kirchenmobiliar war ungefähr dreißig Jahre alt, noch in einem so guten Zustand, daß es namhafte

▷ 113

Johannes Evangelista *(1770), rechte Assistenzfigur des zweiten linken Seitenaltars in Maria Thalheim*

Darstellungen des Johannes Evangelista haben stets besonders komplex zu sein. Seine Jugendlichkeit zeigt ihn als den Lieblingsjünger des Herrn und als zweiten Sohn Mariens, seine Kleidung als Apostel, sein Buch als Evangelisten und sein Blick als Propheten, als den Verfasser der Apokalypse. Jorhan addiert nicht, er sucht einen gemeinsamen Nenner, eine Hauptformel, die alle Eigenschaften umfaßt und zu einer in sich stimmigen Gestaltung führt. Hier ist es eschatologische Ergriffenheit: Noch – dies die berühmte Antithese, die auch das Programm der Wieskirche prägt oder überhaupt den Geist der metamorphen Rocaille – ist das Ende der Zeit nicht da, schon bereitet es sich aber vor. Erregtheit als Aufkündung und Umwandlung der alten Schöpfung, Vollendung des Gnadenwerks, solche elementaren Aussagegehalte durchprägen die Substanz der Figuren in Maria Thalheim. Wenn man so will, auch in dieser abgelegenen Wallfahrtskirche findet der säkulare Umbruch, für den stellvertretend die Französische Revolution genannt sei, seine Vorausnahme: hier im Medium einer Bildtheologie, die dem hektischen Wallfahrtswesen der Zeit (40000 Menschen bei der Translation der Muttergottes!), dem Finalstadium der gegenreformatorischen Gläubigkeit, ebenso gerecht wird wie den sich ankündigenden faits sociaux. Die Offenheit für eine soziomorphe Deutung ist keineswegs der verächtlichste Qualitätserweis. Was die Feder des Johannes von Patmos festzuhalten versucht, schreibt seine Gewandung als eine von oben nach unten, an allen Ecken und Enden sich vollziehende Umkehrung (revolutio) den Augen des Betrachters ein. Die ungebärdigen Stoffschwünge der grünen Tuchunterseite zersetzen sich im Licht zu ungewohnten Ereignissen, das Feuer der Kerbungen bringt die vergoldeten Areale zu flamboyanter Erscheinung, die Hand über dem Buch scheint im Begriff, sich zu verflüssigen; die Rocaille des Haares hat es bereits getan.

Lamm Gottes mit Puttengruppe *(1765), Hochaltartabernakel in Maria Thalheim*

Die Situation ist nicht mehr die originale, weil unter anderem durch den Einbau der rückwärtigen Blumenbank den Kindln weitgehend das Licht entzogen wurde, in welchem sie ihre tumultuarisch fröhliche Anbetung des Allerheiligsten vorführen durften. Das weiße Lamm auf dem Buch mit den (heute fehlenden) sieben Siegeln verkörpert das Opfer- und Erlösungswerk, enthält damit die geistige Quintessenz dessen, was im Meßereignis, aber auch im Tabernakel»gepäu« liturgisch zur Entfaltung kommt. Die Putten reagieren darauf in Gegenliebe; der eine umhalst das Lamm, der andere will streichelnd seinen Rücken kosen. Steht den beiden oberen das Glück in das Gesicht geschrieben und wollen ihre jeweils äußeren Ärmchen das Widerfahrene dem Betrachter mitteilen, das untere Paar gibt sich mit seinem Temperament, wie es Kindln nun einmal eigen ist, der Anbetung hin: rechts verschränkte Patschhändchen, beim linken Engel ein Geblendetsein durch göttliches Licht und verinnerlichendes Bezeugen. Im Gegensatz zu Johann Baptist Straub, auf den die Erfindung wohl zurückgeht, vermeidet Jorhan keineswegs die Überschneidung. Vielmehr massiert er die Aktionen, häuft und überblendet sie, damit ein möglichst greifbares Abbild, eine Hypostase der himmlischen Herrlichkeiten entsteht.

Heiliger Wendelin *(1770), linke Assistenzfigur des ersten rechten Seitenaltars in Maria Thalheim*

Auf einem Rocaillesockel präsentiert sich der Heilige als anbetender Hirt: barfuß, bekleidet mit einer unter den Knien gebundenen Hose und kurzem Rock, versehen mit einer ledernen Gewandtasche. Wendelin faltet zum Beten die Hände, hebt in naiver Innigkeit sein Gesicht zum Himmel. Seine Schalmei (?), die eher einem Alphorn gleicht, ist bei Fuß an den Heiligen gelehnt, wie es der Andacht frommt. Dem Aufbau nach gehört die Arbeit nur bedingt in den Typus der Thalheimer Gewandfigur, da des Kostümlichen wegen der Körper bei ihr ein viel höheres Gewicht besitzt. Trotzdem ist sie zum bekanntesten Beispiel des eschatologischen Rokoko dieser Wallfahrtskirche geworden. Natürlich wird an der Gewandung das erprobte Modell der Schraffuren und bei der Haarauflage die Technik der ornamentalisierenden, zum Teil ausflatternden C-Bogen-Häufung eingesetzt. »Es gibt großzügig aufgefaßte, blockartig behandelte Flächen der Gewandung neben ganz weich und fühlsam gestalteten Partien.« Diese für den Heiligenkosmos von Maria Thalheim grundlegenden Gestaltungsmittel geben aber beim Wendelin und seinem Gegenüber, der heiligen Notburga, gerade nicht den Ausschlag. Das Geheimnis der Skulptur erschließt sich aus ihrer Ponderation, aus der »hinschmelzenden« Andacht dieser Stellung auf dem erhöhenden, entwirklichenden Rocaillesockel. Die Anlage wird in diesem Fall letztlich nicht mehr den vielfältigen Künsten überlieferter Inszenierungstechnik abgezogen, sondern rührt im Entscheidenden aus der Empathie. Bereits Herbert Schindler beobachtete, daß Jorhan »zu Tieren, aber auch zu Geräten und Attributen aller Art ein sehr direktes bildnerisches Verhältnis hat«. Der Bildhauer vermag sich in die Figuren hineinzuversetzen, so daß Kopfwendung oder Spielbein traumsicher den einzig fruchtbaren Winkel erhalten, die Neigung des Grassockels selbst in der Wendung des Hauptes zu spüren ist. Sogar die Bogungen des Grasbesatzes und des Kopfhaares führen noch ihre Korrespondenz, wirken mit an der Atmosphäre von Bewegung und Körperausdruck. Abermals: Die Voraussetzung für die sensible Handhabung dieser Dinge bringt die Tradition bei, Jorhans künstlerischer Takt entscheidet aber, in welchen Maßen die zusammengeführten Arme die Mittelachse verlassen. Der Skulptur liegt eine Linienführung des Körpers, ein Fließen der Volumina und ihrer Außengrenzen zugrunde, die sich nur mehr auf das »Genie« des Bildhauers berufen können, auf seine »vorzügliche Geschiklichkeit«, auf die ihm eigene »Fruchtbarkeit des Geistes«. Diesem Ingenium verdankt es der Künstler, daß er in seinen »Geschäften und Verrichtungen« »leichter die sichersten Mittel« als andere findet, »zu seinem Zwek zu gelangen«. Mögen bei den eindeutigen Gewandfiguren etwaige Mißgriffe durch kühne Bearbeitung zu verdecken sein, im empfindlichen Gleichgewicht des Thalheimer Wendelin würden auch kleinste Fehler das gesamte Sprachsystem stören.

Johannes Baptista *(1770, Ausschnitt), linke Assistenzfigur des zweiten linken Seitenaltars in Maria Thalheim*

Der Heilige figuriert als Vorläufer des Herrn, als derjenige, der auserwählt ist, diesen zu taufen. In seiner Eigenschaft als praecursor zeichnen ihn – freilich auf einer unteren Stufe, in Vorahnung und Andeutung – christusförmige Züge aus. Was bei Christus die Entäußerung in die Inkarnation, die leidende Entblößung am Kreuz ist, zeigt sich bei Johannes als asketische Nacktheit, als Armut im härenen Gewand. Wie beim Gekreuzigten sind die Wangen eingefallen, fein verwildertes Bart- und Stirnhaar spricht von Weltabwendung, von Bereitschaft für das Martyrium. In der Weise, in welcher der rechtwinklig abgeknickte Arm den Mantel vor die Brust zieht, verspüren wir die bebende Scheu, mit der das ausstehende Erlösungsleiden des Herrn vorgewußt und nachvollzogen wird. Der geöffnete Mund spricht es gleichsam verloren aus, die großen wie die geheimen Bewegungen an Körper, Gesicht und Gewandung indirekt deutlich. Sein Kreuzstab entwertet sich demnach wirklich zum Attribut, zur konventionellen Beigabe. Der Rokokocharakter der Skulptur allerdings beginnt erst unter dem zweiten ikonologischen Aspekt, in welchem Johannes als Täufer zu begreifen ist, sich ganz in seinem Wesen zu entschlüsseln. Aus dem muschelartigen Taufgefäß ergießt sich vergoldetes Jordanwasser: Rocaille ist ihrem Inhalt nach vornehmlich Muschelwerk und tropfende, strömende Bildung. Diese Formmöglichkeiten umkleiden die Skulptur mit einer attributiven Aura: Aderngeflecht der Hände, Fellkerbung oder die Haarsträhnen zum Nacken hin – fließende, weiche Konsistenz, das Unfeste triumphiert. Die drei Finger haben in die Oberfläche des Mantels ein tiefes Wellental gezogen, mit starken Brechungen und Störungen an den Außenrändern. Das Material, das dem Bildwerk zugrunde liegt, scheint nicht Holz zu sein, vielmehr eine irreale Substanz, deren Haupteigenschaft transitorische, unzuständliche Weichheit ist. Jorhan hat indessen hier Gegengewichte geschaffen. Vom linken Jochbein, über Sternum und den Knöchel der zur Brust geführten Hand und bishin zum vertikalen Grat im Tuchbereich vor der Scham wurde unmißverständlich eine Mittelachse festgelegt; sich kreuzende Diagonalen (rechts durch die breiten Fellbahnen vertreten) verfestigen und harmonisieren den Bildaufbau zusätzlich. Die metamorphe Eschatologie des Johannes Baptista besitzt inhaltlich ihren Ursprung in der Mission des Heiligen, dem es aufgetragen war, den Anbruch der neuen Zeit der Gnade zu künden. Vielleicht wider Willen vollzieht sich aber in der klaren Leiblichkeit der Brustpartie und in der konstruktiven Durchdachtheit der Konzeption eine gänzlich andere Wende: der Einbruch des Klassizismus in die Rokokotranszendenz der Thalheimer Welt.

Kruzifix *(vor 1800), Südwand des Presbyteriums in der Wallfahrtskirche Maria Thalheim*

Der kräftige Körper hängt frei von nachbarockem Pathos am Kreuz: die Arme straff auseinandergezogen, weshalb das Haupt nicht wesentlich unter die Handteller sinkt und eine ins Erhabene und Stille zielende Ausgeglichenheit die Skulptur erfaßt. Die verständnislose Fassung sowie erhebliche Verschmutzung haben die feine Balance zwischen Detailreichtum und bedeutender Gesamterscheinung gestört. Noch immer spricht aber das weisheitsvolle Antlitz des Herrn. Er ist ein ebenso athletischer, also: »griechischer«, wie »seelenvoller« Philanthrop, ein »Liebhaber der Menschheit« und »Liebesheld«, entspricht somit dem Bild, das zeitgenössische Predigten von Christus entwerfen. Diesem Kruzifix ist es aufgetragen, den Frieden des Neuen Bundes, die Sabbatstille nach der Vollendung des Erlösungswerkes auszusagen. Folglich erlangen die Nacktheit der männlich klaren Liebesgestalt und ihre königliche »Herr«lichkeit, ausgewiesen auch im Reichtum des Schurzes, nur den Stellenwert von Nebenaspekten. Ebenso ist der Korpus keine Studie in klinischen Symptomen des Todes, wenngleich die Stauvenen an der Bauchdecke oder die obere Zahnreihe des geöffneten Mundes solches suggerieren. Die semantische Mitte liegt in der selbstlosen, ebenso nahen wie erhabenen Liebestat des Herrn. Sein Körper formt sich zu einer Figuration der Erbarmung; Trost und Verheißung werden greifbare Gestalt. – Wendet man sich von der reifen Weisheit dieser Konzeption wiederum den Rokokowundern der Thalheimer Kirche zu, sind sie entzaubert: gezierte, aufgeregte Empfindsamkeit, von der kein Weg zur kontemplativen Höhe und künstlerischen Sicherheit dieses Korpus zu führen scheint.

INRI

▷ 99 Summen erzielte. Für je 500 Gulden ging das vordere Seitenaltarpaar nach Aufkirchen, das mittlere nach Grucking und das rückwärtige nach Hinterauerbach, während die Kanzel in Oberding aufgestellt wurde. Der marianische Audienzsaal sollte ein einheitliches Aussehen bekommen, der Würde der Himmelskönigin gemäß im neuesten Geschmack. Wie in Tading wurde der Hochaltar von der Renovation weitgehend ausgeklammert, da es sich mit der Ehrwürdigkeit des »wunderthättigen« Gnadenbildes gut vertrug, wenn dessen architektonischer Nimbus unangetastet blieb. Dies schloß aber nicht aus, daß 1772 für 492 Gulden die »Glory« erneuert wurde. Der störende Einbau einer Blumenbank und andere Veränderungen vermochten das Ingeniöse der Erfindung kaum zu entwerten. Das Wallfahrtsbild senkt sich in einer Goldwolke, übervölkert von geschäftigen Kindln und jubilierenden Köpfen, gleichsam von oben herab. Das Rücklicht aus dem erweiterten Fenster verleiht der Erscheinung zusätzlich irisierendes Leben. Gegen Ende des Jahrhunderts besorgten Guttäter noch eine Kreuzigungsgruppe (einschließlich einer Beweinung Christi?) aus Landshut, von der nur das Kruzifix sich in der Kirche erhalten hat. Außerdem ist die Annahme gerechtfertigt, daß um 1770 aus Jorhans Werkstätte zwölf Büsten geliefert wurden, wovon die vier Evangelisten auf dem Hochaltar (heute: Frankfurt, Berlin Dahlem, Oxford), je zwei Apostel auf den mittleren Seitenaltären (u.a. ehemals im Hessischen Landesmuseum), eine heilige Mutter Anna (Berlin Dahlem) und eine Thekla (Regensburg) auf dem rückwärtigen linken sowie vermutlich eine Barbara und ein Florian auf dem entsprechenden rechten Seitenaltar postiert waren. In dieser Weise erfüllte sich das theologische Programm der Kirche, die Maria als Herrin aller Heiligen vorführte, wobei neben der Hauptfürsprecherin möglichst viele Heilige für Sonderanliegen präsent sein sollten. – Die Thalheimer Assistenzfiguren wurden aus unterschiedlichsten Gesichtspunkten gefeiert. Wer das Glück hatte, sie isoliert zu sehen, weiß um ihr Geheimnis. Alles Statische, Irdische ist verdampft, eine Metamorphose erfaßt Oberfläche wie Kern der Skulpturen, so daß sie gänzlich unter einem anderen, dem göttlichen Gesetz zu stehen scheinen. Wenn in der süddeutschen Rokokoplastik verbildlicht wurde, was es bedeutet, Tempel des Heiligen Geistes zu sein, dann hier. Selbstverständlich verwendet Jorhan zur Formulierung die Mittel einer altbekannten Grammatik, etwa Torsion, Diagonalität, affektische Körperaktion und Mimik. Das Traditionsgut erlebt jedoch so etwas wie einen qualitativen Sprung. Das weich modellierte Relief der Gewandung klingt wider in den subtilen Gesichtszügen und dem Schmelz ihres Inkarnats, die überhöhende Erregtheit der Drapierungsformeln tönt zugleich in der fast chiliastischen Gestik der heiligen Akteure. Der springende Punkt dieser vitalen Spiritualität: Noch die äußerlichste Gewandpartie steht im Zusammenhang mit der Gesamterscheinung, einer Konsistenz, die so ätherisch und entdinglicht wirkt, weil uns planvoll der archimedische Punkt entzogen wird, jede Ansatzstelle, die den Wirkmechanismus der Skulptur entziffern ließe. Beim Petrus des vorderen linken Seitenaltars hat die methodisch eingesetzte Entstrukturierung, die sich den kompositionellen Erfahrungen mit der Rocaille verdankt, allerdings zu einem Mißerfolg geführt.

Notjahre von 1770 bis 1772

Man will kaum glauben, daß sich mit dem Thalheimer Großauftrag erste archivalische Hinweise auf eine mögliche Notlage des Bildhauers verbinden. Die bereits erwähnte »Glory«, für die Jorhan verantwortlich zeichnete, wurde durch den Geistlichen Rat in München zunächst nicht ratifiziert. Das veranlaßte die Landshuter Kirchendeputation in einem Schreiben vom 4. April 1772, die Bitte um Genehmigung noch einmal eindringlich vorzutragen. In ihm wird eine »Bildhaur-Suplication«, also eine Bitt- und Bettelschrift, erwähnt. Außerdem argumentiert man, daß »die Werkleüthe Arbeiten suchen«, um »für sich, dann Weib- und Kindern das tägliche Brod bey jezig noch anhaltenden teuren Zeiten schaffen und sich vor dem Erhungeren retten zu können«. – Die Notjahre von 1770 bis 1772 werden unverhüllt spürbar. Alois Staudenraus schreibt in seiner »Chronik der Stadt Landshut in Bayern«: »Im J. 1770 hatte der kalte regenvolle Sommer eine allgemeine schwere Theuerung verursacht, so daß die Menschen Gras und Wurzeln aßen, und viele Leute aus Dörfern und Städten auswanderten (...) Das Jahr 1772 kostete viele Menschen das Leben. Als Folge der Theuerung und ausgestandenen Not verbreitete sich ein Faulfieber (Modekrankheit genannt) woran dahier 442 Menschen starben.« Wieweit Jorhan in Not und Elend gebracht worden war, läßt sich nicht mehr feststellen. Jedenfalls lieferte er – von den bereits erwähnten Aufträgen einmal abgesehen – 1771 unter anderem für den Dorfener Hochaltar die Holzvorlagen zu silbernem Gewölk und Puttenwerk (Ferdinand Joseph Schmidt) oder für Aufkirchen Altarplastik im Wert von 160 Gulden. Nach Kötzting schreibt er 1772, daß er »bei Abhollung« der Skulpturen »versprochnermassen die pare Bezahlung« erwarte, »den meine 7 Kinder wollen täglich essen, und anders hab ich nichts, als was ich mit der Arbeit verdiene«. Das mögen Floskeln des gewitzten Handwerkers sein, sich einen möglichst prompten Geldeingang zu sichern, ebensogut ein echter Notschrei.

Neuorientierung der Kirchenpolitik

Die »Glory« von Maria Thalheim ist in einer weiteren Hinsicht das Symbol einer Wende zum Schlechteren. Sie mußte so ausgeführt werden, daß die Bestandteile der Hiernleschen Arbeit, soweit es ging, Verwendung fanden. Spätestens seit 1770 regierte in Kirchensachen eine Sparsamkeit, die man einige Jahre zuvor nicht für möglich gehalten hätte. Ein Generalmandat vom 4. Oktober 1770 verfügte, »daß mit Beybehaltung einer reinen und regelmäßigen Architektur alle überflüßige Stukkador- und andere öfters ungereimte und lächerliche Zierrathen abgeschnitten, an denen Altären, Kanzeln und Bildnissen eine der Verehrung des Heiligthums angemessene edle Simplicität angebracht werde«. Hinter der Anmahnung zu Sparsamkeit und einfachem Stil hat man den grundstürzenden Wandel in der bayerischen Kirchenpolitik zu sehen, eine Revolution von oben, die nicht allein den administrativen Bereich, sondern durch resolute Eingriffe auch die Formen des kirchlichen Lebens zu ändern versuchte. Mit welcher Härte sich die Vorgänge auf Jorhans Profession auswirkten, ist nur zu verdeutlichen, wenn man sich zuvor das Ausmaß dieses Strukturwandels vor Augen führt. – Das eben zitierte Sparmandat war der Schlußpunkt einer heftigen Entwicklung. Der völlig verschuldete Territorialstaat konnte es auf die Dauer nicht hinnehmen, daß die Kirche über rund 56 Prozent des Gesamtgüterbestandes verfügte, steuerliche Immunität besaß und vor allem Lebensführung und Denken der Untertanen bis ins letzte bestimmte. Was beispielsweise auf den Vorzugsböden des Erdinger Landes an Mehrwert erwirtschaftet wurde, floß weitgehend dem Kirchenbau und der Kirchenzier zu. Stiftungen, Bruderschaften, Wallfahrten, Prozessionen, geistliches Theater – die Liste der nicht direkt dem Staat dienenden Geldzuwendungen ist kaum zu Ende zu bringen. Die erste Maßnahme, welche die bisherige Ausstattungspraxis erschwerte, war das Amortisationsgesetz von 1764. Es beschränkte Stiftungen für Klöster und geistliche Körperschaften auf 200 Gulden. Das Reformmandat vom 17. Januar 1769 entzog ihr dann endgültig den Boden. Darin wurde verordnet, »daß in Zukunft alle landesgerichtischen

Pfarr- und Filialgotteshausrechnungen nach den beigefügten Instruktionspunkten und Formularen abzufassen seien (...) und von den zuständigen Gerichtsbeamten bei den einschlägigen Kirchendeputationen einzureichen seien. Dort sollten sie bei Abwesenheit des Überbringers nachgeprüft werden.« Das nämliche Verfahren galt für die Städte und Märkte. Erfreut wäre man gewesen, wenn sich die Hofmarkherren für die Kirchen in ihrem Bereich dem angeschlossen hätten. Die Folge war ein kleinliches, schikanöses Ratifikationsverfahren. Galt früher das »fiat« (Genehmigung) als Regelfall, so ab 1770 das »in suspenso« (Aufschub; oft euphemistisch für Abweisung). Selbst unbedeutende Ausgaben, beispielsweise Auferstandene zu weniger als 10 Gulden, waren hartnäckig zu beantragen, bevor sie genehmigt wurden. Die barocke Ausstattungswut wurde mit einem Schlag abgewürgt. Schulhäuser und späterhin Blitzableiter erfuhren statt dessen eine ungeahnte Konjunktur.

Umbrüche in Ästhetik und Theologie

Nicht allein von außen ist die Krise der Sakralplastik heraufbeschworen worden, durch die Verbissenheit aufgeklärter Kirchenpolitik. Sie wurde genährt durch einen Wandel in den Auffassungen über Stil und Status der Skulptur. Johann Joachim Winckelmann predigte die Rückkehr zu den reinen Formen der Antike, ein Mahnruf, der die Autonomie der Plastik begründete; den Primat hatte nicht mehr der darzustellende Inhalt. Die Idealität vollendeter Leiblichkeit trat an die Stelle zeichenhafter, sinnbildlicher Kunst. Sakralplastik als Magd der Theologie war, genau besehen, tot. Setzte sie klassische Formen ein, um zeitgerecht zu bleiben, dann benützte sie diese trügerisch als Maske, hinter der die heteronomen Anliegen mehr schlecht als recht zu verbergen waren. Auch Jorhan stand somit vor der Frage, wie er kirchliche Kunst schaffen sollte, die dogmatisch korrekt war und zugleich das neue Stilideal berücksichtigte. – Sehr bald ergab sich für die Sakralkunst ein weiterer Legitimierungszwang, der an Radikalität die kunstkritischen Einwände bei weitem übertraf. Unvermittelt war die ungehemmte Bildfreudigkeit, die Idolatrie, in Bildfeindlichkeit, ja Ikonoklasmus umgeschlagen. »Wenn ich zu schalten und walten hätte, ich würde Alles, was ein Bild heißt, gemahltes, geschnitztes oder gegossenes, Alles Eins, rein aus den christlichen Kirchen fortschaffen. Diese Heiligen-Bilder, was sind sie auch anders, als die spanischen Wände, welche uns gegen dem Lichte stehen, daß wir ja der unsichtbaren Heiligen nicht ansichtig werden mögen; da gaffen die Menschenkinder allzeit nur mit den körperlichen Augen, und das Gemüthe schaut ewig nimmer an.« Solche Kritik war im »Landshuter Wochenblatt« 1810 zu lesen. »Nun, was will man denn auch in den Kirchen bildlich darstellen? (...) Gott ist ein Geist. Wie magst du da mit Pinsel oder Meissel zu Werke gehn?« Die Angriffe verdeutlichen, vor welchem Hintergrund sich die Spiritualisierung der Jorhanschen Arbeiten vollzog. Der Bildhauer war wandlungsfähig und zugleich hinreichend konservativ, eine überzeugende Antwort auf die Herausforderungen zu finden. Sie verriet weder seine Herkunft, noch brachte sie eine Erstarrung zu blockhafter Körperlichkeit, wie wir sie von Roman Anton Boos her kennen. Vornehmlich die Arbeiten in Thalheim wiesen auf den Weg vor, der einzuschlagen war. Gestaltet wird dort von einem psychophysischen und auratischen »Wahrheits«kern aus, der dem Betrachter das letzte Wort zuteilt. Dieser ist es, der einerseits gerade durch die suggestiven Daten, mit denen ihn die Skulpturen noch überschütten, zu ehrfürchtiger Distanz gedrängt, andererseits dazu verführt wird, ihre unangreifbare Triftigkeit einzulösen, indem er sich die vorgebildeten Muster von Tugend und Heiligkeit auslegt, sie als Stimulans subjektiver Glaubensarbeit benutzt.

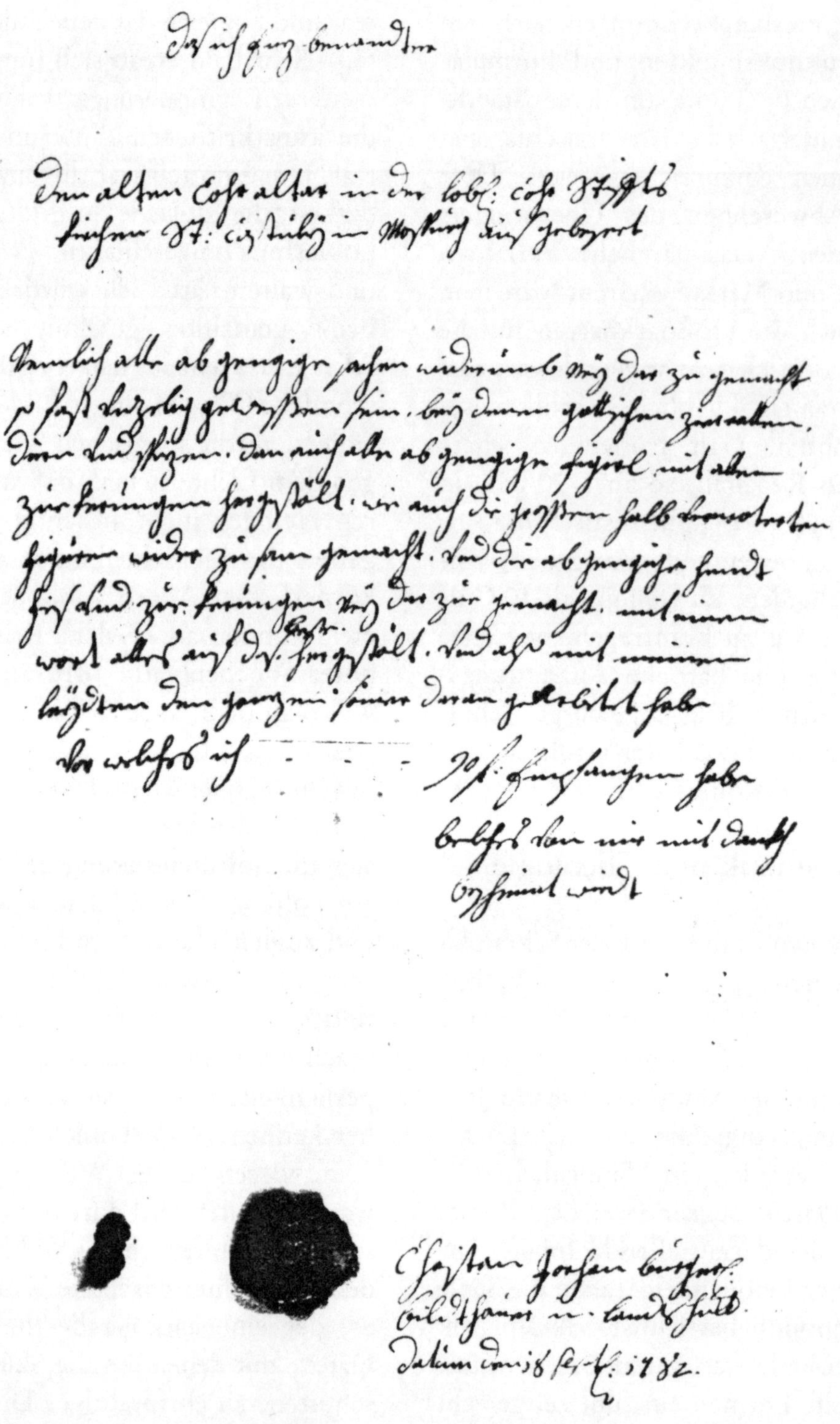

Quittung für die Reparatur des Moosburger Hochaltars *(1782; dortiges Pfarrarchiv)*

Im Gegensatz zu vielen Archivalien, die nur Kostenvoranschläge zu Werken darstellen, die trotz erfolgter Ratifikation nicht immer in der beschriebenen Weise und sogleich ausgeführt werden mußten, handelt es sich hier um einen Beleg für eine empfangene Geldsumme. Daß Jorhan (mit seinen »leydten«) »den ganzen somer (…) gearbeitet« habe, ist nicht wörtlich zu nehmen.

Zeit der Stagnation

Nach 1770 begannen zunächst die nicht mehr so satten Jahre für den Bildhauer. Die kleineren Aufträge wurden die Regel: für die eine Kirche ein Vortragskreuz oder ein Auferstandener, für die andere Tabernakelgenien oder auch nur ein kleines Standkruzifix. Jorhan wird zu Reparaturen geholt, darf beispielsweise für Bruckbach die beiden »heiligen Madln« des Hochaltars überarbeiten.

Reparatur des Moosburger Altars

Die gewichtigste Restaurierung, folgenreich bis heute, war 1782 die Neugestaltung des Leinbergeraltars in Moosburg. So viel von ihr im 19. Jahrhundert wieder beseitigt wurde, wir sehen das Retabel immer noch in Jorhans Interpretation. Er hat zunächst einmal die »ab gengige figirl« ersetzt. Davon sind ein Engel mit der Dornenkrone und ein heiliger Petrus, in der rechten Wange des Schreins, erhalten, während man zwei Adoranten im Basisbereich des Gesprenges entfernte. Auch die »grossen halb vermoterten figuren« ergänzte Jorhan (»ab gengige hendt fis und zue kerungen«). Diese Eingriffe veränderten das Erscheinungsbild des Altars nicht. Die »Visier«, in dem der Bildhauer es entwickelt haben dürfte, ging wahrscheinlich verloren. Seine grundlegende Verwandlung fußt unter anderem auf zwei Entscheidungen. Die erste ist ein wahrer Geniestreich. Jorhan hat dem Altar die Flügel genommen, die an den Stäben, welche den Schrein rahmen, befestigt waren, und diese so zu den seitlichen Wänden zurückgedreht, daß die Befestigungsstelle verschwand. Damit die fortan ständig sichtbaren Schreinwächter eine überzeugende Verbindung zum Altaraufbau finden, fügte er zwei Kolossalfialen ein, rechts und links das Mittelfeld flankierend. Die zweite Entscheidung zieht aus der ersten die Konsequenz. Nachdem aus dem Schreinaltar eine Schauwand geworden war, die Exposition des »schönste(n) monumentum antiquitatis, desgleichen kaum mehr in Bayern zu finden«, ließ man zur Besiegelung ihres Werts die Preziose in Weiß fassen und die

▷ 121

Mariae Ohnmacht *(gegen 1800?), Hamburger Museum für Kunst und Gewerbe*

Mit einer Höhe von knapp siebenunddreißig Zentimetern ist die Gruppe wahrlich ein Kabinettstück. Weil bei Objekten dieser Größe die Faltengebung ein besonders delikates Problem aufgibt, soll diese uns zunächst interessieren. Wer dann auf eigene Faust einen Vergleich zum Altfraunhofener Johannes zieht, dem wird sinnlicher Begriff, was es heißt, der Bildhauer habe sich unterschiedlicher Manieren bedient. Die mimetische Komponente, das Simulieren beobachtbarer Faltungsprozesse im Tuch: die Gewandstudie – sie hat hier den Vorrang. Feines, so nie mehr Wiederholtes findet sich neben Gröberem und Bewährtem. Um mit diesem zu beginnen, die dicklichen Saumkaskaden des blauen Marienmantels sind aus Gründen der Haltbarkeit nicht stärker zugeschärft worden; beim großen Saumbogen zwischen Kopf und Hand war die messerscharfe Unterschneidung hingegen problemlos möglich. Auf dem Oberschenkel des Spielbeins von Johannes wird die sanfte Wölbung von einer Faltenröhre umzogen: im Frühwerk eine Standardlösung, weil ein Spiegelungselement geschaffen wird, das unter Lichteinfall seine volle Wirkung entfaltet. Die Stärken des neuen Faltenstils erweisen sich einmal in der Zone aufstehenden Gewandes, in den Kadenzen, mit denen das Tuch auf den Standsockel reagiert. Genüge das Kleid Mariens. Die Stauchung über dem linken Fuß ist bekannt (im Zickzack geführte Röhre, die sich fortlaufend verjüngt), das trompetenartig sich weitende Pendant über dem rechten eine Novität. Die isolierte, als zarter Wall eine flache Tuchlandschaft durchziehende Röhre ist überhaupt ein Merkmal der Hamburger Gruppe: Man beachte den Halsausschnitt der Muttergottes! An Stellen, die durch Abwinkelung der Arme Tuchüberschiebungen besitzen, verwendet Jorhan die entsprechende Negativform, eine Rille mit leichtem Röhrensaum (Johannes, linke Armbeuge). Neben umfangreicheren sphärischen Abschnitten wird für den Gesamteindruck die großzügig durchschwingende Störungszone am wichtigsten, je zwischen Spiel- und Standbein liegend. Tief schluchtende Spalten, Talungen und Antiklinalen, teilweise sich gabelnd oder von schärenartigen Kerben durchsetzt, sind das Material, aus dem sie organisiert werden. Je mehr man sich in die »Sozietät« dieser Faltenhierarchie verliert, die bis zu feinsten Haarlinien im Gewand hinabreicht, desto klarer wird, daß sie nicht zu beschreiben ist. – Statt dessen aus den Erinnerungen des Kunstsammlers Hubert Wilm die Geschichte der Entdeckung und des Erwerbs der Jorhanschen Gruppe.

»Einige Erlebnisse verleideten mir aber auch die Lust dazu, mir vor einem Ankauf bei anderen Sammlern Rat zu erholen. So bekam ich eines Tages von einem Kunsthändler ein kleines, schlechtes Lichtbild einer Kreuzigungsgruppe des 18. Jahrhunderts zugesandt, für deren rhythmisch edle Bewegtheit ich mich sogleich begeisterte. Ich zeigte deshalb das Bild einem Münchener Kunstkenner, der schon seit längerer Zeit Bildwerke des Rokoko sammelte. Er sah es sich lange an und sagte dann: ›Ich würde Ihnen abraten, eine so langweilige Gruppe zu erwerben, Sie würden bald den Geschmack daran verlieren.‹.

Über dieses negative Urteil war ich sehr verwundert, und ich bat den Kunsthändler trotzdem, mir das Bildwerk zur Ansicht zu senden. Da der geforderte Kaufpreis nicht übertrieben hoch war, sagte ich mir: selbst wenn die Gruppe in Wirklichkeit so langweilig sein sollte, wie mein Ratgeber vermutet, kann ich sie zu einem Tausch verwenden und einem anderen Sammler damit eine große Freude bereiten. Die Kiste kam an. Schon beim Auspacken erkannte ich, daß es sich um ein bedeutendes Bildwerk handelte. Die Gruppe bestand aus einem Kruzifixus und einer Darstellung von Mariae Ohnmacht: Maria, in schmerzvoller Gebärde in die Arme des sie stützenden Jüngers Johannes zurücksinkend. Der Kruzifixus und auch die Gestalten der Maria und des Johannes waren von einer klassischen Schönheit im Ausdruck und einer ungewöhnlichen Feinheit in der handwerklichen Durchbildung (...) Ich war aufs höchste überrascht erfreut über diese Erwerbung. (...) Die Gruppe, die einem erfahrenen Sammler im Lichtbild so langweilig erschien, war in Wirklichkeit ein großes Kunstwerk.«

▷ 117 Figuren mit reichen Goldbordüren versehen. Die Einfärbung auf »Steinarth« verlieh dem Kunstwerk erst jenes aere perennius, welches die Renovation bewußt herbeizaubern wollte. Im Lichtraum des Chors an allen Tagen unverborgen seine Schönheit entfaltend, wirkte er so, »daß er im freyen Prospect alle Aehnlichkeit mit einer gottischen Monstranze hat«. Das sich auflösende, durchstrahlte Filigran, »voll von gespitzten und zackigsten Thürmen«, gab der Inszenierung ihre letzte Pointe: raffinierteste Rokokogotik!

Kabinettstücke

Ein weiterer Auftragstyp der Zeit nach 1770 führte zu Leistungen, von denen wenigstens eine sich bereits in das Bewußtsein der Kunstwissenschaft eingeschrieben hat. Allein die Gruppe »Mariae Ohnmacht« (Hamburger Museum für Kunst und Gewerbe) würde zureichen, so meint Adolf Feulner, ihrem Urheber »einen hervorragenden Platz in der Geschichte der deutschen Skulptur« zu sichern. »Die stehende Muttergottes sinkt mit zurückgeneigtem Antlitz gegen den an sie herantretenden Johannes, der sie an der Schulter auffängt und seine Rechte stützend unter ihre Linke schiebt.« Mit dem zugehörigen Kruzifix zählt die Arbeit zu den Kabinettstücken, die für reiche Bürger, Adelige oder Ordensobere geschnitzt wurden. Sie gehört der Spätzeit an, realistische und empfindsame Züge verschränken sich in wechselseitiger Steigerung. Die polychrome Fassung oder die fein ausgewogenen Gewandbahnen sind den realistischen Tendenzen zuzurechnen, nicht weniger die Verfugung der beiden Gestalten, die noble Besorgtheit, mit welcher der heraneilende Sohn seine neue Mutter hinterfängt. Die Bildmitte wird für den affektsprachlichen Höhepunkt der Komposition reserviert, die willenlos sich ostendierende Hand Mariens. In diesem gestischen Motiv liegt vo viel überschießende Ausdruckskraft, daß die schmerzerfüllten Gesichter und die abströmende Gewandung von seinem Charisma zehren. Man möchte gar nicht zur Kenntnis nehmen, wie verwickelt der Aufbau der Gruppe in Wirklichkeit ist. Für den Betrachter dominiert das Nachdrückliche empfindsamer Sprache, wobei gräzisierende Zitate ihre Erlesenheit unterstreichen.

Verhältnisse im Pfleggericht Erding

Die Zeiten waren hart geworden. Über den Weg obrigkeitlicher Ratifikation lief zunächst kaum mehr etwas. Wenig half es, daß Jorhan dem Erdinger Gerichtsschreiber Franz Gscheider, »dem Wohl Edl und gestrengen und Hochgelehrten Herrn«, für seine Hauskapelle zwei Genien »mit Leichter« zu dem Freundschaftspreis von 9 Gulden, 36 Kreuzern anfertigte (1770). Die Unterlagen für das Erdinger Gericht sind besonders aufschlußreich, nicht zuletzt wegen des Kontrastes zu den erfolgreichen Zeiten vor 1770. Deshalb zwei repräsentative Beispiele. Die Pfarrei *Rappoltskirchen* beantragte 1777 einen Hochaltar mit Tabernakel, wozu Jorhan zwei Kindl und zwei Dachungsengel für 25 Gulden beitragen sollte: eine Lappalie! 1781 wurde der Betrag endlich bewilligt. Doch fehlten noch zwei »Figuren« über den seitlichen Durchgängen, die 1783 für 35 Gulden zur Ratifikation anstanden. Wie man sieht, wagte man es nicht mehr, der Kirchenadministration einen Wunsch in cumulo vorzutragen. Äußerstenfalls eine Politik der kleinen Schritte führte zu bescheidenem Erfolg. Für 1786 wurde die Genehmigung dann auch erteilt. Die Skulptur über dem rechten Durchgang fordert unser Interesse, weil dieser Schutzengel beispielhaft vorexerziert, wie sich Jorhan inzwischen von seiner Thalheimer Phase entfernt hat. Ein himmlischer Psychagoge von antikischen Gesichtszügen weist mit der erhobenen Rechten auf das Göttliche im

▷ 126

Schutzengel *(1786), rechte Assistenzfigur des Hochaltars in Rappoltskirchen*

Für die Aufnahme wurde bewußt eine Perspektive gewählt, welche die penetranten Symmetrien der Frontalansicht verbirgt. Sie ist deshalb nicht weniger lehrreich, denn es wird möglich, unabhängig von der angestrebten Bildwirkung die geheimen »Springfedern« der späten Inszenierungskunst Jorhans zu beleuchten. Zunächst überrascht, daß die aus der Ferne des Kirchenraums sehr flächig wirkende Skulptur eine bedeutende Tiefenerstreckung hat, daß das Hervor und Zurück neben vertikalen/horizontalen Bewegungen gleichberechtigt vertreten ist. Dies ist Grundgesetz Jorhanscher Qualität: Unkonventionelle Seitenansichten entwerten die Arbeiten nicht (ein hilfreiches Kriterium bei Zuschreibungsproblemen!). Die Bewegtheit, der der Bildhauer auch in seiner mittleren Periode nicht abgeschworen hat, erhält ein neues Medium. Es liegt in Faltenröhren, die zu einem ausgeprägten Faltenschlauch zusammenfinden können – hochgerissener Mantelteil des Engels, Partie unterhalb der gefalteten Hände –, und in den abstrakten Kurvaturen stark unterschnittener Säume. Spangenartige Formen oder überenge Zungen tragen das meiste bei. In den sichtbaren Teilen des Körpers ist die Neigung zur Abstraktion gleichfalls groß. Das Antlitz des Schutzengels besteht aus einem Oval, sein Profil ist »griechisch«, die Kopfform fast ohne skulpturalen Eintrag. Das Entscheidende bleibt aber der Aufbau der Aktion. Hier handelt Jorhan mit bewundernswerter Konsequenz. Die aufgehobenen Ärmchen des Kindes werden durch die zeigende Rechte zum halben Ast einer Parabel erweitert. Sinnvoll führt eine Tuchröhre die schützende Hand fort, mit größter Sensibilität wird der Schreit- und Betaktion des Schützlings Raum geschaffen, durch eine Wendung des Rumpfes, welche sich sein Beschützer auferzwingt. Ob es das vorgewölbte Bäuchlein des Kindes, das ungebärdige Abflattern seines Gewandes ist, der Handlungsgehalt der Figuren wird mit jedem Jahrzehnt gnomischer, weshalb dieses Potential an gestalteter Wirklichkeit jede noch so ausgetüftelte Kunstgeometrie außer Kraft setzt.

Dolorosa *(um 1790), Bestandteil der Kreuzigungsgruppe an der Nordwand im Langhaus der Filialkirche Hecken*

Auf einem festlichen Sockel, nachgerade schon Empire, steht sub cruce die jugendliche Dolorosa. Da sie für eine Filialkirche geschnitzt und durch einen (?) Guttäter bestellt wurde, der wohl noch heimisch war in der überlieferten Formenwelt, behält Jorhan den Stil des Sockels hauptsächlich nur in Kostüm und Faltengebung bei. Nicht zuletzt an der Fassung kann man ablesen, daß bewußt eine Mischlösung zwischen klassizistischen und traditionellen Prinzipien angestrebt war. Ein Mantel mit vergoldeter Außen- und blauer Innenseite bildet die äußere Schale der Draperie. Die malerische Opposition zwischen dem dunklen Blau und dem gleißenden Gold benutzt ein bewährtes Schema; daß der Kopfschleier nicht in einer neuen Farbe gegeben wird, liegt auf der Linie vereinheitlichender Simplizität. Das rote Kleid mit prächtigem Saumbesatz ergänzt den vollen Farbakkord, zumal das Ziegelrot und das Gold sich wechselseitig steigern. – Weitgehend verkörpert die Skulptur den Text des »Stabat mater«. Mit bloßen Füßen steht die leidende Magd auf dem (Rasen-)Hügel von Golgatha. Das Schwert der Schmerzen durchbohrt ihr Herz. Aus Trauer und voller Andacht das Haupt gesenkt, zeigt sie sich doch mit einem Anflug rokokomäßiger Koketterie vor dem Betrachter. Stand- und Spielbein werden kaum differenziert. Die vor dem Leib zusammengeführten Arme bewirken nur eine leichte Ausdrehung des Oberkörpers. In den gefalteten Händen summieren sich die beiden Bedeutungsschichten – Trauer und Andacht – zu einer einprägsamen Formel: die Handflächen aneinandergepreßt (Affekt), die Finger sorgfältig gefaltet (Betgestus). Insgesamt eine körpersprachliche Inszenierung, die sich nachhaltig entspannt hat, die temperiert ist, und trotzdem mit einer Überraschung alten Stils aufwartet. Der Kopfneigung, die das Antlitz voll preisgibt, entspricht am anderen Ende der Skulptur ein schräggestellter Fuß, ebenso zur Schau gestellt wie unfreiwillig das Gesicht, beinahe mit der gleichen Schräge der Körperachse ent»wendet«. Größere Traditionalität ist in den Drapierungsformeln des Mantels enthalten. Jorhan fällt es offensichtlich schwer, auf die Schüsselfalte zu verzichten. Da der Mantel über den Kopfschleier gezogen ist, wird es allerdings möglich, Haupt und Hände einem schmalen Oval einzuschreiben, wobei auf jede stärkere Knickung verzichtet wird und die Tuchröhren einigermaßen schlank, gemäßigt bleiben. Noch fesselnder die Zugstraße, welche die blau gefaßten Innentuchwülste dem Auge vorspiegeln. Die schwungvolle Kurve der Schüssel scheint sich über dem rechten Unterarm fortzusetzen und somit in einer steilen Schräge nach außen zu laufen, doch polt ein heftiger Knick alles in die andere Richtung um, ohne daß der Winkel sich ändert, mit dem die Diagonale von der Senkrechten abweicht. Alles in eines genommen: Eine attraktive Sprache, beruhend auf einem einzigen Kompositionsprinzip; eine vertikale, säulige Kernsubstanz wird durch angelegte Schrägen von links und rechts aufgelockert. Ob diese auch dem gemeinten Bildsinn nach angetragen, akzessorisch sind, wird zu verneinen sein. Jedenfalls ist das von Jorhan intendierte Zentrum der Skulptur doppelköpfig, denn dem diagonal trauernden Haupt steht das diagonale Schwert der Schmerzen gleichwertig gegenüber.

▷ 121 Empyreum. Zu seinem Schützling blickt er voller Verständnis herab und umgreift ihn mit seinem Manteltuch. Dieser hat beseligt schreitend seine Händchen zum Beten gefaltet, ein Beweis, daß die Instruktion erfolgreich war. Die Komposition atmet die irenische Geistigkeit Sailerscher Pädagogik. Außerdem ist sie ein Dokument der klassizistischen Phase Jorhans. Präzise Symmetrien gliedern die Erscheinung. Wie Haarscheitel und Nasenrücken das Gesicht des Schutzengels in zwei Hälften abteilen, korrespondiert dem rechten Arm die abgestreckte Schwinge zur Linken. Diagonale Markierungslinien, parallel und gekreuzt, werden mit peinlicher Sorgfalt der Vorderansicht eingearbeitet, die Mittelachse nur bedingt verschleiert. Das Geometrische der Konstruktion muß die Zeitgenossen enthusiasmiert haben, die unreglementierte Lebendigkeit der Oberflächengestalt und der Bedeutungsreichtum der Erfindung jedoch auch. – Das letzte Werk Jorhans, das über die Ratifikationslisten lief, sind zwei Genien für *Bockhorn* (30 Gulden), da der Tabernakel »durch einen Donnerstreich ruinirt« worden war. 1788 wird zum ersten Mal ein Antrag gestellt, 1790 erfolgt ein Ratifikationsvermerk, der jedoch nicht viel besagt. Fünf Jahre später endlich, in den Eingaben für 1796, heißt es dann: »Dem Bildhauer in Landshut Christian Jorhan kommen für die verfertigten 2 grossen Engel mit Leichter zum Tabernakel zu bezahlen 30 Gulden«. Stilistische Merkmale bestätigen den späten Zeitpunkt ihrer Entstehung vollauf. – Gleichwohl besitzt das Erdinger Land eine Reihe vorzüglicher Arbeiten aus Jorhans Spätzeit, weitgehend nicht bekannt, ebensowenig in ihrem Wert gewürdigt. Man wird hauptsächlich an die großartigen Kreuzigungsgruppen in Hecken (um 1790) und Thalheim (Muttergottes heute in Pörndorf, Landkreis Landshut?) oder an den Titularheiligen der Sebastianibruderschaft in Poigenberg denken, der im rechten Seitenaltar steht. Sie verdanken ihre Existenz dem Umstand, daß der Staat keine wirksame Handhabe hatte, den Guttätern, die diese Arbeiten stifteten, ihr Tun zu verbieten. Wahrscheinlich sind auch die Figuren für die Altäre in Grucking (1775), Obergeislbach (1778) oder Geislbach (vor 1780?) durch solche fromme Stiftungen entstanden, da sich in den überraschend vollständig erhaltenen Akten der Landshuter Kirchendeputation keine Nachweise finden. Die dezidiert einfachen, ausschließlich auf Billigkeit gearbeiteten vier Heiligen von *Geislbach* werden hier nur erwähnt, weil in ihnen der Ansatz zu einer Reformkunst vorliegt, der auch den überzogenen Sparvorstellungen des Staates genügt haben müßte. Am Antonius von Padua des linken Seitenaltars bemerken wir, wie die Figurentiefe auf ein Minimum reduziert wird, die Köpfe abstrahiert, die Faltengebung sich auf die Wiedergabe der großen Linien beschränkt. Trotzdem ein ästhetisch fesselnder Sachverhalt, denn Jorhan muß ermitteln, worauf nicht verzichtet werden kann, muß durch einige Retuschen und artistische Zugaben den Marktwert seines Namens sichern, dem Produkt sein Gütezeichen aufprägen.

Fraunberg, Langenpreising; Erding

Zwei Gesamtausstattungen standen, mit Ausnahme von Dorfen, nach 1770 im Pfleggericht noch zur Debatte. Zuerst *Fraunberg*: Bei dieser Kirche wurde besonders gespart. Durch Hirschstötter wiedererrichtet (ab 1770), kamen in den achtziger Jahren wenigstens drei Altäre und eine Kanzel zustande. Wann aus Landshut die beiden Tabernakelputten und das Standkreuz für den linken Seitenaltar geliefert wurden, ließ sich noch nicht ermitteln. Ebenfalls eine offene Frage, welchen Zusammenhang der Florian über der Eingangstüre einmal mit der Gesamtausstattung besessen hat. – Glücklicher verlief die »Beischaffung« der

Kostenvoranschlag für die Kanzel in Langenpreising *(1777; StA La, Rep. ad 7b Verz.6 Fasz.21 Nr.71)*

Er bildet eine bedeutende Interpretationshilfe zum Verständnis der Kanzel. Jorhan beginnt mit den Arbeiten für den Schalldeckel und endet mit den Skulpturen am Korpus. Während Matthias Fackler das Schnitzen der Vorhänge kaum dem Bildhauer überlassen hätte, stammen sie hier von diesem. Allerdings fehlen heute unter dem Schalldeckel die beiden »Engelsköpf« und das »kindtl«, welche der Text aufführt. Gut möglich übrigens, daß Teile der Ornamentik aus der Facklerwerkstätte stammen, wie man ja ihr bei den Altären dann den Auftrag erteilte.

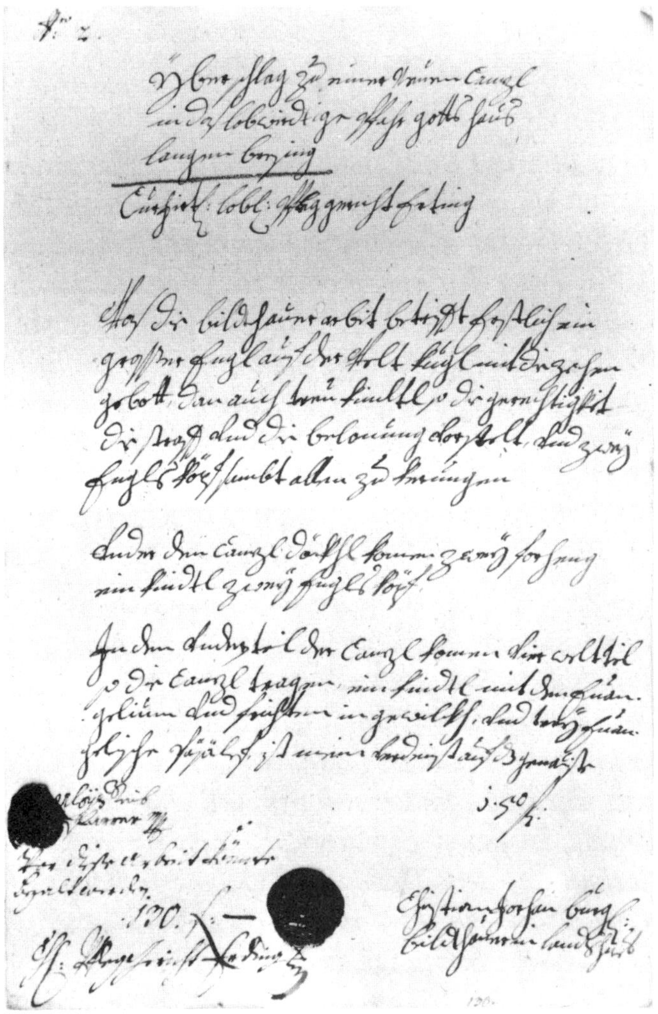

Kirchenzierde für *Langenpreising*. 1777 wird eine Kanzel beantragt und unverzüglich genehmigt. Der Erdinger Kistler erhält 100, Jorhan, der »zu solcher Kanzel einen grossen Engel und andere Figuren« zu fertigen hatte, 130 Gulden. Im »Engl auf der Welt kugl mit die zehen Gebott« klingen Größe und Weichheit, Erhabenheit und Empfindsamkeit zusammen. Erhabenheit, denn das Verhältnis zum Globus steigert die Proportionen; die Magnifizenz des Gewandes und das kühne Ausholen der Schwingen expandieren die Erscheinung. Empfindsamkeit, weil das eingesunkene Knien der Genie Gnade verheißt, die Auflockerung, Auflösung des Gewandes gemeinsam mit der Schönheit der Körperformen dem Majestätischen jeden Schrecken nimmt. Die »Visier« wurde zwar von Petrus Rister vorgelegt, trotzdem ist der Entwurf zur Kanzel selbstverständlich Jorhans Eigentum. Als nächstes plante man 1781 drei Altäre, diesmal die Kistlerarbeit vom »Schreiner zu Dorfen«. Dem »Bildhauer in Landshut« waren 265 Gulden zugedacht. 1783 durften die Arbeiten ausgeführt werden, monumentalisierende Skulpturen, die Pathos und Statuarik hervorkehren, als wäre Repräsentativität das Hauptziel. Ihnen fehlt die Unmittelbarkeit der früheren Arbeiten. Trotz mancher affektiven Formeln verwehren sie dem Betrachter jede einfühlsame Annäherung. Er muß zu ihnen aufsehen und sie als Vorbilder, als Imperative akzeptieren, die von einer Idee geformt sind. – Gegen die Jahrhundertwende hat Jorhan von der Stadt *Erding* zwei Aufträge erhalten, die dokumentieren, daß sein Ruhm nicht verblaßt war. Auf der Brücke außerhalb des Münchener Tores postierte man 1792 einen Nepomuk, der längst in das Heimatmuseum gebracht wurde. Die Statue des heiligen Prosper wurde »im Jahre 1800 unter Trompeten- und Paukenmusik auf dem Röhrbrunnen am Platze aufgestellt«, in einer Zeremonie, die übersehen ließ, daß die Zeiten barocken Pompes längst vorüber waren.

▷ 135

Kanzelbekrönung *(1777), Langenpreising*

Der frontale Blick zeigt die Jorhansche Genie keineswegs von ihrer fulminanten Seite. Ihre größte Pracht entfaltet sie aus der Tiefe des Langhauses in schräger Aufsicht. Dafür sehen wir in der fotografischen Aufnahme die Skulpturen so, wie der Bildhauer sie auf dem Riß konzipiert hat, der durch Petrus Rister, den Altarschreiner aus Erding, zur Ratifikation eingereicht wurde. Drei Putten spielen uns unmittelbar über dem Schalldeckel ein mehr als übermütiges Theater vor. Die laute Aktion wäre damals unter Verdikt gestellt worden, würde sie nicht einen besonderen Sinngehalt verkörpern. »Treu kindtl«, »so die gerechtigkeit die straff und belonung« vorstellen, vermerkt Jorhans Kostenvoranschlag. Ob durch Abgang eines Engels (daraufhin ersetzt) oder nur von Attributen das Konzept verunklärt wurde, sei offengelassen. Der dritte, zum Hochaltar schauende Putto hält jedenfalls eine Waage in Händen, verkörpert somit die Gerechtigkeit. Das der Eingangsseite zugeordnete Kindl könnte den Verzweiflungsgestus vorspielen (»straff«), das mittlere exaltierte Freude (»belonung«). Die Kanzel ist damit als moralische Institution deklariert. Das Gebot Gottes beherrscht in Gesetz und Gnade die Welt. Trotz der großen ehernen Tafel, welche die Genie lehrend vorweist, überwiegt die Gnade. Drei jubilierende Kindlköpfe bevölkern den Erdball; die Strenge peinlicher, säuerlicher Pflichterfüllung ist ihnen nicht einmal spurenweise ins Gesicht geschrieben. Was Gnade bedeutet, enthüllt der übergroße Geboteengel. Er be»sitzt« die Weltkugel, dominiert sie mit ebenso übermächtiger wie milder Gewalt. Gnade, das lehrt der durchstürmte Reichtum seiner Gewandung, ist unfaßliches Ereignis und, das verkünden Habitus und Gesicht der Genie, verzeihende Milde. Die zehn Gebote verlieren dadurch nicht an Geltung; nur wer sie zu halten sich bemüht, steht auch sub gratia. In fast noch barocker Grandeur entfaltet Jorhan mit dem Thema von Geboterfüllung und Gnade die subjektiv-moralischen Voraussetzungen unserer Erlösung.

Heilige Magdalena *(1783), rechte innere Assistenzfigur des Hochaltars in Langenpreising*

Von den vier Assistenzfiguren des Hochaltars erreicht die Magdalena die glücklichste Verbindung zwischen dem untergegangenen Stilideal des Rokoko und der neuen Statuarik des Klassizismus. Das beruht auf dem Reuegestus, den die bekehrte Sünderin vorzuzeigen hat. Ihre beiden Hände umklammern die Salbbüchse mit ähnlichem Nachdruck, mit welchem etwa die schlangenartigen Strähnen des aufgelösten Haares (Sünderin!) über Nacken und Brust laufen oder ihre »sehnliche«, zugleich dankende Beziehung zur Altarmitte entworfen wird. Auf einem abgesägten Baumstamm mit dem bloßen linken Fuß stehend (Büßerin, die erhöht wird!), wendet sie sich in verlorenem Profil dem Göttlichen zu, das sie – ohne daß es die Akteurin ahnt – aus dem Hintergrund als Lichtflut umstrahlt. Die Prunkgewandung ist reich und bewegt, weil jede Jorhansche Magdalena die Züge einer Luxuria trägt. Das Abschwingen des Rockes erneuert ingeniös individualisiert das Aufwirbeln der Gewandung, das die frühe Schaffensperiode erschöpft zu haben schien. Die entschlossene Geste der Bortenkurve unter dem rechten Ellenbogen ist ein gewichtiges Sprachmittel, welches in das Lexikon der frühklassizistischen Großfigur gehört, eine kräftige Vokabel ihrer festlichen Simplizität. Das Erscheinungsbild dieser Skulpturen hat die puppenhaften Proportionen von früher abgestreift. Der Leib zwischen Schulter und Untergrenze des Mieders steht in wohltuendem Verhältnis zur anschließenden Gewandzone. Die stattliche Länge der Gestalt findet sich gesteigert durch eine Breitenentwicklung, die klassischen Spürsinn für Maß und Schönheit bezeugt. Auch Arme, Hals und Kopf bedienen sich reiner Volumina. Vielleicht hat hier der Bildhauer des Guten zuviel getan. Tatsache ist, daß mit einer weiblichen Heiligen dieser Erfindungshöhe Jorhan dem Bann der Straubschen Frauengestalten, der ihn so erstaunlich lange gefangenhielt, zu entrinnen vermochte.

»Immaculata« *(1782), heute Friedhofskapelle in Tondorf*

Die Farbigkeit der Kleidung entspricht den originalen Verhältnissen, läßt einiges von der Symbolkunst der Jorhanzeit erahnen. Das Blau des Mantels und das Rot des Kleides sind die traditionellen Hoheitsfarben der Marienkönigin. Der Bildhauer erreicht im Medium der Skulptur ähnliche Zeichenwerte für die divinité der Gottesmutter, indem er Leib und Haupt durch manieristische Längung aus der Normalität der gewohnten Körpermaße hinausrückt. Mit welcher Radikalität Jorhan dies getan hat, ist durch keine Aufnahme sichtbar zu machen, weil heute die Tondorfer Maria fast auf gleicher Höhe zum Betrachter steht. Die eigentlichen symbolsprachlichen Schwerpunkte liegen in zwei anderen Bezügen. Reinheit drückt sich in den Gewandhüllen aus, die den Körper locker umspielen. Von den unteren Saumgrenzen und den Schwüngen des Schutzmantels her gesehen besteht die Figur aus rieselnden Tuchschleiern, die jede natürliche Körperlichkeit in künstliche, geistige Bewegtheit übertragen. Umgekehrt treten gerade dieser Auflösung wegen die nährende Brust und der Leib Mariens besonders augenfällig hervor. Wo seine gesegnete Frucht anzunehmen ist, schützt eine girlandenförmige Tuchbinde die »wunderbarliche Mutter«. Die »Leibbinde« ist in Gold gefaßt, unverkennbares Würdemotiv für den Herrn.

▷ 127

Landshut: Franziskanerkirche St. Peter und Paul

Im Pfleggericht Erding war die Auftragsentwicklung einigermaßen repräsentativ, in Landshut überraschend günstig. Die Franziskanerkirche wurde wenige Jahre vor der Säkularisation umgestaltet. »In der Kirche geschah unter R.P. Seraphin Haas, damaligen (...) Quardian den 20. July 1782 eine vollkommene Umänderung, und diese Wahl muß jeder loben, denn es gieng vorhin in Mitte der Kirche quer ein Gang durch, auf welchem die Orgel ware, und beym Hochaltar wurde der Chor gesungen, welches sehr unbequem so wohl für die Conventualen, als für das Volk ware, weil man den Hochaltar nur durch eine Thüre sehen konnte. Dermal ist der Gang weggeschaft, der Hochaltar durchaus neu von einem Bruder mit Namen F. Triphon Weinhard, der ein Tischler war, hergestellt, und weiters vorgerückt, so, daß nun der Chor hinter dem Altar auf gleicher Höhe der Klostenzelten gehalten werden kann«. Das Projekt war reformerisch gedacht, nicht zuletzt berechnet auf das Andachtsbedürfnis der Kirchenbesucher, weshalb beim Hochaltar nicht nur im Ästhetischen, sondern vor allem im Ikonologischen ungewöhnliche Lösungen gesucht wurden. Der Klosterkistler »hat sich in seiner Wissenschaft meisterhaft ausgezeichnet, auch der Maler Deyrer von Freising ließ seine meisterhaften Ideen im Marmor und Vergolden desselben seinen Lauf, und an seinem Geschmack nehmen Kenner wirklich Theil«. Abschließend lobt Franz Sebastian Meidinger auch noch den »hiesige(n) Bildhauer Jorhan«, der sich »durch Verfertigung der zwey Statuen, und andern Verzierungen auf selben meisterhaft sich ausgezeichnet hat«. Dem Patrozinium gemäß brachte das Altarblatt Deyerers »Peter und Paul«, mit dem Prädikat »sehr schön« bedacht. Was Jorhans Kolossalstatuen darstellten, kann zuverlässig erschlossen werden, wie unwahrscheinlich das Ergebnis auch anmutet. Es waren Maria und Joseph, beide Sinnbilder geistlicher Reinheit, der Tugendlehre der aufgeklärten Pastoraltheologie angemessen. In der Friedhofskapelle von Tondorf hat sich zumindest die Muttergottes erhalten. Gegen zweieinhalb Meter groß, ist sie so gearbeitet, daß sie neben der Vorderansicht auch von ihrer linken Seite einen überzeugenden Anblick bietet, figurierte demnach als rechte Assistenzfigur. Für 1782 eine erstaunliche Modernität der Konzeption: Griechisch gewandet, von überschlanker Gestalt steht die Allerreinste vor unseren Augen. Sie ist eine Immaculata, denn sie präsentiert in der Rechten den (erneuerten) Lilienstab, und eine apokalyptische Frau, wehrt sie doch mit der Linken gelassen das Böse ab und ruht ihr rechter Fuß auf der Mondsichel. Der Gewandfall ist schlicht und flüssig, die Zipfel des Tuchgürtels, unmittelbar unter der Brust laufend, schwingen in Form einer klassizistischen Girlande ab. Unbegreiflich, daß man die Skulptur dem Güntherumkreis zuteilen wollte. Allein der breite Lidschnitt der Augen, der fast das gesamte Rund der Pupillen freigibt, hätte davor warnen müssen. – Zwei Jahre vor Abbruch der alten Franziskanerkirche wurde der Altar als fromme Stiftung der Anna Deyserin nach St. Jodok versetzt, wo man ihn anläßlich der Regotisierung der Kirche demolierte. Die von Tryphon Weinhart und Jorhan gefertigte Kanzel (1788) erlitt ein ähnliches Schicksal.

Landshut: Apostelserie für Heiliggeist

Dem Arbeitsumfang nach größer und der Bedeutung nach mindestens gleichrangig ist die Apostelserie für Heiliggeist, ergänzt durch einen Salvator und eine Dolorosa. Aus welcher Geldquelle sie finanziert wurde, ist noch zu untersuchen, denn die lückenlos erhaltenen Spitalrechnungen bringen nicht den geringsten Hinweis. Deshalb ist man bei der Datierung gegenwärtig auf die

▷ 143

Heiliger Philippus *(1794?), Südwand von Heiliggeist (Landshut), dritter Wandpfeiler*

»Sobald Philippus in die Erkanntnuß Christi kommen, liesse er sich sein Apostolisches Amt eyferigst angelegen seyn: beförderte des Nächsten Heyl, wo ihm nur immer möglich, und suchete jedermann zur Liebe GOttes zu bewegen. Dann solches bringet die Natur und Eigenschafft der Guthertzigkeit mit sich: alles dessen, was sie Gutes besitzet, auch andere theilhafftig zu machen.« Wie man sich im ausgehenden 18. Jahrhundert einen Sendboten Christi dachte, der heilige Philippus demonstriert es. Nur leichte Sandalen schützen die Füße, das apostolische Gewand ist gegürtet und etwas hochgezogen, damit er umso ungehinderter seinem Bekehrungsauftrag in Asien und im fernen »Scythien« nachzukommen vermag. Zusätzlich schützt ihn ein Mantelpallium, in breiter Stoffbahn diagonal den Rücken querend. Das aufgeschlagene Evangelium verdeutlicht seine Mission, der einfache Kreuzstab ebenso. (Wie er ihn überragt!) Die aufwallenden Saumamplituden, die vertikalen Röhrenzüge, die Tuchstauchung am linken Ärmel: eine irenische Feinheit in Erfindung und Ausführung durchzieht die Draperie und adelt sie zum Spiegelbild des vergeistigten Gesichtes, in dem die Anverwandlung des Wesens Christi sich ausprägt. Wir ahnen nicht mehr, was der Jorhanzeit durch die vielen Heiligenviten selbstverständliches Wissen war: Philippus hatte bereits vor seiner Berufung das Bild des Herrn in sich aufgenommen. Er »legete« sich nämlich »in der Jugend eintzig und allein auf die Erlernung Göttlicher Schrifft, bevorab derer Bücher Moysis: welche ihm sodann einen duncklen Schatten und entfernte Abbildung zeigeten des Meßiae, und Erlösers der Welt, in dem sterblichen Fleisch: dahero aus dieser schon vorgeschöpfften Wissenschaft auch Christus ihme desto kennlicher ware.« Die milde Christusförmigkeit der Skulptur bringt die besondere Nähe zum Herrn zu vollendetem Ausdruck. – Eine weitere Funktion des Bildwerks müssen wir ebenfalls mühsam zurückgewinnen, obwohl sie sich in seiner Anlage überdeutlich abbildet. Die beiden Seitenportale von Heiliggeist wurden von je einem Apostelpaar flankiert, das mächtig ausladende Attribute wie Säge oder Keule in Händen hielt. Einer der Wächter war Philippus, der einst links über dem südlichen Eingang wie ein Hartschier dafür sorgte, daß den Ehrensaal des Herrn nichts störe. Alle apotropäischen Beigaben waren bei Fuß gestellt und mit zartem, ehrfurchtsvollem Winkel gegen die Türmitte geneigt. Durch Einfälle dieser Art hat Jorhan in die Kommunität seiner Apostel Abwechslung und überraschenden Sinn gebracht.

St.
Philippus

Heiliger Andreas *(1794?), südlicher Chorschluß von Heiliggeist (Landshut), achter Wandpfeiler*

Es scheint, als wäre das Rot der Lippen bei der letzten Restaurierung zu unbedacht herausgestrichen worden, damit diese sich nicht ganz im apostolischen Bartgebausch verlieren. Das Gegenteil ist richtig. Der vernehmlich sprechende Mund und das Umhalsen des einen Kreuzesbalkens verweisen auf die rückhaltlose Opfergesinnung, welche die Andreaslegende mit didaktischer Liebe für Exemplarisches ausbreitet. Folgende Abschiedsrede habe der Apostel geführt, ein stoisch-christliches Les Adieux: »Seye gegrüsset du hochheilges Creutz / welches von dem Leib Christi bist geheiliget / und mit den Edelgesteinen seiner Gliedmassen gezieret worden! (...) frolockend und sicher komme ich zu dir / in vestem Vertrauen / du werdest mich auch gern annehmen (...) O du werthes / söhnlich verlangtes / inniglich geliebtes / ohne Unterlaß gesuchtes / und nunmehr / nach meines Hertzens Wunsch / zubereitetes Creutz! (...) ziehe mich von den Menschen ab / und stelle mich wiederumb meinem Göttlichen Lehrmeister zu (...)« Da verwundert es nicht, daß der Heilige hinter dem Chiasmus seines Mammutkreuzes förmlich verschwindet. Mit aufmerksamer Sorgfalt hat Jorhan die beiden Stämme nuanciert, zu schöner Natürlichkeit gebracht. Und ein zweites fällt ins Auge. Wie sonst selten will die Kleidung des Apostels zu Boden gleiten. Die linke Schulter ist bereits entblößt, die schräg abfallende Saumlinie stößt deutlich über den Sockel hinaus. Gleichfalls eine Anspielung auf einen wichtigen Umstand der Märtyrerhistorie! Als der heilige Andreas »nun unter dem Creutz stunde / entkleydete er sich selbsten / und reichete den Creutzigern sein Gewandt zur Vergeltung (= Belohnung) hin«. Die sich ereignende Befreiung vom irdischen Gewand, die innige, fühlsame Führung der Bauschungsschleifen – und noch viele andere Bildzeichen mehr –, sie veräußerlichen, was trotz aller Zungenrede zur letztlich wortlosen, innerlichen Christusminne gehört: die »unbegreiffliche Süssigkeit«, »die den Todt / so entsetzlich er sonsten ist / in eine lautere Annehmlichkeit verkehren kann«.

Dolorosa *(1794?), Südwand von Heiliggeist (Landshut), siebenter Wandpfeiler*

Vielen Besuchern von Heiliggeist fällt nicht auf, daß die Figuren in den gotischen Tabernakeln, welche den Wandpfeilern eingestellt sind, nicht zur spätgotischen Ausstattung gehören. Zur Rekonstruktion der jorhanzeitlichen Verhältnisse muß man sich die Rückwand zwischen Dachung und Sockel mit einer Bemalung denken, die einen Vorhang aus Goldbrokat andeutete, eine ähnliche Relation zwischen Gold und Steinweiß aufwies, wie es die Figuren heute noch besitzen. Bei ihnen besteht das reiche Bortenwerk aus einer Goldauflage; der Rasensockel ist lindgrün, Mund und Augen sprechen in Naturtönen. – Die Dolorosa wird im Buchtext eingehend behandelt. So sei hier nur auf ihre Stellung im Zusammenhang mit den übrigen Skulpturen eingegangen. Man muß davon ausgehen, daß die große, von Jorhan entworfene Hochaltaranlage zwischen vorletztem Pfeilerpaar und abschließendem Mittelpfeiler eingebaut war. Der Chorumgang schied für eine Aufstellung von Figuren aus. Somit stand die Dolorosa – im Gegensatz zur heutigen Postierung, die bar jeder ikonologischen Überlegung ist – am siebenten Wandpfeiler der Frauenseite (links!), dem Übergang vom Langhaus in den fünfseitigen Abschluß des Chores. Wie ein frühes Foto, das die barocke Einrichtung wiedergibt, erkennen läßt, waren im Anschluß an die je letzten Langhauspfeiler die Beichtstühle aufgestellt. Erscheinungsweise und Aufgabe der schmerzhaften Muttergottes werden nun deutlich. Ihre rechte Körperhälfte ist bis zum Anschluß an die Wand eingehend durchgestaltet. Betrachtet man diese Partien von der Seite, entdeckt man eine fesselnde Ansicht, erhält das vorgestreckte Weintuch sein volles Recht. Das Bildwerk mußte als Höhepunkt der Figurenserie auf der Frauenseite aus dem Seitenschiff, aus dem Langhaus und frontal, vom Hochaltar her, sinnvolle Aspekte abgeben. Für die beichtenden Frauen war sie Inbegriff der aktiven Trauer, reuevoller »Eingezogenheit«: Im Profil kontrahiert sich der Oberkörper, malerisch gesteigert durch ein weit vorschwingendes Spielbein, zu einem Nichts an Volumen. Den Zurückkehrenden war das Antlitz sichtbar, Inbegriff einer Mater misericordiae, verzeihender Huld. Der Kern der Sinnkonstellation liegt allerdings darin, daß ihr Gegenüber der segnende Salvator war, Abschluß der Männerseite. Damit wird die jugendliche Magd zum Unterpfand der Erlösung, ein Zielbild für die Reinigung in der Beichte und ein Abbild von Reinheit überhaupt.

Maria

▷ 135 Stilkritik verwiesen, die in diesem Fall vor keinem einfachen Problem steht. Vielleicht kommt das Jahr 1794 in Frage, denn in ihm führte Jorhan plötzlich 16 Gulden Zins an die Katharinenbruderschaft dieser Kirche ab, obwohl er des guten Geschäftsganges wegen spätestens ab 1790 dazu in der Lage gewesen wäre. Die Skulpturen sind eindeutig für die spätgotischen Gehäuse der Wanddienste bestimmt. Nur weil sie im 19. Jahrhundert eine Zeitlang an den Altären aufgestellt waren, hielt man sie für Assistenzfiguren. Bei ihrer Replazierung wurde die ursprüngliche Anordnung arg verfehlt, die Heiligen teilweise falsch beschriftet. Die Serie ist auf »Steinarth« gefaßt. Neben durchschnittlichen Arbeiten, bei denen der Meister auch bedenkenlos auf Straubs Apostel für St. Michael in Berg am Laim zurückgreift, finden sich grandiose Spitzenstücke. Der Kopf des Philippus ist ohne Vorbilder aus der französischen Kathedralgotik nicht zu denken, nur daß durch fragile Lidwölbung, sanftes Ausmodellieren des asketischen Gesichtes und lockeres Spiel der Haarsträhnen verklärte Geistigkeit herausgefiltert wird, ein nachgerade christusförmiges Antlitz. Viel verwendet die Gebärde, welche die Kreuzesminne des Andreas versinnbildlicht. Sprechend, als würde er eine Begrüßungsrede an das geliebte Kreuz richten, umarmt er dessen einen Balken. Doch nur ein Christian Jorhan vermag es, den inneren Sinn der imitatio Christi auszudrücken, die unbedingte Hingabe an den Herrn. In der Gnomik, wie das Tuch der entblößten Schulter lasch, mit entselbsteter Passivität über das Kreuz sich legt, ist alles ausgedrückt, was überhaupt gesagt werden könnte. Höhepunkt die Muttergottes: Berücksichtigt man, daß zu der Dorfener und zu der ehemals Thalheimer Dolorosa kein großer zeitlicher Abstand besteht, kann man die Spannweite des Spätwerks nicht genügend bewundern. Der Bildhauer läßt sie voller Demut agieren, mit eingezogenem Körper und geneigtem Haupt. Sie ist eine Lacrimosa, was das Tränentuch in der Linken verdeutlicht. Jugendlichkeit und Humilitätsgebärde charakterisieren sie als Magd des Herrn, Hoheit und Neigung des Hauptes als Mater misericordiae. Die Rechte zieht tugendhaft den Mantel vor das Herz, eine Geste, welche summierend die anderen Bedeutungsschichten umgreift. Ein exemplum pietatis, ein Muster aller Tugenden, wird uns »Ereignis«, das heißt: Er-Äugnis. Jorhan hat die Skulptur mit so »zarter Schwingung und Zitterung« seines Meißels bearbeitet, daß in ihr zur Vollendung kommt, was je die Empfindsamkeit wollte. Wie Wachs ist die Oberfläche geknetet, sie hat sich entspannt. Unmerkliche, informelle Übergänge zwischen den gestauchten und gedellten Partien, ein einziges leises Abfließen des Gewandes verleihen dieser Muttergottes süße Zartheit, die nirgends in die Zone des Kitsches gerät.

Landshut: Arbeiten für die Spitalverwaltung und die Stadt

Die *Spitalverwaltung* hat bei Jorhan Einzelstücke in Auftrag gegeben, die im Gegensatz zur Apostelfolge archivalisch gut gesichert sind. 1767 etwa die »aichene Statua« (30 Gulden) eines Nepomuks, 1779 einen »Christus an das Crucifix« (32 Gulden) für die »herinnere Isar Brucken«, beide Arbeiten von Ignaz Kaufmann gefaßt. Das Kruzifix hängt heute, nach einem langen Irrweg, über dem Hochaltar von Alt-St. Nikola. Ein Dreinageltypus; weitgespannte, abgemagerte Arme halten den machtvollen Körper. Die nahezu geschlossenen Augenlider zeigen einen Zustand post mortem an. Vom Antlitz bis zu den übereinandergehefteten Füßen ergibt sich eine flache, inverse S-Linie. Der Schurz zipfelt mit seinen schwungvollen Kehren und Überlappungen im Bereich der linken Wade aus, während als Gegengewicht sich ein draller Kindlkopf in die rechte

▷ 147

Epitaph für Maria Clara Fahrmbacher *(1792?), Nordseite der Annakapelle von St. Jodok (Landshut);*
außerdem: Epitaph für Marianne und Vinzenz Fahrmbacher *(1797?), ebendort*

Jorhans Werkstätte war durchaus in der Lage, Grabdenkmäler herzustellen, die mit den besseren Leistungen der Zeit konkurrieren können, freilich unter der Einschränkung, daß man den Vergleich auf Epitaphien reicherer Bürger beschränkt. Einen Großauftrag zur Herstellung einer repräsentativen Anlage, vergleichbar den Arbeiten des Roman Anton Boos in Offenstetten, hat er vermutlich nie erhalten. Da der Grabstein für Maria Clara im Buchtext erschöpfend beschrieben wird, sei hier auf den unmittelbar anschließenden für Marianne und Vinzenz Fahrmbacher aufmerksam gemacht (1797?). Es handelt sich um eine Gedenkplatte, bei welcher ein Sokkelteil, der die Inschrift trägt, in leichter Schräge geführt ist, so daß ein Steinblock vorgetäuscht wird. Darüber steht ein angebrochener Säulenstumpf, ebenfalls illusionistisch behandelt. Die präromantische Pointe des Arrangements besteht in dem Kunstgriff, den Sockel an der linken Seite als angewittert zu charakterisieren. Künstliche Verwitterungsspuren ziehen sich in den Stein hinein; von oben wächst Efeu herab, im unteren Randteil sieht man nur noch gebröckelten Fels. Mit wenigen symbolischen Zutaten ist es Jorhan gelungen, ein denkwürdiges Bild der Vergänglichkeit zu zeichnen. – Bei den späten Epitaphien stehen, sehr im Gegensatz zu den Verhältnissen in den Jahrzehnten davor, Wort- und Bildkunst oft durchaus gleichwertig gegenüber. Dieselbe feinsinnige Denkart spricht uns an; der dem zweiten Fahrmbachergrabstein beigegebene Text kann das zeigen:

Sie starben beide jung an Jahren,
Doch reif für ein besseres Leben.
Nicht der Thaten menge oder Größe,
Güte des Charakters bestimmt des Menschen Werth.
Der Elemente Band zerriß. Der Staub
Zerstiebt zu Staub; das Flüßige
Gesellt zum Flüß'gen sich; die Luft zur Luft;
Der Geist zu Geistern. Ewig reift
Der Geist dort zur Vollkommenheit.

Hier
Erwartet die Auferstehung
wieder vereinet

Hier liegen
Mariañe Fahrmbacher, gestorben am 21 Dec 1786
und
Vincenz Fahrmbacher, gestorben am 8 Aug 1792
Sie starben beide jung an Jahren,
Doch reif für ein besseres Leben.
Nicht der Thaten Menge oder Größe,
Güte des Charakters bestimt des Menschen Werth.
Der Elemente Band zerrißt, der Staub
zerstiebt zu Staub; das Flüßige
Gesellt zum Flüßgen sich; die Luft zur Luft;
Der Geist zu Geistern. Ewig reift
Der Geist dort zur Vollkomenheit.

▷ 143 Seite des Herrn einschmiegt. Mit ihm wird der Ernst der Darstellung nicht zu einer Rokokospielerei aufgelöst. Barocke Antithetik lebt vielmehr nach: Leben gegen Tod, himmlische Herrlichkeit gegen irdisches Leiden, Kleinheit gegen Größe. Entscheidend für ein Verständnis allein die Psychologisierung, eigentlich: Privatisierung, die das einkomponierte »trauernde Engelchen« nach sich zieht. Wir dürfen uns mit ihm identifizieren, erlangen einen bildhaft legitimierten Zugang. Wir werden veranlaßt, den heilsgeschichtlichen Sachverhalt durch anverwandelnde, mitleidende Meditation zu verinnerlichen. – Neben der Spitalstiftung vergab auch die *Stadt* selbst Aufträge. In Landshut waren »mehrere kleine vo(m) hiesigen Bildhauer Jorhan überausschön verfertigte Gumpbrünnen mit verschiedenen Statuen oder Figuren zu sehen. Als a) bey der Probstey, b) in der Pfaffen oder Kirchenstrasse, c) beym Kollegium, d) auf der Schranne e) auf dem untern Fischmarkt«.

Landshut: Arbeiten für die Stadtresidenz und die Burg Trausnitz

Die größte Ehre bedeutete es, daß Jorhan 1780 zum Umbau der *Stadtresidenz* herangezogen wurde, obgleich hierbei in erster Linie Münchener Kräfte beschäftigt waren. Von ihm rühren die vier Büsten in der Hofhalle des Westflügels her, welche die vier Jahreszeiten darstellen. Der Bildhauer bemüht sich um frühklassizistische Noblesse, glänzt in der Charakteristik der Köpfe. Beim Delphinbrunnen des südlichen Seitenflügels spielt er die Erfahrung aus, die durch die Gestaltung der Putten gewonnen worden war. Von der Ausstattung der Residenzkapelle erhielten sich weiterhin vier kleine Büsten, Stifterfiguren aus dem bayerischen Fürstenhaus. – In diesem Zusammenhang sollte erwähnt werden, daß der erste Auftrag für die kurfürstliche Hofverwaltung der »Florianibrunnen« auf der *Trausnitz* war. Aller Wahrscheinlichkeit nach wurde er 1762 anläßlich der Errichtung einer Manufaktur installiert. In tänzerischer Pose steht der Schutzpatron über dem Felsenwerk der Anlage. Sein behelmtes Haupt wendet er sehnsüchtig dem Himmel zu. Der linke Arm wird gegen die Brust geführt, der rechte deutet mit vorgestrecktem Zeigefinger auf einen wichtigen Sachverhalt. Worin besteht er? Die vier Requisiten auf dem Natursockel werden nicht gemeint sein, obwohl sie beinahe die Wertigkeit von Akteuren erreicht haben, vor allem der brennende Turm und der entschlossen verteidigende Adler. Beide gehören sie zur Florianlegende und bebildern die apotropäische Macht des Heiligen, der vor der Feuersnot bewahrt und überhaupt als Schutzherr angerufen werden kann. Nicht so die Teufelsfratze, die mit dem linken Fuß vom Podest getreten wird, und die rocaillehafte Muschel, aus der wie aus einem Taufgefäß Wasser zu strömen scheint. Mit dieser letzten, besonders merkwürdigen Beifügung erhalten wir den Schlüssel zum Verständnis der eigentlichen Bedeutungsbezüge, welche uns die Skulptur so nachdrücklich demonstriert. Wir sollen auf das mit Wasser gefüllte Becken sehen und erkennen, daß es stellvertretend für den gesamten Heilsschatz dieser Burg und seiner Bewohner steht, den der Heilige als Vorbild und als Fürsprecher zu sammeln versteht. Wie das Wasser beständig aus der Brunnenröhre fließt, besorgt er die Dauerhaftigkeit des himmlischen Gnadenzuflusses (Allusion der Muschel), der vor den äußeren wie vor den seelischen Gefahren schützt (Allusionen: brennender, mit Zinnen bewehrter »Wittelsbacher Turm« – zu einer Büste gekapptes Teufelchen). Bedingung ist nur, daß man sich in derselben Weise den ewigen Dingen zukehrt, in der Florian dies tut. Deshalb das Strömen in der Gewandung, die ihn zu einem einzigen Mittler des Höheren macht, welches in den von links herabkommenden Schrägen die Figur durch-
▷ 151

Figuralplastik im Oberlicht eines Hausportals *(um 1790), rückseitiger Eingang des Altstadthauses Nr. 78 (Landshut)*

Der in Eiche geschnitzte Löwe stellt die Verbindung zwischen dem Türpfosten und dem Schlußstein der Bogenlaibung her. Die gesamte Portalanlage geht zweifelsohne auf einen Jorhanschen Entwurf zurück. Skeptiker mögen »durch«kosten, wie fein in Linienführung und Motivik sich das schmiedeeiserne Gitter auf die Tierdarstellung des Bildhauers bezieht. Da der Löwe ein Attribut des Evangelisten Markus ist, hatte der Landshuter Meister bei seiner Darstellung keinerlei Schwierigkeit. Beachtenswert, daß er keine der überlieferten Lösungen kopiert, obwohl die Kontrafaktur im 18. Jahrhundert nicht verpönt war. Zwei Warenpakete, eines waagrecht, das andere lotrecht, geben die Requisiten für die Solonummer ab, die das heraldische Tier uns präsentiert. Zu lebhafterer Entfaltung sind die wohlverschnürten Handelsobjekte auch deutlich aus der Achsenmitte herausgerückt. Sie bilden den Sockel, auf dem das eigentliche Sanctissimum der Kaufmannschaft, das Einschreibbuch, zum Gegenstand des Handelns wird. Schützend umfängt es der Löwe mit seinen Pranken. Während seine muskulösen Läufe sich im Profil zeigen, durch Stufung zu zwei Demonstrationen der Stärke erhöht, wendet sich der Kopf uns en face zu. Pranke, Rippen und Mähne sind ehrfurchtgebietende Zeichen seiner Entschlossenheit, bereiten die Aussage des Hauptes vor. Derbes Maul und derbe Nase, ein grimmiger Blick unter dem flachen Schädel – jede Einzelheit spricht, nichts erinnert an die kirchenfromme Andächtigkeit der Markuslöwen. Mißtrauische Aufmerksamkeit und wohlgemuter (patrizischer?) Stolz – steil hochfahrender Schwanz! – künden von den sehr weltlichen Idealen des Kaufmannsstandes. Sofern wir die Sprache dieses Wächters richtig deuten, rangieren Tatkraft, Mut und nüchterner Geschäftssinn an oberster Stelle. Unter dem väterlichen Schutz eines wittelsbachischen Landesherrn (ebenfalls: Löwe!), unter Vorzeichen, wie sie eben der Darstellung entnommen wurden, können Handel und Wandel florieren, wird der Löwe zum Protektor bürgerlicher Wohlhabenheit.

▷ 147 dringt. Das läßt sich auch von dem ehrfurchtsvoll eingezogenen Banner mit seinem Rautenmuster sagen, wodurch der Heilige als Garant der wahren virtus Bavariae erscheint, die in Hof und Gesinde auf diesem Burgberg (Allusion: aufgetürmtes Felsgestein) residiert.

Epitaphien und andere Arbeiten für Landshuter Bürger

Die Anfertigung von *Epitaphien* bildete eine wichtige zusätzliche Einnahmequelle. Noch ist es nicht möglich, zumindest in Landshut alle Grabsteine zu ermitteln, welche der Jorhanwerkstätte zuzuschreiben sind. Viele würden es verdienen, eingehender behandelt zu werden. Stellvertretend das Erinnerungs- und Trauermal für Maria Clara Fahrmbacher in St. Jodok, gestorben am 28. August 1792. Die Erfindung ist zeitgenössischen Vorlagen entnommen. Ein hochrechteckiger Steinblock, dem die Todesnachricht und ein Nachruf eingemeißelt sind, bildet das Podest für eine Urnenvase. An diesen eigentlichen Epitaphteil schließt sich links ein an seiner Vorderseite quadratischer Steinkubus an, auf dem eine griechisch gewandete Trauernde ruht. In der Pose grenzenlosen Schmerzes umschlingt ihr linker Arm die Vase, noch den Ehrenkranz für die Tote haltend, während die Rechte einen Bausch des Mantels gefaßt hat, um damit die Tränen zu trocknen. Man sollte nur die Kadenzen der Gewandung studieren oder den Fall des schlaffen, angewelkten Laubes, damit man erkennt, wie Jorhans Kunst in der indirekten Mitteilung von Affekten weit über das hinausgewachsen ist, was aktuelle Vorbilder ihm übermittelten. – Aus der *Landshuter Bürgerschaft* kamen die unterschiedlichsten Aufträge. Wer es sich leisten konnte, ließ vom angesehenen Jorhan ein Hauskreuz schnitzen, manchmal durch einen Kranz trauernder Putten zum Tableau erweitert. Besonders beliebt waren Kreuzigungsgruppen, ein Kruzifix, kombiniert mit einer Dolorosa, die dem Typus der Muttergottes vom Herzogspital folgte oder als Sitzfigur gegeben war. Daneben existierten Einzelfiguren, eine Immaculata oder Darstellungen des Hausheiligen. Am bekanntesten wurde eine nicht mehr erhaltene Anlage im Altstadthaus Nr. 299, dessen flankierende Holzreliefs in das Bayerische Nationalmuseum kamen. In ewiger Anbetung knien nebeneinander auf marmoriertem Sockel die Vertreter verschiedener Stände, je eine Gruppe, die perspektivisch verkürzt auf die Mitte zuläuft, in der eine Immaculata aus älterer Zeit stand. Links ein Abbé, ein Adeliger und ein patrizischer Bürger; dahinter lugt noch der Kopf eines Knechts hervor. Auf der anderen Seite eine mit drei Perlenbändern aufgeschmückte weibliche Adelsperson, eine Patrizierin und eine wohl einfachere Bürgerin (oder eine Freibäuerin?) – im Hintergrund diesmal eine Magd. Die originale Farbigkeit unterstreicht den kostümlichen Verismus. Trotz aller Vorbehalte, welche durch die fülligen Gesichter nahegelegt werden, sind die Reliefs mit 1760 etwas zu früh datiert. – Hie und da haben sich auch profane Schnitzarbeiten erhalten, gleichfalls von Bürgern oder Adeligen bestellt. In erster Linie sind dies Medaillons, Vasen, Maskarons und Zierleisten an Portalen. Das Altstadthaus Nr. 78 besitzt bis heute gegen die Länd zu ein doppelflügeliges Portal. In den oberen Feldern sieht man in aufgerichteten Reliefovalen den Musengott Apollo und den Handelsgott »Mercurius«. Vor der Mittelstütze des Oberlichts dräut auf einem Warenballen ein Löwe, mit seiner Pranke das Einschreibbuch schützend.

Kirchen in Hofmarken

Bei den Gotteshäusern außerhalb der Regierungsstadt, über die ein Hofmarkherr Rechte besaß, konnte die Kirchendeputation kaum intervenieren. Auf diesen Umstand sind die Ausstattungen von *Essenbach* (gegen 1790) oder Unterneuhausen (nach 1780) zurückzuführen. Die drei Essenbacher Altäre wurden nach Entwürfen Jorhans geschreinert. Die Assistenzfiguren des Hochaltars zeigen, wie man sich die durchschnittliche Großfigur der klassizistischen Phase vorzustellen hat: gräzisierende Kostümierung; Köpfe, welche die positiven, plastischen Werte betonen; bei der Gewandung viele summarische Partien, die mit beinahe traumhafter Sicherheit absolviert wurden. – In *Unterneuhausen* ist die Gewandbehandlung der Figuren eleganter, vor allem Joachim und Anna zeigen sich als ebenso eigenwillige wie geschmackvolle Inventionen. Das Kruzifix gelangte sicher erst vor der offiziellen Einweihungsfeier in die Kirche (1791?). Geklärte Ausdruckssprache, zarte Einfachheit; dem flüchtig drapierten Schurz entwächst ein Körper voll disziplinierter Schönheit. Wie der als Krone gearbeitete Dornenkranz ankündigt: Christus ist ein König der Tugend.

Altheim

Möglichkeiten, den restriktiven Kurs der Kirchenadministration zu unterlaufen, bestanden für findige Leute durchaus. Am Beispiel von Altheim, einer kurfürstlichen Hofmark, erweist sich, wie ein Pfarrherr, der nicht nachgibt und bereit ist, Opfer zu bringen, langfristig doch erhält, was er sich vorgenommen hat. 1776 wurde um eine Orgel eingegeben, für die Jorhan zu 32 Gulden die Schneidarbeit beitragen sollte. Immer wieder verweigerte man die Ratifikation, zuletzt mit Auflagen. Man wünschte einen einfacheren Plan, dann wollte man eine Zusage geben, sobald »ein mehr tüchtiger Schullehrer aufgestelt seyn wird, der des Orgelschlagens besser kundig ist«. 1787 wurde die Genehmigung endgültig

Kurfürstliche Hofmark Altheim.

Ich setze da die Aufschrift desjenigen marmornen Denkmales bey, so in dasigen Pfarrhof wegen dem genommenen Nachtlager der Durchluchtigsten Pfalzgräfinn Maria Anna Herzoginn in Baiern und zu Pfalzbirkenfeld angebracht ist.

Der große Künstler Christian Jorrhann in Landshut hat dieses marmorne Monument verfertiget, und ist in der Mauer des Pfarrhofes auf der aussen Seite eingelassen. — Oben ist ein fliegender Genius (Fama) mit der Aufschrift:

Im Jahre 1787 den 29. Weinmonar nahmen die Durchlauchtigste Fürstinn und Frau Frau Maria Anna Pfalgräfinn von Birkenfeld und Herzoginn aus Baiern ꝛc. ꝛc. wegen ausgetrettener Isar in diesem Pfarrhause das Nachtlager. Vergnügt wie im Pallaste mit dem ländlichen Mahle, und prachtlosen Lager blickte Sie voller Huld auf uns, und des andern Tages Abend nochmal Fürstinns Gnade und Mutters Segen uns zu lächelnd verließ Sie dieß Hüttchen.

Heil sey darum diesem Hause, dessen zum ewigen Andenken errichtete dieses Denkmal Johann Nepomuck Würmsperger Sr. kurfürstl. Durchl. zu Pfalzbaiern wirkl. geistl. Rath, und d. Z. Pfarrer hier zu Altheim.

ohne Einschränkung erteilt, da sich der Pfarrer »erbothen« hatte, »ein marmorn steinerns Kirchenpflaster ex propriis herzustellen«. Das war die erfolgreiche Strategie, aus eigener Tasche und durch Guttäter so viel zu finanzieren, daß der Geistliche Rat in München nachziehen mußte. Auf diesem Weg wurden 1786 zwei neue Seitenaltäre durchgesetzt. Den einen bezahlten Pfarrherr und Spender, den anderen bestritt man aus ratifizierten Kirchenmitteln. Jorhan erhielt 170, die Werkstätte Stechers 140 Gulden. Auf der rückwärtigen Chorbrüstung haben wenigstens die vier Assistenzfiguren überlebt, wovon der Wendelin eine versierte Studie ist. Aussehen und Tracht des Hirten werden liebevoll geschildert, ebenso die Devotion dieses edlen Kindes der Natur. Mit eiserner Energie hat also Johann Nepomuk Wurmsperger den Innenraum seines Gotteshauses in einen zeitgemäßen Stil gebracht. Als letztes schaffte man sogar noch eine Kanzel des Landshuter Bildhauers an. Die bedeutendste Arbeit ist jedoch der Kreuzaltar, der am Anfang der Renovation stand. Seine »Statuen und Verzierung« sind »von Jorrhann, und sehr schön gefaßt von Zacharias Lehrhuber, beede noch lebende Künstler in Landshut«. Die Dolorosa dieser Anlage nimmt heute die Nordwand gegenüber der Eingangstüre ein. Die exzeptionelle Qualität der schmerzhaften Muttergottes veranlaßte die Forschung, die von der Dokumentierbarkeit für Jorhan noch nichts wußte, einen »Meister der Altheimer Dolorosa« zu konstruieren. Schwer zu übertreffen die Selbstverständlichkeit, in der durch Unterschneidung und Aushöhlung aus der Bewegung des Mantels ein turbulenter Rahmen gewonnen wird. Messerscharfe Saumlinien in kühner Kurvatur und breite Bänder aus umgeschlagenem Innentuch wechseln einander ab. Der erregten Peripherie stellt der Bildschnitzer den schmerzdurchwirkten Körper ein. Vorgestelltes, abgewinkeltes Spielbein (Felsstück zur Motivation!), verzweifelter Aufblick und vor dem Körper verschränkte Hände genügen als Affektvokabeln. Der Duktus der Figurenmitte ist antithetisch beruhigt, zugespitzte Faltengrate und der durchgedrückte Oberschenkel unterstützen die seichte Kurvierung der Dolorosa, deren Habitus sich der Vertikalität des Kreuzes anbildet. – Ein profanes Werk Jorhans ist ebenfalls nur teilweise überliefert, schwärmerischer Ausdruck der Obrigkeitstreue von Wurmsperger. Anläßlich eines »in dasige(m) Pfarrhof (...) genommenen Nachtlager(s) der Durchluchtigsten Pfalzgräfin Maria Anna Herzoginn in Baiern und zu Pfalzbirkenfeld« ließ er ein Denkmal anfertigen. »Der große Künstler Christian Jorhann in Landshut hat dieses marmorne Monument verfertiget, und ist in der Mauer des Pfarrhofes auf der aussen Seite eingelassen. – Oben ist ein fliegender Genius (Fama) mit der Aufschrift: Im Jahre 1787 den 29. Weinmonat nahmen die Durchlauchtigste Fürstinn und Frau Frau Maria Anna Pfalzgräfinn von Birkenfeld und Herzoginn aus Baiern etc etc wegen ausgetrettener Isar in diesem Pfarrhause das Nachtlager. Vergnügt wie im Pallaste mit dem ländlichen Mahle, und prachtlosen Lager blickte *Sie* voller Huld auf uns, und des andern Tages Abend nochmal Fürstinns Gnade und Mutters Segen uns zu lächelnd verließ *Sie* dieß Hüttchen.« Soweit der erste Teil des Textes. Er wirft ein bezeichnendes Licht auf das affektierte Gebaren, das »Empfindsamkeitsfieber« der fortschrittlichen Pfarrherrn, Adeligen und Bürger, – mit einem Wort der Zeit: der Kenner, für die Jorhan seine Kunst schuf.

Gündlkofen

Obwohl Vollständigkeit nicht unser Ziel ist, sei noch auf eine andere Konstellation aufmerksam gemacht, unter der es 1790 möglich war, daß ein neuer Hochaltar zustande kam. Die Hofmark Gündlkofen gehörte dem Kloster Seligenthal, das

▷ 157

Heiliger Petrus *(1790), Hauptfigur des Hochaltars in Gündlkofen*

Das Silber des gegürteten Kleides, das Gold auf der Außenseite des Schutzmantels verleihen dem Apostelfürsten Repräsentativität. Als Ergänzung zu unserer Interpretation sei darauf aufmerksam gemacht, daß der ursprüngliche Tabernakel etwas weiter nach vorne reichte und wie ein Denkmalsockel die Skulptur, die eigentlich nur ein leicht gebogenes Relief darstellt, exponierte. Petrus ähnelte damit einer Galionsfigur, die dem Schiff Christi, der Kirche, als defensor (Bollwerk) und rector (Führer) vorsteht. »Grund« der Bildanlage ist nicht das »strenge Schlagen« des Meers, sondern zunächst der »rauhe / erhabene« Fels (Name des Jüngers!), daran »die Wellen sich zerspellen und zerschällen«. In Wirklichkeit kniet der Nachfolger Christi auf der Tabernakelresidenz seines Herrn, der Christus praesens ist der »feste / unbewegliche / sichre / gewiesse« Grundstein. – Obwohl die Gesamtanlage wohl für immer verloren ist, könnten ohne größere Umstände einige entscheidende Verhältnisse aus ihr wieder hergestellt werden. (Man müßte nur zum Beispiel bei den assistierenden Engeln die Vorderkante der erhaltenen Sockel mit der unteren Begrenzung des Rundbogens zur Deckung bringen.) Jorhan und sein Faßmaler haben das Petrustableau jedenfalls für so bedeutend erachtet, daß die gehöhlte Rückseite mit der umfangreichsten Urkunde über die Erstellung einer Arbeit versehen wurde, die sich von diesem Bildhauer erhalten hat: »Haec statua posita est 27 Oct 1790 sculpta d. D. Christiano Jorhan. Picta d. D. Joseph Gausrab amb civ Landshutiani procurata a Joan Georg Weich p. T. Par et Decano in Gindlkoven«.

▷ 153 getrost als wittelsbachisches Hauskloster anzusprechen war. Somit verfügte man über eine gewisse Handlungsfreiheit. – Einer neuromanischen und einer rezenten Umgestaltung wegen ist das Petrustableau des Hochaltars schwerlich in die ursprüngliche Gestalt zurückzubringen, doch hat sich der Kernbestand ungeschmälert erhalten. Der Kirchenfürst als monumentale Mitte der szenisch gedachten Anlage bringt wohl die Krönung aller Ansätze, die Jorhan im Bereich der theatralisch inszenierten Aktionsfigur versucht hat. Genau besehen ist nichts an ihr neu. Wir kennen Kopftyp und -haltung zur Genüge, jedes Adern- und Muskelwerk der Hände ist erprobt, die ausladende Schüsselfalte unter der Linken, die rahmenartige Gewandbauschung rechts – nichts als Reprisen. Dennoch fällt keine der Wiederholungen ins Gewicht, in neuartiger Kombination finden sie zu einem besonders prägnanten Moment zusammen. Petrus kniet auf einer Felssockelei, beide Arme gestenreich, »genere demonstrativo«, in den Raum führend. Reuegebärde des dreifachen Verräters, Demutsgebärde des servus servorum? Gewiß mit noch größerem Recht die Erinnerung an den Augenblick der Verzeihung und Erwählung, in welchem er am See von Tiberias abermals seine Vollmacht durch den Auferstandenen erhält – dankend niedergesunken, so vom dreimaligen »pasce« getroffen, wie es das unschlüssig-zweifelnde und ergriffene Knien zum Ausdruck bringt. Die abgestreckten Arme, die geöffneten Hände aber bewahrheiten das doppelte Amen von Vers 18, Joh. 21: »extendes manus tuas« (»wirst du deine Hände ausstrecken«). Vielschichtigkeit in der Bedeutung ist eine Stärke der Jorhanschen Kunst, sinnliche Dringlichkeit eine weitere. Keine Aufnahme gibt wieder, mit welcher Bravour die linke Extremität aus dem Dunkel des Mantelohrs ins Helle herausfährt, als sollte dort die aufgeschlossene Hand durch das Licht, sohin Christus, gesalbt werden. – Ein Pagenengel offeriert auf Samtkissen die Tiara, Zeichen für die Temporalien, zwei Putten die Schlüssel und das Papstkreuz, Zeichen für die Spiritualien. Das verklärte Antlitz des Petrus spricht zugleich die innerste Legitimation für die weltliche und geistliche Gewalt aus, die uneingeschränkte Bereitschaft zur Nachfolge Christi, zu dem »sequere me« (Joh. 21, 19). Liebe zum Herrn, diese in dreifacher Antwort (Joh. 21, 15ff.) erhärtet, und imitatio sind nicht zu trennen. Deshalb besteht die wirkliche Belohnung nicht in der Proklamation zum Stellvertreter mit allen entsprechenden Vollmachten, sondern in der Zuerkennung der christusförmigen Todesart. »Wahrlich, wahrlich, ich sage dir (...) wenn du aber alt wirst, wirst du deine Hände ausstrecken, und ein anderer wird dich gürten und führen, wohin du nicht willst. Das sagte er aber, zu deuten, mit welchem Tode er Gott preisen würde.« Die verliehene Verherrlichung hat Jorhan allusiv in den geöffneten Händen vorweggenommen. Außerdem war bis zur letzten Restauration ein übergroßes, geriefeltes und vergoldetes Petruskreuz als exegetisches Symbol rechter Stellvertretung, als unabdingbarer Bestandteil der Bildanlage zu sehen.

Filialkirchen

Die bedenklich lückenhaften Beispiele wollten nachweisen, daß der ausstattungsfeindliche Kurs der Kirchenbehörden nicht in der Lage war, einen wirklichen Stillstand zu erzwingen. Durch welche Umstände auch immer, es bildeten sich topographische Schwerpunkte heraus, Gebiete, in denen beinahe jede Pfarr- und Filialkirche nach 1770 ihre Jorhanausstattung bekam. Beispielsweise die ehemaligen Filialen von Altfraunhofen, nämlich Götzdorf, Obergangkofen und Wörnstorf. Die Arbeiten gingen bis in gänzlich unbedeutende und entlegene Nebenkirchen wie etwa nach Weiher bei Isen. So steht das opus ultimum der archivalisch gesicherten Werke (1802), ein Kreuzaltar »von dem in Bayern berümten Bildhauer Jorhan«, in Reichelkofen, einer armen Filiale von Kirchberg. An solcher Fülle, kombiniert mit der Schwierigkeit, daß Stiftungen kaum einen schriftlichen Niederschlag gefunden haben, an dem Umstand, daß die ursprünglichen Standorte weit nach Ober- und Niederbayern hineinreichen, und an der Mißlichkeit, daß vieles verkauft, getauscht wurde und vieles in Sakristeien, Pfarrhöfen zurückgehalten wird, an dieser Crux der Jorhanforschung ist noch jeder Versuch zu einem systematischen Katalog gescheitert.

Ruhm – Ehrenvolle Aufträge

Spätestens gegen die neunziger Jahre setzt zunächst eine dramatische Wende zum Besseren ein. Die alten Verhältnisse vor 1770 scheinen wiederzukehren, ein »Success«, der den früheren Triumphen zumindest gleichkommt, ein Erfolg mit dem Beigeschmack zufallsbedingter Umstände, von Fügungen, über die zeitgenössischer Sprache nach nur Fortuna gebietet. Die Glückshöhe kehrt den Absturz in die Katastrophe umso unbarmherziger heraus. Dieser trügerische Aufschwung reicht bis etwa 1797. – Allgemein ließ in der letzten Dekade der Regierungszeit Karl Theodors der Schwung der neuen Kirchenpolitik nach. Zunehmend melden sich sogar Anzeichen einer restaurativen Einstellung. Besonders überraschend, daß die adeligen Herrn der großen Hofmarken stärker als je zuvor das Bedürfnis haben, die Ausstattung ihrer Schloßkapellen zu erneuern, daß sie es nun wieder als vordringliche Ehrenpflicht ansehen, die Gotteshäuser des Patronats mit Altären oder Einzelstücken aus Kirchenmitteln zu bereichern, wenn nicht gar »ex propriis« zu bestiften. Überdenkt man die Ursachen für die Massierung der Adelsaufträge, fällt auf: Oftmals besitzt die bestellende Herrschaft keine Nachkommen. Mit einem beträchtlichen Einsatz an Privatvermögen will eine aussterbende Nebenlinie, wollen die Letzten eines landständischen Geschlechts sich ein Denkmal setzen, dadurch vor allem sich des himmlischen Ehrenstandes versichern und würdig erweisen. Als Beispiel für solche Motivation, entsprungen aus den ungestörten Tiefenschichten der altererbten Frömmigkeit, mag die Schloßkapelle von Thurnstein einstehen, obwohl die Ausstattung der Zeit nach in die erste Hälfte der achtziger Jahre fällt. (Wie im letzten Kapitel, so geht es auch hier um die Darstellung von Strukturen, weniger um peinliches Einhalten der Chronologie.) Die Pfarrkirche Heilig Blut der ehemaligen Hofmark Berg ob Landshut beleuchte hingegen, wie ein aufgeklärter, adeliger Hofbeamter, gedrängt durch einen rührigen Pfarrherrn, dazu gebracht wird, seine Untertanen mit einem Gotteshaus zu »erfreuen«,

▷ 164

Relief mit Emmausszene *(1797), Vorderseite der Kanzel in Mammendorf*

Das breitrechteckige Relief zeigt den predigenden Auferstandenen, links und rechts von je einem Jünger umgeben, beide mit ihren Wanderstöcken und breitkrempigen Hüten als Pilger charakterisiert. Hinter dem Baum sehen wir den Tempel von Jerusalem, nach dem biblischen Bericht »sechzig Feld Wegs weit« entfernt. Die Sonne ist eben im Begriff unterzugehen, weshalb der rechte Jünger, Kleophas, den noch unerkannten Herrn bittet, in sein Haus einzutreten. Daß dieses mit offener, hoher Pforte, schützendem Vordach und aufgestecktem Buschen aufs beste für die gloria Christi (vgl. Luk. 24, 26) gerüstet ist, gehört zur frommen Ausschmückung des biblischen Berichts. In einleuchtender Weise wird eine Erzählung des Lukasevangeliums (Luk. 24, 13–35) zum Vorbild dessen, wie auf der Kanzel zu verkündigen ist, zu einer Aussage darüber, in welchem Verhältnis die Predigt zur Meßfeier steht. Der Kirchenbesucher findet sich als homo viator zunächst in den beiden Wanderern wieder, die Anhänger der Sache Christi, zugleich jedoch ratlos sind: »Wir aber hofften, er sollte Israel erlösen.« (Luk. 24, 21) Der Auferstandene, von den zwei Jüngern nicht erkannt, unterweist sie deshalb voller Eifer, belegt seinen Erlösungsauftrag mit allen erdenklichen Stellen des Alten Testaments (»Und fing an von Mose und allen Propheten und legte ihnen alle Schriften aus, die von ihm gesagt waren.« (Luk. 24, 27)). Auf dem Relief sehen wir, mit welcher persönlichen Zuwendung der Herr seiner Aufgabe nachkommt: unübertreffliches Muster für den Seelsorger auf der Kanzel. Die Antwort beider Jünger, die auch unsere sein sollte, besteht in der Aufforderung (»Und sie nötigten ihn«) zu bleiben. Dies ist die Einstellung, mit der der Gläubige die Messe erbitten soll. Wird ihr Geschenk mit solcher Demut empfangen, dann ist sie wie damals in Emmaus eine Offenbarung der gloria des Herrn. Da »er mit ihnen zu Tische saß, nahm er das Brot, dankte, brach's und gab's ihnen. Da wurden ihre Augen geöffnet, und sie erkannten ihn.« (Luk. 24, 30 f) – Sieben Jahre vor Jorhans Tod eine besonders reife Leistung in Komposition und Schnitzkunst. Man beachte, wie die Figurentrias sich zu zwei Handlungen auflöst, die zeitlich einander ablösen: zuerst die Unterweisungsszene, dann die Einladung. Wie aus einem aufgeschlagenen Buch kann man das Relief mit Beschaulichkeit von links nach rechts lesen. Die Präsenz des Herrn bedeutet pneumatisches Geschehen katexochen. Deshalb die durchwehten Gewänder, vor allem beim Jünger zur Rechten des Herrn, dessen Mantel durch die lehrende Hand Christi geradezu weggefegt wird. Dem hier wirkenden Geistgeschehen hat Jorhan unter anderem dadurch Sinnfälligkeit verliehen, daß die unteren Säume tief, schattenwerfend unterschnitten wurden. Eingespannt zwischen zwei gleich hohe Bildkulissen (Baum – Haus) präsentiert sich ein Geschehen, das rhythmisch ineinander verfugt ist und in seinem pneumatischen Charakter das Evangelium beim Wort nimmt.

Dolorosa *(1801), Bestandteil einer Kreuzigungsgruppe in der vorderen nördlichen Abseite des Langhauses der Wallfahrts- und Pfarrkirche Dorfen*

Als Joseph von Obernberg die Dorfener Muttergottes erwähnte, sprach er von einer »Bildsäule«. Der Begriff sei zum Anlaß genommen, die Besonderheit der Dolorosa aus einer weiteren Perspektive zu verdeutlichen. Sicher zunächst nur Gräzismus eines kunstinteressierten Laien, identifiziert seine Bedeutung trotzdem einen Werthorizont, der in der Tat durch die Skulptur eingelöst wird. Sie ist statuarisch, erstarrtes und irgendwie allegorisches Monument der Trauer, so versteinert, daß sie auch als Sepulkralfigur guten Sinn gäbe. Was einmal verlebendigendes Instrumentarium war, die diagonale Mantelbauschung oder die Amplituden des Saums, es bleibt in verfremdeter Erinnerung zurück. Mit logischer Härte wird das Weintuch, ehemals Medium mitleidheischender Aktion, der vertikalen Achse einkomponiert: ein Signalement, das hauptsächlich durch die Tradition, aus der Persistenz von Bildmotiven zu erklären ist. Ausdruck des glasklar kalkulierten Aufbaus sind die symmetrisch angesetzten Arme oder der Kopfschleier, dessen Tuchröhren regelmäßig wie Orgelpfeifen über die rechte Schulter herabhängen. Ein breites, schmuckloses Band gürtet das Kleid, ein kühl horizontaler Wert, den gekreuzten Diagonalen, in denen die Füße auf dem deplazierten Rasensockel stehen, durchaus ebenbürtig. »Bildsäule« mag für den zeitgenössischen Betrachter zunächst bedeuten, daß die Skulptur schlank wie ein antiker Schaft gearbeitet ist, mit deutlicher Entasis oberhalb seiner Mitte. Der Umriß wurde auf das äußerste begradigt, die Längenerstreckung massiert. Joseph von Obernberg wird jedoch mit seinem Terminus auch eine gleichsam ethische Konnotation verbunden haben, die Vorstellung, daß das Bildwerk mit griechischer Strenge Inhalte zum Ausdruck bringt, lapidar, ohne Schnörkel auf das Wesentliche zugeschnitten. Jorhans Dolorosa erfüllt diese Bedingung ebenfalls. Weil der Umschlag in die reine Bildidee, in skulptural illustrierte Gedankenkunst, durch den Zeitgeschmack gedeckt war, konnte die Dorfener Arbeit den Charakter einer Bildkulisse annehmen. In ihr wird der Ausdruck des »in maerore esse« auf Dauer gestellt. Die Longitudinale ist das Bildmittel für die erhabene Einsamkeit des Schmerzes, die allgemeine Herbheit des Gesichtes, sein verkniffener Mund, steht für das menschlich Wahre der Darstellung ein. Mantel und Kopfschleier verhüllen die Gestalt; Verschlossenheit, beinahe verkrampfter Schmerz werden spürbar. Aus dieser Perspektive entdeckt man, daß die geometrisch durchzirkelt erscheinende »Bildsäule« in Wirklichkeit ein exzentrisch gebautes Trauer»gemälde« ist, übersetzt ins Allgemein-Menschliche. Es teilt sich, sofern der Ausdruck erlaubt ist, in zwei vertikale Bildstreifen, deren scharfe Trennlinie mit dem Rand des Kreuzesbalken zur Rechten zusammenfällt. Die Herzseite des skulpturalen Bildes gibt mit täuschender Aufrichtigkeit das Körperliche wieder; man nehme hierfür nur die vorzügliche Gewandstudie über dem Spielbein. Die andere Seite absolviert symbolisches (Affekt!) Drapierungswerk. Organon des Ausdrucks zu sein: Hier berennen die Formmittel nicht das Auge des Betrachters, sondern negieren ihre Kommunikativität; dies macht sie ausdrucksschwer, zu gewichtigen Trägern würdevoller und tiefer Trauer.

▷ 159 das der gereinigten Religiosität gibt, was des Glaubens, und dem kritischen Geschmack zugesteht, was der Kunst ist. Wie versöhnlich, gleichgesinnt nach der Reise Pius VI. teilweise die Beziehungen zwischen staatlicher Verwaltung und aufgeschlossenen, klug handelnden Seelsorgern sein konnten, bezeugen die Vorgänge in Schwindkirchen. Geduldig wurde dem Geistlichen Rat ein Neubau samt Ausstattung abgerungen, welches Unternehmen sich immerhin auf 36.000 Gulden belief. Auch die landständischen Klöster und Stifte dürfen an die Vollendung oder Erneuerung ihrer Kirchenzier denken. Nur wichtige Beispiele werden in einem kurzen Abschnitt herausgegriffen, wiederum unter Mißachtung chronologischer Korrektheit. – Wollte man die unerwarteten Veränderungen der Auftragslage unter einem Stichwort zusammenfassen, eignet sich am besten ein Begriff jener griechisch denkenden Zeit. Jorhan erlebt *halkyonische Tage,* eine Zeitspanne überreichlicher Erfolge, ehe der Sturm der napoleonischen Wirren unvermittelt den völligen und unwiderruflichen Ruin seiner Existenz bringt. Nachdrücklich ist festzuhalten: Den Gewinn aus dem Stimmungsumschwung zieht zwischen Frauenzell im vorderen Bayerischen Wald und Altötting, in Aldersbach oder Pfarrkirchen – um das Auftragsgebiet nur einmal nach Osten abzustecken – vornehmlich der Bildhauer aus Landshut. Sein *Ansehen* und Können verurteilt die Meister der kleineren Städte und Märkte zur Bedeutungslosigkeit. Jorhans Reputation erreicht ihren Zenit; in kunsttopographischen oder geographisch-statistischen Büchern firmiert sein Name als feste Größe. Er ist, was Kirchensachen anbelangt, im Bewußtsein der Zeitgenossen zum ersten Bildhauer Altbaierns aufgerückt. Die Zeugnisse der außerordentlichen Wertschätzung sind schier unerschöpflich. Beispielsweise hätte es sich angeboten, die Bildwerke für St. Jakob in *Mammendorf* (Landkreis Fürstenfeldbruck) als Symbol seines Bekanntheitsgrades eingehender herauszuheben. Genau genommen liegt der Ort bereits im westlichen Grenzbereich des Kurfürstentums. Als besäße die Landeshauptstadt nicht unter anderen Handwerkern den Hofbildhauer Roman Anton Boos und Ausgburg keine nach Aufträgen hungernden Werkstätten – : 1796 auf 1797 wurden die Hochaltar- und die Kanzelplastik nach Landshut vergeben. Die weiten Transportwege scheinen keine Rolle gespielt zu haben; nicht der neue Sinn für »Ökonomie« gab den Ausschlag, sondern die Überzeugung eines Gönners, Arbeiten höchsten Ranges zu erhalten. Chancen der flüchtigen Konstellation und die zäh errungenen Verdienste harter Arbeit, sie ermöglichen zusammen demnach den zweiten Höhepunkt im Werk des Meisters. – Purer Zufall überhöht das Glück der Stunde. In Dorfen stürzte ein großer Teil der Kirche ein, in Altfraunhofen brannte sie ab. Auch Schwindkirchen gehört letztlich in diesen Zusammenhang, da das Gotteshaus so baufällig geworden war, daß es erneuert werden mußte. Mit den drei eben aufgezählten Bauten werde begonnen.

Dorfen

Das Mariengotteshaus auf dem Ruprechtsberg bekam nach 1794 eine klassizistische Tabernakelanlage, welche in den neuromanischen Altar übernommen wurde und somit überlebte. Da es zu nazarenischer Zeit überhaupt keine Geldfrage mehr war, ob man auch einen Tabernakel austauschen sollte, haben wir in seiner Erhaltung ein indirektes Zeichen für die Wertschätzung, die selbst damals den Jorhanschen Arbeiten aus der späten Periode entgegengebracht wurde. – 1801 errichtete man nach langwierigem Streit über den angemessenen Standort einen Kreuzaltar. Als 15 Jahre später Joseph von Obernberg auf seinen »Reisen durch das Königreich Baiern« auch die berühmte Wallfahrtskirche besuchte, hatte er dort »so manche Werke der Kunst in diesem schönen Gotteshaus« zu bewundern, vor allem die »guten Bildsäulen Christus am Kreutze und Maria«, geschaffen »von dem Bildhauer Jorhann dem älteren«: auffällig gestreckte Skulpturen, damit der Blick auf das Gnadenbild der Wallfahrtskirche nicht gestört würde. Die herbe, reglos wirkende Dolorosa entfernt sich dem Anschein nach am radikalsten von allen Prämissen, die einmal das Erscheinungsbild der Jorhanschen Skulpturen bestimmt haben. Geblieben sind nur zwei prinzipielle Gestaltungsmerkmale: die Einpassung in die Aufstellungssituation – hier ein vertikalisierendes Sichangleichen an den Kreuzesstamm – und die Wahl einer Schnitzmanier als Medium des erstrebten Ausdrucks – hier sorglose, rohe Kerbungen, als sei die Figur über die Bosse nicht hinausgekommen. Das Resultat ist häßliche Wahrhaftigkeit in der Schmerzgebärde und gefrorene Statuarik. Die Dolorosa ist nicht mehr als ein deiktisches Bildzeichen für die göttliche Leiblichkeit des soeben verschiedenen Herrn, der sich ohne Rücksicht auf Prüderie dem nach Erlösung dürstenden Auge preisgibt und einen der edelsten, sinnlichsten, »poliertesten« Körper besitzt, die Jorhan je geschnitzt hat. – Muß die vorgetragene Deutung nicht befremden? Läge es doch näher, die rätselhafte Differenz zwischen dem Korpus und der schmerzhaften Muttergottes als Ausdruck unterschiedlicher Ranghöhe zu sehen, demnach die Marienskulptur als Werk eines untergeordneten Gehilfen. Die verstörende Abstraktion bei den Händen, der verwunderliche Gleichlauf in den Schlaufen und Kerbbahnen der Gewandung drängen den Betrachter, eher in der zweiten Annahme die Antwort zu sehen. Damit hat man sich indessen der Chance beraubt, Jorhans vielfältige Lösungswege, ungefähr zeitgleich und demselben Thema geltend, in ihrer ganzen Tragweite zu begreifen. Während die Muttergottes von St. Martin eine echte Revolution darstellt (im Rahmen eines versöhnlichen Erscheinungsbildes!), bleibt die Dorfener innerhalb des Gewohnten, weil alle Kühnheit, Sprödigkeit und Unfertigkeit Ausdrucksmittel ist, und sonst nichts. Von Anfang an benutzte Jorhan Schnitztechniken, um bestimmte Charaktere oder Bildwerte zu erreichen. In der riskierten Sorglosigkeit dieser Skulptur vollendet sich der Funktionalismus, welcher jeweilige Stilmöglichkeiten zum Träger einer Bedeutung zuschneidet und erschöpfend auswertet. Nur das Schnitzmesser des Meisters selbst konnte derart virtuos in den Dienst eines gegensinnlichen Zieles treten; gerade die lange Erfahrung während des Rokokosensualismus war hierfür Voraussetzung.

Altfraunhofen

Ein heikles Terrain betreten wir mit der Neuausstattung der Kirche von Altfraunhofen, die 1791 durch Brand infolge Blitzschlags ruiniert worden war. Die Faßmalerrechnung des Johann Nepomuk Wanner (1793), eines Frontenhausener Malers, enthält nämlich den Passus: »(...) die 7 grosse Statuen ganz zu vergolden, auch die 3 vorfindige Kindel am Hochaltar (...) Dann die 8 alte Statuen aufzubessern und den Neuen ganz gleich zu machen, auch die ganze Verziehrung der zwei Seiten Altären von Gold zu fassen (...)« Mit den »alten Statuen« können nur Jorhans Arbeiten für den Vorgängerbau gemeint sein, zumal die erhaltene Chronik des Pfarrmesners Zapf, die von 1777 bis 1807 reicht, die sieben neuen Skulpturen eindeutig identifizieren läßt. Ein interessanter Hinweis, der aber mit einem ganzen Bündel an Fragen und Unsicherheiten erkauft ist. Die heutigen vier Seitenaltäre aus Stuckmarmor enthalten in der Tat acht Jorhansche Assistenzfiguren. Sie sind allerdings in ihrer geringen Tiefenerstrekkung mit derart sicherem Kalkül auf die klassizistischen Retabelfelder abgestimmt, daß man sich

▷ 172

Gruppe von vier Evangelistenbüsten *(nach 1775?), heute über dem Hochaltar in Altfraunhofen:* Matthäus, Lukas, Johannes, Markus

Jorhan war ein Meister der Heiligenbüste. Wohl von keinem anderen Bildschnitzer des 18. Jahrhunderts haben sich so zahlreiche und geglückte Exemplare erhalten. Meist sind sie der kunstinteressierten Öffentlichkeit völlig unbekannt, weil sie in den Kirchen nicht mehr aufgestellt werden. Früher schmückte man mit ihnen an den Hochfesten, am Tag des Patroziniums oder zu anderen herausragenden Ereignissen die Mensen der Altäre. Obwohl sie fast ausschließlich fromme Stiftungen waren, haben sich durch Zufall Rechnungsbelege erhalten, so daß man einige Büstenfolgen eindeutig belegen kann. Die Zeitspanne dokumentierter Arbeiten reicht von 1760 bis 1799! Für die Nebenaltäre wurden die unterschiedlichsten Heiligen geschnitzt, Franziskaner (Eggenfelden) oder Wittelsbachische Hausheilige (Stadtresidenz Landshut), die Muttergottes in Verbindung mit dem heiligen Joseph oder eine sechsteilige Folge von Jesuiten. In diesen Fällen komplettierten die Büsten das Programm des entsprechenden Altars. Anders verhielt es sich mit dem Hochaltar. Nur in Ausnahmefällen ergänzten sie bei ihm, wie in Reichenkirchen, die Heiligenhierarchie. Vielmehr war es üblich geworden, das einfache Büstenpaar zu einer Vierergruppe zu erweitern, welche die vier Evangelisten darstellte. Deshalb ist dieser Werktypus am häufigsten vertreten: Stadtmuseum Erding (aus der dortigen Gerichtsschreiberkapelle; 1760), Pfarrkirche Offenstetten (Säkularisationsgut?), Filialkirche Grüngiebing (aus der fürstbischöflichen Privatkapelle in Isen?), Pfarrkirche Riding, ehemals Wallfahrtskirche Maria Thalheim (heute Frankfurt a. M., Berlin West, Oxford), Pfarrkirche Altfraunhofen. Sicher existieren noch weitere Exemplare, die auf Entdekkung warten. Die Büsten wurden in Zweiergruppen rechts und links vom Tabernakel postiert, wobei in der Regel die neutestamentliche Abfolge galt: Matthäus, Markus, Lukas, Johannes. – Die Altfraunhofener Arbeiten werfen Datierungs- und Anordnungsprobleme auf. Die im Buchtext vorgeschlagene Einordnung in die Zeit nach 1775 kann auch mit dem Hinweis erhärtet werden, daß die Kopftypen zum Teil wörtlich die Evangelistenhäupter der Kolossalfiguren von Heiliggeist in Landshut wiederholen. Trotzdem sollte man nicht ganz die Möglichkeit aus den Augen lassen, daß sie erst nach dem Brand der Kirche in retrospektiver Façon angefertigt wurden. Auch die Abfolge der Evangelisten weicht vom Kanon ab, ohne daß ein Grund angegeben werden könnte

Gruppe von vier Evangelistenbüsten *(nach 1775?), heute über dem Hochaltar in Altfraunhofen:* Matthäus, Lukas, Johannes, Markus *(Fortsetzung)*

(zum Beispiel ein adeliger Stifter mit dem Vornamen Johann). Die asymmetrische Sockelbildung läßt nur wenige Kombinationen in der Anordnung zu. Unser Vorschlag (von rechts nach links): südlich vom Tabernakel zuerst Matthäus, dann Lukas; nördlich Johannes, dann Markus. Diese Aufstellung erfüllt die Bedingung, daß die jeweils großen C-Bögen der Sockel die beiden Figurengruppen nach außen abschirmen, hätte den ikonologischen Sinn, daß rechts wie gewohnt Matthäus die Sequenz eröffnet, der zweite Evangelist sie links abschließt; in der gleichen Rangfolge stünden sich innen Lukas und Johannes gegenüber. Ästhetisch gesehen entsteht ein geschlossenes Kommunikationssystem, indem für den Betrachter die Köpfe ausschließlich auf die Tabernakelmitte reagieren: Die Flankenfiguren blicken einwärts, die inneren vom Allerheiligsten weg, dessen offenlegende Ausdeuter (geöffnete Bücher!) sie sind. – Jedes der vier Evangelistenbilder tritt als weitgehend polychromierte Halbfigur auf, die in drei hierarchisch sich steigernde Etagen zu gliedern ist. (1.) Als Basis ein ausladender Rocaillesockel, dreifußartig, ganz vergoldet und mit einer spätzeitlichen Ornamentik überzogen, die kunstvoll verwildert, aber auch schon recht arm an Reliefenergie ist. Aus der Sockelmitte wächst in naturaler Fassung das jeweilige Attribut hervor, des Kontrastes zum Gold wegen aufgesetzt wirkend. Bedauerlich, daß die Tintenfäßchen, die jedem Symbol beigegeben waren, nicht mehr vorhanden sind. (2.) Mit Gewandüberhängen wird der Übergang zum Körper der Evangelisten verschleiert. Durch geschäftiges Agieren der Arme und Hände vermeidet der Bildhauer jeglichen denkmalhaften Einschlag. Das Evangelium, sei es geöffnet – zur Brust oder zum Betrachter gekehrt –, sei es geschlossenes Buch, sei es in Form eines Papierstoßes, bildet das Zentrum der gestatorischen Bemühtheit. (3.) Darüber ein Porträt, die Galerie ausgesuchtester, reifster Evangelistenköpfe. Sie lösen ein, was durch raffinierte Gradation vorbereitet wurde. Jede mimische Regung wird stechend scharf herausgearbeitet. Also ein bewußt kalkulierter ästhetischer Affront zwischen dem fahrigen, wirren Faltengeschehen der Gewandung (Ausnahme: Johannes) und der minutiösen Feinheit der Gesichter. Weil solche Arbeiten geliefert wurden, bedarf es keiner weiteren Erklärung, daß die Reichsfreiherrn von Fraunhofen zumeist Christian Jorhan heranzogen.

▷ 165 kaum vorstellen mag, sie seien unabhängig von ihnen bereits dreißig Jahre früher entstanden. Eine endgültige Entscheidung ist dem Betrachter so schwer möglich, weil die Bildwerke in einer rätselhaften Ambivalenz verbleiben. Beim Laurentius wäre es denkbar, daß er aus einem alten Stück herausgearbeitet wurde. Der heilige Donatus, Schützer gegen künftiges Wetterunheil, wirkt hingegen, als sei er bewußt im Rokokostil gearbeitet, damit es so aussieht, als habe der neue, aktuelle Patron von alters her in die Heiligenhierarchie dieses Kirchenraums gehört. Solche Eindrücke sind natürlich subjektiv. Unbestreitbar jedoch der eigentümliche Widerspruch zwischen der breitwandigen Flächigkeit der Tuchkulissen, besonders des Joachim und Joseph am Antoniusaltar, und dem empfindsamen Gerieren der Figuren. Wüßte man nicht von der Landshuter Heiliggeistkirche, daß es im Spätwerk auch eine neopathetische Tendenz gibt, man würde die Köpfe mit ihren ekstatischen Kopfrückungen, mit dem verspielten Strähnenwerk in Bart und Haar ohne Bedenken in Jorhans frühe Jahre datieren. Dem widerspricht der erstaunlich reife Faltenstil der Gewandung, wo kühnste Unterschneidung hauchdünne Stofflichkeit simuliert und bei den Stauchungen, Überschlägen und Auflagen ein Motivreichtum herrscht (hauptsächlich: Leonhard), der erst in den späten Jahren selbstverständlich wird. Der Florian endlich zeigt eine kostümliche Bestimmtheit, eine Abstraktion in der Kopfbildung und derart unverhüllte Vertikalismen, daß er auf seinem schmalen Gesimssockel wie ein Additum, eine vor den Pilaster applizierte Bildattrappe wirkt. Er beurkundet, was Sakralskulpturen dieser Zeit letztlich sind: Zugeständnisse an eine fragwürdig gewordene Tradition. – Darf man sich bei jenen acht Figuren wenigstens des Autors gewiß sein, problemreich ist die Urheberfrage bei den Assistenten des Bruderschaftsaltars auf der Galerie. Man wird zunächst probeweise an Johann Michael Wagner denken, der sich in ihnen freilich selbst übertroffen hätte. Jedenfalls rührt die unterschätzte Qualität von Augustinus und Monika davon, daß als mindestes Jorhansche Bozzetti benutzt wurden (Entlastung des frequentierten Bildhauers durch ein verhältnismäßig selbständiges Werkstattmitglied, noch Ende 1792?). Hingegen können die beiden weiblichen Heiligen zu Seiten des Tabernakels, zwei Kniestücke, ausschließlich aus der Landshuter Werkstätte stammen; Vorlage: Franz Xaver Feichtmayrs Visierung! Bereits 1794 wurden sie gefaßt. – Da ist es tröstlich, daß die Kirche noch weitere Werke besitzt, die zweifelsfrei Jorhan zugehören. Das gediegene Kruzifix der Kreuzigungsgruppe wird erst nach 1791 geschnitzt worden sein, nicht jedoch die rahmenhaltenden Putten der vorderen Seitenaltäre und die anbetenden Engel auf den Prozessionsstangen. Diese sind überaus qualitätsvoll, was auch für die vier Evangelistenbüsten gilt und den Johannes Baptista des Taufdeckels. Die Büsten rechnen wir, besonders der spätzeitlichen Rocaillesockel wegen, in die Jahre nach 1775. In den voll individualisierten Köpfen schöpft der Bildhauer alle Möglichkeiten der Antithetik aus. Zwei Greisenhäupter mit wallendem Bart, kräftigen Backenknochen und aufgewirbeltem Haar kontrastieren mit dem Antlitz eines Jünglings und eines Mannes mittleren Alters. Ist es bereits erstaunlich, mit welchem Nuancenreichtum die alters- und themengleichen (Inspiration, verzückte Ergriffenheit) Köpfe des Matthäus und Markus auseinandergeführt werden, der des Lukas besticht unsere Aufmerksamkeit am stärksten. Er tritt als Maler auf, die Pelzmütze des Künstlers tragend. Sein steil aufwärts gerichtetes Antlitz ist am wenigsten von den bewährten Schemata abhängig. Wir sehen etwa, wie zwischen oberem Lid und Pupille behutsam ein geringfügiger Zwischenraum eingeschnitzt wurde, deutlich genug, uns glauben zu machen, seine Augen richteten sich spontan in die Höhe. Ähnliche Beobachtungen wären seinem sprechend geöffneten Mund abzugewinnen. – Der Johannes Baptista über dem Taufdeckel gibt sich als geschmeidige, biskuitartige Rokokoarbeit auf Empiresockel. Wahrscheinlich eine Reprise – oder ein nicht verkauftes Stück aus älterer Zeit, eine Winterarbeit, bei welcher der Meister Muse hatte, mit seinem Schnitzmesser jedes Detail auszukosten?

Auszug aus einem Schreiben des Landrichters und Hofkammerrats der Freien Reichsgrafschaft Haag, Johann Baptist Lößl, an die Haagische Grafschaftsadministration in München (1791; StA La, Rep. 42 Verz. 26 Fasz. 84 Nr. 542). Das Lob auf Jorhan darf weitgehend als ein Zitat aus Briefen des Schwindkirchener Pfarrherrn gelten, wenngleich Lößl sicher der gleichen Meinung war. Wolfmüller seinerseits berief sich übrigens zunächst auf eine briefliche laudatio des Freisinger Frühmessers Huber.

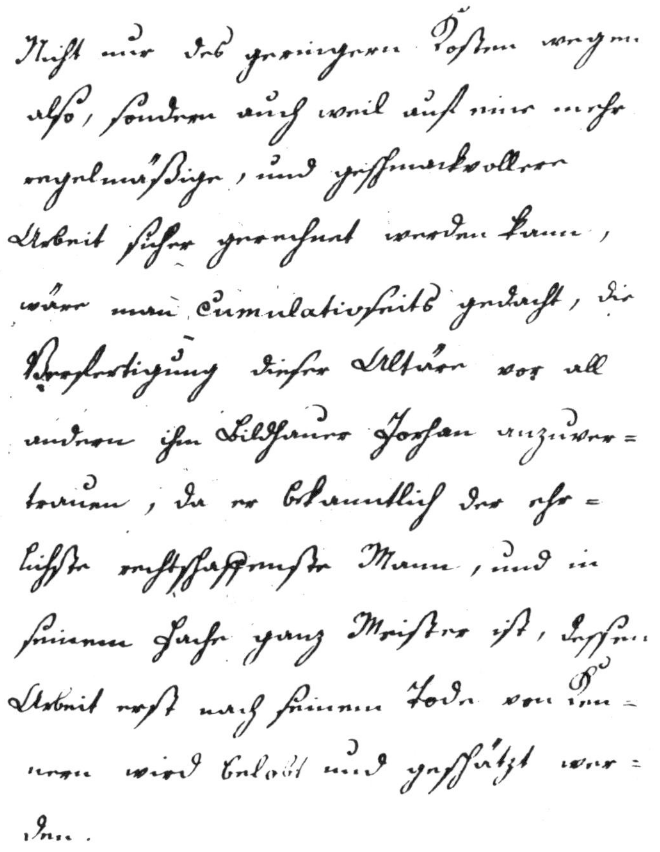
Nicht nur des geringern Kosten wegen also, sondern auch weil auf eine mehr regelmäßige, und geschmackvollere Arbeit sicher gerechnet werden kann, wäre man Cumulativschluß gedacht, die Verfertigung dieser Altäre vor all andern ihm Bildhauer Jorhan anzuvertrauen, da er bekanntlich der ehrlichste rechtschaffenste Mann, und in seinem Fache ganz Meister ist, dessen Arbeit erst nach seinem Tode von Kennern wird belobt und geschätzt werden.

Schwindkirchen als Paradigma der späten Periode

Die Arbeiten für die Pfarrkirche St. Maria Himmelfahrt in Schwindkirchen nehmen in Jorhans Werk eine ähnliche Bedeutung ein wie die für Reichenkirchen oder Maria Thalheim. Vertreten diese Gesamtausstattungen die frühe und mittlere Zeit, hier besitzen wir ein faszinierendes Beispiel für den Jorhanschen Klassizismus. Von den Altarplastiken bis zu den Verzierungen des Chorgestühls ist kein Stück verlorengegangen, das gesamte Mobiliar fußt ab 1790 auf Eingriffen oder Entwürfen des Bildhauers. Seine Skulpturen vermögen so klar, bestimmt zu wirken, weil auch Architektur, Malerei und Stuckierung von außerordentlicher Qualität sind: Leonhard Matthäus Gießl, Christian Wink und Franz Xaver Feichtmayr. Schwindkirchen sollte in jeder Hinsicht für Jorhan zu einem Glücksfall werden. Der angesehene, rührige Pfarrherr, Johann Georg Wolfmüller, setzte sich gemeinsam mit dem Haager Landrichter Lößl für ihn ein, »da er bekanntlich der ehrlichste rechtschaffenste Mann, und in seinem Fache ganz Meister ist, dessen Arbeit erst nach seinem Tode von Kennern wird belobt und geschätzt werden«. Nachdem mit seinem »sehr künstlich verfertigten, und von jedem Kenner allen Beyfall findenden Tabernackel schon überzeugende Proben vorhanden« waren, freuten sich »Pfarrer und Gemeinde (...), von dieser Meister Hand« weitere Arbeiten zu erhalten. Der Landshuter Bildschnitzer konnte mit Billigpreisen endlich die Facklerwerkstätte aus dem Geschäft drängen und stieg zum »Generalunternehmer« auf. Bevor er als erste eigentliche Ausstattungsstücke die Seitenaltäre besorgt (insgesamt nur 388 Gulden (!); 1792 aufgestellt), wurden die zwei Statuen des Hochaltars (1790; 90 Gulden) und die beiden Engelsfürsten (1790; 70 Gulden) geschnitzt. Letztere halten die Krönungsinsignien für die Assunta bereit: ein Meisterstreich, wie mit

▷ 181

Heiliger Sigismund *(1790), rechte Assistenzfigur des Hochaltars in Schwindkirchen*

Da Schwindkirchen an der äußersten Grenze der Diözese Freising lag, wurden am Hochaltar ihre beiden Hauptpatrone postiert, Korbinian und Sigismund. Der Burgundenkönig zeigt sich mit allen Insignien seines Amtes: archaisierende Krone; Reichsapfel; reicher Goldmantel, mit Hermelin gefüttert; Zierpanzer, dem schärpenartig ein Tuch umgelegt wurde. Aber nicht die Königswürde ist es, die seine Erscheinung bestimmt. Den Reichsapfel hat Sigismund auf einem pultartigen Gestell abgelegt. Versonnen blickt er auf einen kleinen Totenschädel in seiner Rechten; er scheint dem König so teuer zu sein, daß er ihn auf ein vergoldetes Tuch gebettet hat. Jorhan spielt bei dieser meditatio mortis auf einen historischen Tatbestand an. 522 hatte der Heilige seinen Sohn aus erster Ehe, Sigrich, »den seine zweite Gemahlin bei ihm der beabsichtigten Empörung verdächtigt hatte«, erdrosseln lassen. Seinen Irrtum machte er »durch strenge Buße im Kloster St. Maurice gut«. Unabhängig davon exerziert der König eine prinzipielle Güterabwägung. Totenschädel und Reichsapfel verhalten sich zueinander wie zwei Gewichte auf einer Waage. Das Symbol der Macht wurde nach links abgetan, das Symbol der Vergänglichkeit in das Licht der Betrachtung gerückt. Dieser Heilige hat die rechte Orientierung gefunden. – Die Skulptur kann stellvertretend für die späten Kolossalfiguren Jorhans stehen, obzwar sie nicht seine letzte ist. Kostümlicher Realismus und sorgfältige Faltengebung sind Merkmale, die auf den ersten Blick zu nennen sind. Die merkwürdig breite Dimensionierung, die unsere Aufnahme zeigt, hat nichts mit Stilentwicklung zu tun. Der Bildhauer wußte, daß die Figur im Chorabschluß schräg stehen würde; im Blick aus dem Langhaus eignet dem Bildwerk geradezu elegante Schlankheit. Entscheidend das Temperierte der Ponderation, die verhaltene Ruhe im Aufbau. Wiederum bildet das Antlitz das Zentrum der Skulptur. Weil ein König aus legendärer Vergangenheit zu porträtieren ist, wird das Lokkengekräusel stilisiert, mit Haarflocken, die Zitate aus dem Frühbarock sind. Sehr fein der Einfall, im Hermelin des Schulterkragens die gleiche Kräuselung zu verwenden und auch das Ohr in dieser Schnitzart zu bilden. Desto empfindsamer, weicher wirken die schwellende Unterlippe, die hauchdünnen oberen Augenlider und die nervösen Falten über den Brauenbögen. Die Sicherheit der Gesamtkonzeption und die ausgetüftelten Details ergeben zusammen eine Leistung, die sicher kein Nachlassen gegenüber früher, eher einen bemerkenswerten Fortschritt bedeutet.

Evangelistenmedaillon *(1795), Vorderseite der Kanzel in Schwindkirchen*

Jorhan hat bei Joseph Christian in Riedlingen gelernt, dem Hauptmeister der süddeutschen Reliefkunst des 18. Jahrhunderts. Bis in das Spätwerk des Bildhauers gibt es genügend Beispiele, welche diese gute Schule verraten. – Das Oval wird mit den Brustbildern der Evangelisten Matthäus und Markus auf eine Weise gefüllt, daß Zeitgeschmack, ikonologische Bedürfnisse und Jorhans Vorlieben sich problemlos versöhnen. Da das Medaillon vorgeblich mit einer Öse an der Girlande befestigt ist, begründet es sich hauptsächlich ästhetisch, als Füllmotiv an der Vorderseite des Kanzelkorpus. Vier Zonen lassen sich unterscheiden. Den unteren Bereich füllen ein Putto und ein Löwe, dann bringen zwei aufgeschlagene Evangelienbücher eine markante Trennlinie in die Darstellung. Darüber brüderlich die Brustbilder der heiligen Dioskuren, während man den verbleibenden Freiraum als himmlische Sphäre deuten darf. Einesteils eine Gestaltung, die dem klassizistischen Ideal gerecht werden will, in der Weise, wie man sich im Bayern der Karl Theodor-Zeit die schöne Formenwelt der Alten dachte: keine agierenden Arme, die Evangelisten weitgehend nur Brustbilder. Doch das künstlerische Temperament Jorhans unterläuft alle stilkritischen, purifizierenden Absichten. Lasziv räkelt sich das Kindl des Matthäus; Klassizismus bedeutet bei ihm nur, daß auf eine Bedeckung durch Tuch verzichtet werden kann. Und erst der Löwe! Er aalt sich keinen Deut zuchtvoller im unteren Rund des Ovals, dem Betrachter – in Verkehrung aller heraldischen Disziplin – die Bauchseite weisend. Die Diversifikation bei der Faltenbildung läßt den Schwung früherer Jahre nicht vermissen. Ohne Scheu vor seiner Inkonsequenz duldet es der Bildhauer, daß unter dem Buch des Matthäus die Gewandung weiterläuft. Diese Freiheit gegenüber Regelzwängen hat zu zwei herrlichen Kopfbildungen geführt. Physiognomie und Bartformen sind Bravourstücke profilierenden Reliefs. Markus blickt seherisch aufwärts, Matthäus hat in einer visio beatifica die Augenlider gesenkt. – Die Beschreibung des Ovalmedaillons liest sich, als würde sich Jorhan den ästhetischen Anforderungen seiner Zeit versagen. Betrachtet man das Relief nicht unter den Kunstbedingungen einer Vergrößerung, sondern in situ, im Zusammenhang mit der Kanzelarchitektur, so schwinden die Momente des nur lockeren, spontanen Stils nahezu ganz. Wir bemerken (und bewundern!) die Einheitlichkeit eines Vortrags, der theoretisch unverbildet eine Sache geistvoll, ausgewogen und lebendig wiedergibt. Jorhans Klassizität ist keine nach dem Lehrbuch, sie steckt voller Ausnahmen, in ihr ist der Sinn für die Einzelheit ebenso lebendig wie für das Ganze.

Rechter Seitenaltar *(1792), Schwindkirchen*

Der Altar der Armenseelenbruderschaft – mit ihren Mitteln wurden Bau und Ausstattung von Schwindkirchen weitgehend finanziert – entwirft ein theatrum nostrae salutis. In der Mittelachse der geopferte Herr am Kreuz, darunter die betende Muttergottes. Magdalena und Johannes flankieren außerhalb der Säulen diese Heilsmitte. Den Auszug beherrscht das Auge Gottes, gestaltet als Trinitätssymbol (gleichseitiges Dreieck). Ein sphinxartiger Kindlkopf schließt das Altararrangement ab. Die Versuchung ist groß, die nüchterne Anlage hauptsächlich nach stilistischen Gesichtspunkten zu deuten. Die Tendenz zur Vereinzelung der Teilelemente, ihre Aufwertung zu eigenständigen Architekturteilen oder Skulpturen, einfachhin: der Nominalismus des klassizistischen Stils ist nicht zu übersehen. Was Paradebeispiel einer Epoche zu sein scheint, hat jedoch zumindest im Bereich der Figuralplastik eine Motivation, die theologisch begründet ist und dem Ensemble von hier her überraschende Einheitlichkeit verleiht. Kein Golgathatheater wird nachgespielt. Das Heilswerk ist vollzogen. Wie bei einem Gnadenstuhl stößt der erblichene Herr an seiner verkürzten crux immissa über die Bildgrenzen hinaus, zarte Anspielung darauf, daß das Opfer vom Himmel angenommen ist. Zwei Kindlköpfe auf reichlichem Wolkenmaterial deuten die göttliche Sphäre an. Die Dolorosa ist deshalb in ihrer Orantengebärde mehr neue Eva (Jugendlichkeit), mitleidende und dankende Ecclesia (Gewandung) als die historische mater sub cruce. Vom Erlösungswerk werden gnadenhaft die Sünder und die Reinen beschenkt: Magdalena verkörpert in ihrer nachbarocken Gewandfülle (Luxuria!) die tätige Reue der Sünder, Johannes als zweiter Sohn Mariens den emphatischen Dank der Reinen. Zugleich deutet sein prophetischer Aufblick an, daß er das ad finem der Erlösungstat sieht. Weil eben am Bruderschaftsaltar der ewige Ratschluß Gottes – Dreifaltigkeitssymbol in der Gloriole – dargestellt werden soll, weint nur der eine Putto; dem anderen ist der Gebälkkopf Basis für exzessives Gaudieren. Deshalb flehen im unteren Teil des Gemäldes die Armen Seelen um ihre Erlösung. Maria als vornehmste Fürbitterin der Menschheit hat mit weitem Schutzmantel vor ihnen plastische Gestalt gewonnen, ebenso der Herr als eucharistische Gabe, der nur getrennt durch die Wolkenzone des Bildes ihnen nahe ist. – Bis auf die Höhe der Mensa besteht der Altar aus Stuckmarmor. Jorhan hat das Retabel nach seinen Vorstellungen umgeprägt, soweit dies noch ging. Der stark gewichtete Auszugsteil mit geschnitzter Gloriole oder die vertikale Durchbrechung einer horizontalen Architekturordnung zeigen seine Handschrift. Wegen Arbeitsüberlastung mußte er einen Großteil der Schneidarbeit an Anton Fackler delegieren. Den faden Girlanden sieht man das deutlich an; auch kann man sich fragen, ob es nicht geplant war, die Bildfläche des Auszugs reichhaltiger zu besetzen.

INRI

▷ 173 wenigen Handgriffen der schwere Stoff der sich bauschenden Festgewandung »geschildert« wird. Ebenfalls 1790 muß Jorhan zwei adorierende Kindl für den Tabernakel (je 6 Gulden) nachreichen, damit seine Prunkarchitektur nicht gar zu trocken wirke. Mit diesen Daten ist ein erstaunlicher Vorgang verknüpft, der es wert wäre, ausführlicher dargestellt zu werden. Der von Anton Fackler erstellte Hochaltar, basierend auf einem Entwurf des Erdinger Maurermeisters Matthias Rösler, wird unter Jorhans Einfluß zunehmend verändert. Die Cherubim auf dem »Haubtgesimbs« machen den Anfang. Sie bedeuten eine Überformung des nur architektonisch gedachten Retabels durch ein theatrum sacrum, das die Auffahrt Mariens auch außerhalb der beiden Altarbilder vergegenwärtigt. Alle nachfolgenden Abänderungen und Erweiterungen waren damit vorgegeben. Auf der einen Seite vollendete man die Theatralisierung, indem der Bühne durch Himmelspopulation eine Statisterie und durch Gewölk kulissenwertige Requisiten zugebracht werden. Außerdem schmücken Girlanden haltende Engel den Prospekt angemessen auf. Andererseits betrieb Jorhan auch eine so gründliche Korrektur des Altaraufbaus, daß sogar die Säulenschäfte abgenommen und schlanker gemacht wurden. Die neue Schneidarbeit lieferte selbstredend der Landshuter Bildhauer, etwa die Kapitelle (72 Gulden) und die Konsolen (50 Gulden). Am Ende war ein Hochaltar entstanden, welcher dem Anschein nach die Ansprüche der klassizistischen Doktrin vollkommen einlöste, in Wirklichkeit jedoch den hergebrachten Illusionismus restaurierte, denn das Retabelgebälk liegt nun unterhalb der Gebälklinie des Kirchenraums: die Architektur als ein in imaginäre, das heißt bildhafte Ferne gerücktes Schaugerüst, auf dem in einer stilistisch neuen Version die Auffahrt Mariens wie eh und je agiert wird. – Als Jorhan 1793, nachdem er also durch seine bisherigen Arbeiten das Terrain erobert, sich unentbehrlich gemacht hat, die Visiere und Überschläge für den weiteren Ausstattungsbedarf vorlegt, kann er seine Preisgestaltung dramatisch revidieren. Bei den »Spallierwänden« im Chorraum beträgt das Verhältnis zwischen Kistler- und Bildhauerarbeit 50 zu 32, bei den drei Beichtstühlen 150 zu 120 und bei der Kanzel sogar 150 zu 316 Gulden. Bedenkt man, wie sparsam die Figuralplastik an Korpus und Schalldekkel eingesetzt wird, ist zu ermessen, wie triumphal der Bildhauer den Kunstwert seiner Arbeiten ins rechte Licht zu rücken verstand. Vorspiel hierzu bildete das Putten- und Zierwerk des Hochaltars, das Jorhan 1792 mit 229 Gulden zur Ratifikation vorschlägt (ein Jahr darauf mit 190 Gulden genehmigt). Von den drei Entwürfen des Jahres 1793 approbierte man zunächst die Kanzel, und zwar merkwürdigerweise ohne »Abbruch«. Ihre Aufstellung datiert in das Jahr 1795. Erst 1797 kamen die Beichtstühle, gestaltet »nach einer ganz neuen Facon«, und die Wandstücke zur Ausführung. Wiederum hatte man nicht versucht, die respektablen Forderungen zu drücken. 10 Gulden mußten als Fuhrlohn für diese letzte Partie zusätzlich beglichen werden. – Besonders wertvoll ein weiterer Hinweis aus den Quellen: Jorhan war Anfang und Mitte der neunziger Jahre mit Aufträgen derart überhäuft, daß er sie teilweise anderen überlassen mußte. Anton Fackler, der unter der Direktive des Landshuter Meisters noch die Kistlerarbeiten für die beiden Seitenaltäre durchgeführt hat, darf deshalb für ihn einspringen und sich an der Ornamentik für diese beteiligen. Solcher Konjunktur, solchen handgreiflichen Erfolgen zum Trotz beteuert indessen Jorhan in einem Brief an Pfarrer Wolfmüller, in Schwindkirchen komme er nicht auf seine Kosten! – Vier Stichproben müssen zur Verdeutlichung der Merkmale des Spätwerks genügen. Der *Tabernakel* (1789; 255 Gulden), »von Bildhauerhand ungemein künstlich ausgearbeitet«, geht auf einen Entwurf Matthias Röslers zurück, der den Schwindkirchener Pfarrherrn so überzeugte, daß er sich erbot, »die Faßarbeit (...) ganz auf seine eigne Rechnung zu übernehmen, wenn dieser nach obig vortreflicher Zeichnung wird gemacht werden.« Mag letztlich manches durch Stichvorlagen des jüngeren Cuvilliés angeregt sein, die »Execution«, vornehmlich im Logos der ornamentalen und figuralplastischen Verlebendigung, ist ausschließlich Eigentum des Bildschnitzers: In welcher grundlegenden, alles entscheidenden Dimension, das zeigt ein Vergleich mit der Anlage von Rattenkirchen, wenige Kilometer von unserem Gotteshaus entfernt, gleichfalls den Röslerschen Gedanken verwendend. Beidesmal handelt es sich um eine vom Retabel abgesetzte »Rotunde«, »ein römisches Antik-Gebäude«, welches in Schwindkirchen zwei edle Adoranten flankieren und das geschlachtete Lamm bekrönt. Die anbetenden Engel verdanken sich Jorhans Kongenialität; zusammen mit den zwei Putten von 1790 (Ersetzung zweier Urnenvasen?) verwandeln sie die Tabernakelarchitektur zu einem Ort heiligsten Geschehens. Die Flügel in feierlichem Gleichmaß gegen den Sitz der Herrlichkeit geneigt, sind diese beiden »Söhne Gottes« nur noch Amt, Verkörperung ungeschmälerter Anbetung. Die Putten spielen den Text nach, aber ohne Spur voltigierender Unbeschwertheit, sondern mit jener Einfalt kindlicher Devotion, die geblendet und getroffen ist von der Unermeßlichkeit der eucharistischen Liebe. Dies eben das erste Kennzeichen der Jorhanschen Kunst, daß sie ohne inneren Bruch der christozentrischen Theologie der Aufklärung angemessenen Ausdruck verschafft. Wie diese sich um eine einfache und edle Sprache bemüht, teilt der Kunsthandwerker seinen Arbeiten Würde, ernste Empfindungsinnigkeit mit. Schlackenlose Linienführung im Umriß. In beiden Genien ist »der höchste Affect, so rein als es überhaupt möglich ist, vermählt mit schöner Form.« Die Heftigkeit anbetender Verehrung wird der erregten Handschrift der Gewandung überantwortet, der Körper und seine Stellung vermitteln hingegen konzentrierte Ruhe, die vollkommene Werthaftigkeit des Seins vor und in Gott. Jede Skulptur ist zunächst aus dem Ethos ihrer Botschaft, durch ihren spirituellen Charakter bestimmt, dann erst interessieren die Fragen der Gestaltung. Es grenzt an ein Wunder, daß Jorhan, der in einer Zeit gelernt hatte, wo die experimentierende Lust bei der konkreten Arbeit am Holz eine Tugend war, diesen mentalistischen Ansprüchen so selbstverständlich genügte. Überhaupt, er sitzt in allen Sätteln. Die Assistenzfiguren des linken Seitenaltars, ein Florian und Sebastian, waren als Zugeständnis an die Bedürfnisse des einfachen Kirchenvolks gedacht. Zierlich wie Porzellanfiguren wiederholen sie die gebrechliche Nuancierungskunst einer vergangenen Zeit: Rokoko versus populum. – In der *Kreuzigungsgruppe* des Allerseelenaltars begegnen wir einem zweiten Stilmerkmal. Blickt man dem verstorbenen Herrn ins Antlitz, auch der Fassung nach ein Verblichener im strengen Sinn dieses Wortes, weiß man, daß eine Stufe physiognomischer Schilderungskunst erreicht worden ist, welche alle noch so bedeutenden Ansätze der vorausgehenden Jahrzehnte überholt. Die facies hippocratica ist anatomisch stupend, in viel stärkerem Maße allerdings Ausdruck einer »Erfahrungsseelenkunde«. Das Vermögen zu porträtierender und typisierender Wiedergabe in einem hat ihren Höhepunkt erreicht, ohne daß die gegenläufigen Tendenzen – Verismus wider verallgemeinernde Charakterisierung – sich im Schnitzwerk verselbständigen würden. Das gilt für die Kopfstudien, das gilt für das Erscheinungsbild der gesamten Figur. – Die dritte Komponente des Altersstils liegt in der vorsichtigen Adaption antikischer Motive und Vorbilder. Der *Posaunenengel* auf dem Schalldeckel gibt sich als eine Viktorie. Es fehlen ihm die Flügel; Sandalen und hochgeschürztes Kleid weisen ihn als Götterboten aus, während ein mächtiges Pallium die Würde des Herolds betont. Aus seiner Linken winkt dem Betrachter, der das Gebot der Gottesfurcht einhält, die »Siegsprämia« in Form eines Lorbeerkranzes, die corona triumphalis. Daß die Faltengebung der »griechischen Draperie« sich anschließt, »nach dünnen und nassen Gewändern gearbeitet« zu sein scheint, versteht sich von selbst. – Die Pointen solcher Entwürfe lenken auf den eigentlichen Grundzug von Jorhans späten Arbeiten hin, auf die stets noch sich steigernde Fähigkeit zur Innovation. Die *Muttergottes mit Jesusknaben* auf dem linken Seitenaltar legt hiervon unwiderleglich Zeugnis ab. Viele Betrachter würden sie in das 19. Jahrhundert datieren. Vielleicht diente eine Zeichnung, die Jorhans Sohn Christian aus Frankreich mitgebracht hatte, als Inspirationsquelle. Das Zentrum der Erfindung, die breite, bildhafte Flächigkeit der Skulptur und die eigentümlichen Amplituden der Gewandung, hat ihm niemand vorformuliert. Die Tuchschwünge waren für ihre Zeit von bestechender Wirkung, ziehen sie ihre ästhetische Überzeugungskraft doch aus der Girlandenmode der klassizistischen Ornamentik. Die dramaturgischen Kunstgriffe, die eines Jorhan würdig sind, werden aber erst erahnt, sobald man sieht, wie diese schwingenden Bögen aus Mantel und Windel eine abfliehende Bewegungszone darstellen, denen das nackte, »inkarnierte« Jesuskind entsteigt, lieblich verspielt, so daß einem die herrscherliche Sitzgebärde des Thronens nur bedingt bewußt wird. – Die vielfältige Ausstattung des »Tempels« entstand nicht in einem Zug. Bewunderer des Frühwerks beklagen den Verlust an unzensierter Frische, den Rückzug der Skulptur in ein An- und Fürsich, eine Eigenwertigkeit, die im Begriff ist, ihre Bindungen an das Gesamtkunstwerk des 18. Jahrhunderts aufzukünden. Der hohe Preis wird jedoch für einen Zuwachs an Qualität gezahlt, der in der süddeutschen Sakralkunst des ausgehenden 18. Jahrhunderts nicht so leicht eine Entsprechung findet.

Landständische Klöster

In den zeitgenössischen Unterlagen dieser Jahre taucht zu Jorhan stets ein Adjektiv auf: »berühmt«. Dieses Beiwort wird nicht nur auf die Eigenpropaganda des Bildhauers zurückgehen, wenngleich er von seiner Bedeutung so überzeugt gewesen zu sein scheint, daß er sich 1780 hartnäckig weigerte, seine Kinder in die Elementarschule zu schicken, was dem Schulmandat nach »Künstlern« möglich war. (Der Unterricht durch einen Hauslehrer mag indessen auch nur als Vorwand gedient haben, alle Familienmitglieder so vorbehaltlos für den Lebensunterhalt einzusetzen, wie es in seiner eigenen Jugend als selbstverständlich galt.) Jedenfalls soll in vier unterschiedlichen Bereichen der Beweis für den Sachgehalt des obligatorischen Prädikats angetreten werden. – Zunächst die landständischen Klöster. In Neustift bei Freising und in Mallersdorf rückte er zum Nachfolger Ignaz Günthers auf. Beide Klöster hatten neben dem Münchener Hofbildhauer die regional zuständigen Meister herangezogen: Neustift den Joseph Angerer und Mallersdorf den Mathias Obermayr. Mit den Leistungen dieser Lokalmeister war man vermutlich nicht zufrieden. Deshalb darf Jorhan die vier Statuen für die rückwärtigen Seitenaltäre in Neustift anfertigen und in Mallersdorf die Figuralplastik auf dem Schalldeckel und am Orgelprospekt. Das *Mallersdorfer* Engelskonzert, Verbildlichung des 150. Psalms, gehört zu den besten Arbeiten dieses Genres. Der Völkerapostel Paulus (für 1776 archivalisch belegt), agitierender, visionärer Künder mit wehendem Mantel auf dem oberen Abschluß der Kanzel, ist werkgeschichtlich wichtig, denn er bereitet den Petrus von Gündlkofen vor. Noch mehr interessieren die Modalitäten der szenischen Einbettung. Ob es die Otter ist, die einst aus dem Reisighaufen hervorkroch (Apg. 28, 3 f), ob die Hinweise auf Pauli Tod in Trefontane, ob das allegorisch kostümierte Kindl oder der

Lektorenputto mit aufgeschlagenem Evangelienbuch – Jorhan zeigt den Benediktinern, wie firm er in ikonologischer Verlebendigung ist. Köstlich die vier Köpfe, die exzellenten Miniaturen, welche am Schalldeckelrand, dem orbis terrarum, die vier Weltteile symbolisieren. Die »Weibspersonen« (Erdteile sind feminina!) tragen den Kopfputz ihrer Herkunft, so Asia den Turban oder America indianischen Federnschmuck. Vier Jahre später, in der Wallfahrtskirche von Tading, wurde die Erfindung wiederholt, nur realistischer und pointenreicher, also weniger auf regulierten Geschmack bedacht; aus dem Turban der Asia entwickelt sich unversehens ein Elephantenrüssel, als wäre er der angemessene Ersatz für ein die Kopfmitte auszeichnendes Schmuckstück. – Die *Neustifter* Assistenten (1779) fallen kraß aus dem üblichen Jorhanbild heraus. Sie sind, wie auch die Arbeiten von Mallersdorf, in Polierweiß gefaßt, Zeichen fortgeschrittenen Geschmacks und dem Landshuter Bildhauer wohl insgeheim eher eine Zumutung. Selbstredend weiß er, daß die gebildeten Prämonstratenser Statuen erwarten und keine illusionistischen Heiligenbilder. Diese Erwartungen hat Jorhan über das Soll hinaus erfüllt. Bildsäulen, folgerichtig aus ihrer Mittelachse abgeleitet, stehen zumindest im Nepomuk und Karl Borromäus des linken Seitenaltars vor uns. Die Köpfe, »Tafeln« der Seele und der Heiligkeit, werden aus der Senkrechten herausgedreht und wirken deshalb wie angeflickt. Die Engelsfürsten Michael und Raphael treten als Schreit- beziehungsweise Aktionsfigur auf, verfügen aber über so wenig Spielraum, daß auch ihr Tun sich zur allegorischen Exegese ihrer Tugenden beruhigt. – Die beiden Benediktinerklöster *Niederalteich* und Frauenzell, das eine so wohlhabend wie das andere arm, bedienten sich gleichfalls des Jorhanschen Könnens. Für den Nachweis der Niederalteicher Arbeiten läßt sich gegenwärtig nur die Ortstradition von Hengersberg ins Feld führen, die Figuren des linken Seitenaltars der Rohrbergkirche seien Säkularisationsgut dieses Klosters. Die Urheberschaft der Skulpturen steht außer Zweifel. Die Kopfgestaltung des Baptista könnte auf französische Vorbilder zurückgehen. – Als *Frauenzell* endlich an die Aufrichtung eines neuen Hochaltars denken konnte, bestellte man den Tabernakel bei Jorhan. Er gehört zu seinen drei erhalten gebliebenen Meisterleistungen der Spätzeit. Wie in Dorfen eine querrechteckige Tempelfront, nur sind Glaube und Hoffnung außen auf Volutenanschwüngen postiert. Das Bayerische Nationalmuseum besitzt das dazugehörige Modell (Inventarnummer 50/17), das einzige, das wir aus Jorhans Hand bisher kennen; was aus ihm nicht zur Verwendung kam, beispielsweise das Motiv der flügellosen Puttenhermen, wurde in den Dorfener Tabernakel übernommen, während die reliefierten Ovalmedaillons sogar erst auf den »Spallierwänden« von Schwindkirchen (1797) erscheinen. Ist bereits die Frauenzeller Arbeit erstaunlich – sie leidet vielleicht nur unter einer zu beflissenen Überkleidung durch die herbe Ornamentik der neuen Zeit –, das nur um ein weniges spätere Werk für die Wallfahrtskirche auf dem Ruprechtsberg hat zu einer makellosen Geschlossenheit, zu eleganter Einfachheit gefunden. Seine Bedeutung kann nicht genügend gewürdigt werden. – Die übrige Figuralplastik wirft schwer zu lösende Zuschreibungsfragen auf. Die vielgerühmten Assistenzfiguren Joachim und Joseph arbeitete sicher Simon Sorg, die Kindlköpfe um die Marienstatue sind dagegen der Landshuter Werkstätte zuzuweisen. Nicht auszuschließen, daß bei den großen Leuchter- und Dachungsengeln Redaktionen, ziemlich weitgehende Eingriffe durch den nach Frauenzell gereisten Jorhan vorliegen. Da das Köpfchen mit der Mitra, welches das Wappen des Abtes Wolfgang Krieger bekrönt, die Augen geschlossen hat, ist die Altarausstattung nach 1788 beendet worden, dem Todesjahr des Abtes.

Der zweite Nachweis für Jorhans Ansehen ist seine Mitarbeit bei der Teilrenovation der Stiftskirche in Altötting. Er durfte die beiden vorderen Seitenaltäre je mit der Figur des Altarpatrons versehen. Roman Anton Boos schuf die vier Evangelisten für das anschließende Seitenaltarpaar. Die Konkurrenz mit dem Münchener Hofbildhauer war ehrenvoll. Uns erlaubt sie einen aufschlußreichen Vergleich. Die Figuren von Boos verzichten auf die Verschmelzung von Körper und Gewand, die für die Sakralplastik des 18. Jahrhunderts kanonisch war. Ihre Leiber sind breit, gedrungen, fast bullig; die Gewänder dergestalt, daß sie direkt dem Körper aufzulagern scheinen oder eng gefältelt ihn ornamental beleben. Mit allen Mitteln wird versucht, die Normen des Rokoko zu negieren. Eben diese behalten die Jorhanschen Skulpturen bei, unter Hereinnahme jener progressiven Tendenzen, die ihnen verträglich sind. So hält ihre Körperlichkeit unter jedem Blickwinkel stand; angeschnittene Röhrenfalten ergeben Saumkurven, die als historisierende Zitate aus dem weichen Stil gedeutet werden können. Was die Heiligen prägt, ist Durchseeltheit, geadelte Regsamkeit in Aktion und Gewandung. Immer noch verwendet Jorhan die Mittel der Allusion, zum Beispiel auf die Schweigsamkeit des heiligen Nepomuk. Die Blöße des zugeordneten Puttos wird mit zungenartiger Gewandung bedeckt, seine palma martyrum besteht gleichfalls aus zungenförmigen Blättern. Die Zeitgenossen muß diese Art von Sakralkunst begeistert haben. Die zwei Skulpturen, die der kurfürstliche Hofstatuarius Boos für den Hochaltar der Stiftskirche angefertigt hatte, wurden dagegen nicht einmal aufgestellt.

Damals zeigte sich ein Renommee darin, wieweit man über die Grenzen des angestammten Bereichs hinaus bekannt wurde. Die Nagelprobe auf den Berühmtheitsgrad war, wenn es gelang, einem angesehenen Meister in dessen eigener Domäne Aufträge wegzuholen. Joseph Deutschmann hatte für die Schloßkapelle von Thurnstein einen Hochaltar und 1763 die Kanzel geschaffen. Als man ab 1782 auf Geheiß des Grafen Johann Nepomuk von Goder den gesamten Raum erneuerte, wurden zunächst zwei Seitenaltäre von Jorhan aufgestellt und 1783 durch Zacharias Lehrhuber, seinen »Gevatter«, gefaßt. Nicht zu bestreiten, daß der Entwurf für die Altaranlagen auf den Bildhauer zurückgeht. Als Stücke von ihm sind auch die Vasen, Embleme und sonstigen Schneidarbeiten zu den Brüstungen der Orgelempore, der oberen Galerie und zu den Oratorien belegt. Während dieser Maßnahmen muß beim Auftraggeber der Entschluß gereift sein, den Hochaltar neu anfertigen zu lassen. Leider sind urkundlich nur die beiden Adoranten des Auszuges für Jorhan gesichert. Der stilistische Befund erlaubt keinerlei Zweifel, daß die Konzeption wiederum von ihm herrührt und die gesamte Schnitzarbeit auch. Ausschließlich zwei Vasen, die seitlich das Sockelgeschoß begrenzen, könnten aus dem alten Bestand übernommen worden sein. Dies geschah mit der Kanzel, die leicht modernisiert wurde. Daß sie und der Hochaltar Franz Xaver Andreas Zellner, dem erprobten Gefährten bei den Arbeiten im Erding-Dorfener Raum, zur Fassung überlassen wurden, wirkt wiederum, als sei der Vorschlag hierzu von Jorhan. Für ihn waren die Aufträge eine Herausforderung, sein Können voll zu entfalten, bei den unterlebensgroßen Skulpturen der Seitenaltäre vor allem, ausgefeilten Kunststücken preziöser Diffizilität. Kleid, Körper und Gesicht des Johannes Baptista scheinen der gleichen Grundqualität zu entspringen, welche das weich konturierte, mild gekerbte Fell exponiert. Das Ergebnis eine endzeitlich durchgriffene Asketen- und Märtyrergestalt, die Bild gewordene Präfiguration des agnus Dei. Dem Alpha antwortet auf der entgegengesetzten Seite das Omega, Johannes der Evangelist. Nicht zuletzt an der Gewandung des Apostels, der mit dem Evangelistenattribut des Adlers und dem gelockten, engelgleichen Kopf eines zweiten Sohns der Muttergottes gekennzeichnet ist, erleben wir, wie er soeben die apokalyptische Vision empfängt. Das fruchtbare Moment der Situation hat Jorhan in einer Weise überdeterminiert, daß der sachliche Betrachter von heute Zweifel anmelden wird. Die puppenhafte Feinheit, detailsüchtige Penibilität mag ihn ebenso stören. Solche Miniaturen waren aber im Übergang vom Rokoko zum Klassizismus das Nonplusultra in der Vergegenwärtigung der Werthaftigkeit heiliger Menschen. Die mächtige Statue des zweiten Namenspatrons des Bauherrn, der Nepomuk des Hochaltars, ist da von entschieden anderem Charakter. Flott herausgehauen, entschlossen in seinem Agieren, belegt er, wie mit der Größe einer Skulptur Gattungs- und Bearbeitungsunterschiede verbunden sind. Der Heilige verkörpert eine wichtige Tugend des Hofmanns, die Distinktion; Florian, sein Pendant, die Aufgaben des miles christianus. Sein Prunkpanzer erhöht ihn zum adeligen Schutzherrn dieses Schlosses. Als Bannerträger Christi hält er seine Fahne weit in die Fensterzone hinaus, wo jeden Tag die Sonne aufgeht, als Morgenrot der Ewigkeit ein Symbol des kommenden Herrn. Im Auszug haben himmlische Theatermaschinisten den Vorhang aufgezogen und gewähren uns Einblick in den Thurnsteiner Himmel. Der segnende Gottvater ist kompositionell und schnitztechnisch der beste, den Jorhan je geschaffen hat.

Exkurs: Pfarrkirchen

Der Erfolg in Thurnstein führte vermutlich über ein Jahrzehnt später zu einem Großauftrag für Pfarrkirchen. Dort hatte man 1794 einen neuen Hochaltar aufgestellt und wollte ihn nach einer unbefriedigenden Zwischenlösung mit modernen Ornamenten und Skulpturen ausstatten. Der ortsansässige Bildhauer Thomas Lorenz Wagner durfte zunächst die Schneidarbeit ausführen, doch »das meiste seiner Zierraten« belegte man mit dem Verdikt: »Wurde wieder verworfen«. Man hielt folglich Ausschau nach einem »best renomierten« Meister – und das war Christian Jorhan. In seiner Antwort auf das Pfarrkirchener Angebot begründet er, weshalb seine Preisforderungen höher seien. »Weillen ich alzeit eine Arbeit Herstelle, so der erste Kinstler ansehen darff, denn eine gute Bildhauerarbeit oder Malerey wird nach Etlich Hundert Jahren geschätzt, wo in kurzen eine schlecht Arbeit verworfen wird.« Am 16. Dezember 1795 schloß man den Akkord (344 Gulden), bis zu Pfingsten wurde geliefert. Die Frist war knapp, doch wollte der Bildhauer keine zusätzliche Kraft heranziehen. »Sollte ich mir mehr Leute einstellen, so kann ich ihnen doch mein Kopf und Hände nicht leihen«. Bei einem Zusatzauftrag, der weitere Ornamentik und Puttenköpfe betraf (170 Gulden), jammert er wieder einmal über seinen geringen Verdienst. »Wie wohl man bey der so großen Theuerung und so fleißiger Arbeith einbießen muß, So wolte ich doch meinen gutten Namen nicht verletzen.« Können und Reputation waren in der Tat das Kapital, sie sicherten selbst in schwierigsten Zeiten ein Auftragsvolumen, von dem andere Bildhauer nicht einmal träumen durften. – Wie so oft in prosperierenden Orten und Gegenden, eine nazarenische Altaranlage verdrängte das Werk des Klassizismus. Vom alten Bestand hat in der Kirche nur eine Genie überdauert, deren rechter Oberschenkel verkürzt und mit zurückhaltenderer,

»maß«gerechter Streckrichtung eingesetzt wurde. Derart beherzt wagte man sich noch vor wenigen Jahren an eine Zensur der Jorhanschen Ästhetik! Weiters waren bisher in Tann (Landkreis Rottal) zwei Anbetungsengel zu identifizieren, die auch dort den Tabernakel umgeben. Nicht auszuschließen, daß eines Tages die vier großen Assistenzfiguren und so manche Putte wiederentdeckt werden.

Arbeiten für Heilig Blut ob Landshut

Jorhans Ansehen hat auch einen literarischen Niederschlag gefunden, sofern man diesen Begriff etwas weiter faßt. Der Pfarrherr von Heilig Blut in Berg ob Landshut, Georg Alois Dietl, wechselte mit seinem Hofmarksherrn, dem Revisionsrat Joseph Maria Bernhard von Chlingensperg, »Freundschaftliche Briefe«. Die Äußerungen des späteren Professors für Ästhetik sind so überlegt, ihre Spontaneität so kunstvoll, daß sicher von vorneherein an ihre Publikation (1790 beziehungsweise 1810) gedacht war. Unter anderem enthalten sie einen Abriß über Aufgabe und Beschaffenheit kirchlicher Kunst. Ein theoretischer Maßstab und ein praktischer leiten die Überlegungen: Auf dem Feld der Theorie bilden ihn Geschmack wie theologische Vernunft, in praxi Jorhans Arbeiten für Heilig Blut, für den Briefschreiber Musterbeispiele des neuen Ideals. Es wird nicht viele Stellen in der zeitgenössischen Literatur geben, wo noch konkreter über Sakralkunst gehandelt wird, da es auch in katholischen Ländern nicht üblich war, ihr reflektierendes Interesse zu widmen. Dietl entwickelt ein Negativ- und ein Positivbild. Seine Kirche sehe »ziemlich unordentlich aus«, die »elenden Bildergemälde« seien »ohne alle Symetrie« aufgehängt »und die Altäre mit Täfelgen, grotesken Figuren, und mancherlei bizarren Verzierungen überhäufet«. »Wie will ich mich freuen, wenn diese plumpen Gesichter mit großen Bausbacken, verzerrten Lineamenten, schiefen Hälsen weggeräumt sind!« Der ungeprüften Lebendigkeit (und Geschmacklosigkeit) eines Traditionskatholizismus setzt er seine Ansichten entgegen. Auf dem Altar – »ich wollte, wir hätten nur einen« – »soll (...) nichts als das Kreuz und vier Leuchter stehen«. Der aufgeklärte Theologe besteht nämlich auf einer »Anbetung im Geiste und in der Wahrheit«. Jorhan hat ihm für seinen geplanten Hauptaltar einen Entwurf gemacht, der seine Vorstellungen restlos einlöst. »Ich lege Ihnen hier auch die Zeichnung von einem Altare bei, die ich von dem hiesigen Bildhauer, einem Meister in seiner Kunst, bekommen habe. Die ganze Architektur ist in antikem

▷ 195

Auszug aus der Kirchenrechnung von Heilig Blut (1790; StA La, Hofmark Berg – Kirchenrechnungen)

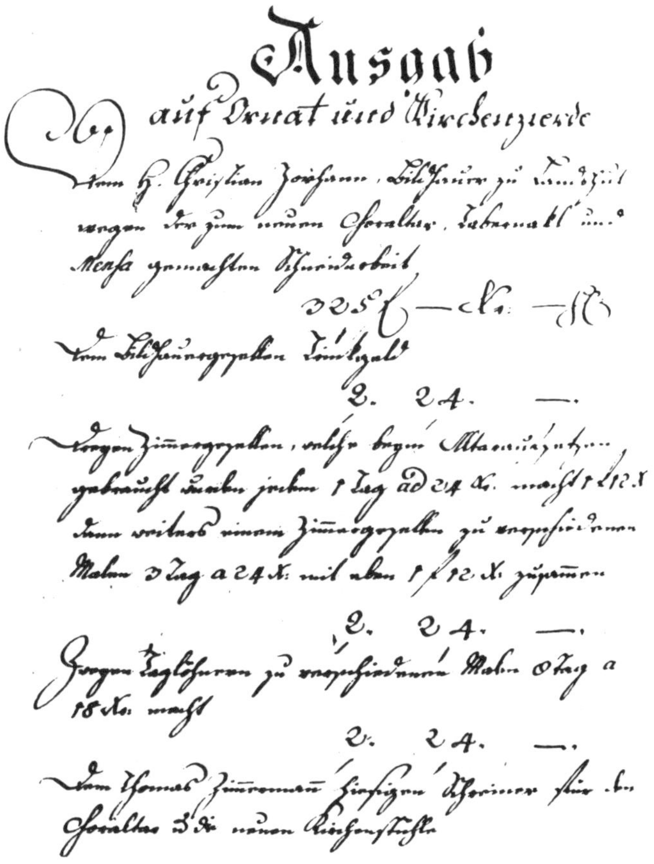
Ausgab
auf Ornat und Kirchenzierde

2. 24. —

2. 24. —

2. 24. —

Adorant *(1790), auf Sockel, links vom Hochaltar in Heilig Blut (Landshut)*

Zu den Restbeständen der abgerissenen Hochaltaranlage gehört unter anderem ein Paar anbetender Genien, einst dem Tabernakel zugeordnet. Der hier abgebildete Engel der Frauenseite ist der Schnitzkunst nach der bescheidenere, doch für ein Verständnis der Jorhanschen Werke der aufschlußreichere. – Georg Alois Dietl wußte, daß Bilder dem theologischen Sachverhalt gegenüber grundsätzlich insuffizient sind; seinen Pfarrkindern wird er oft (und vermutlich vergeblich) eingeschärft haben, Darstellungen von Engeln nicht wörtlich zu nehmen, nicht naiv zu glauben, so und nicht anders sei die Herrlichkeit der Himmelsbewohner beschaffen. Jorhan schnitzt seinem Auftraggeber demnach ein Adorantenpaar, welchem auf zwei unterschiedlichen Ebenen die schöpferische Reaktion auf die Bildkritik der Zeit eingeschrieben steht. Im Ästhetischen triumphiert eine strahlende Schönheit, die der gräzisierende Geschmack für Engel reserviert haben mochte, im Theologischen werden Korrekturen vorgenommen, die die Anbetenden zusätzlich als Himmelswesen kennzeichnen, ihre Eigenschaften und Funktionen hervorkehren. Die Ästhetik der Werke erübrigt jeden Kommentar. Nicht von ungefähr sind die Skulpturen über rechteckigen Sockeln errichtet; vornehmlich in Seitenansichten entrollen sie ihren haptischen Charakter. Auf diese Weise könnte es zu einer Unverträglichkeit zwischen ästhetischer und theologischer Intention kommen. Deswegen werden konsequent jene Eigenschaften herausgearbeitet, die nicht anthropomorph sind. Die unteren Extremitäten enden in Flügeln, die Adoranten knien auf Wolkensockeln. Gewagte Nacktheit, die über die Leiste hinweg fast bis zum Knie reicht, versinnbildlicht die spirituelle Reinheit der Genie. Darüber hinaus wird die transzendente Heiligkeit der Erscheinung gesteigert, indem dieser Engel der Frauenseite den Kopftyp Jorhanscher Verkündigungsmarien tragen darf. Von der Altarmitte her zeigt das fast allseitig ausgearbeitete Haupt geradezu maskenhafte Züge: So verwandt sind die psychischen Momente des Vernehmens und Antwortens denen der ancilla Domini. Ein großgeartetes Bild vollkommener Hingabe an das Göttliche, eine Tugendsumme im Angesicht des Sanctissimum – das war ein Darstellungsinhalt (zudem im Gewande »griechischer« Würde und Formenschönheit), der bei Georg Alois Dietl bildkritische Bedenken in Enthusiasmus für Jorhans Können umschlagen ließ.

Epitaph für Marianne von Chlingensperg *(1793), nördliche Chorwand von Heilig Blut (Landshut)*

Der Aufbau des Epitaphs und seine Bekrönung, für Jorhan äußerst konventionell, interessieren hier nicht. Nur die Darstellung im Tondo sei beschrieben und ihrer Vorlage gegenübergestellt. Um jedoch Fehlurteile von Anfang an auszuschließen: Das fragliche Basrelief ist seiner künstlerischen Qualität nach gerade noch erträglicher Durchschnitt. – Die »Götterlehre« des Karl Philipp Moritz (1791) enthielt, in ovaler Rahmung, nur einen Umrißstich, der mit einer Signatur versehen war, obwohl auch alle anderen Abbildungen von derselben Hand sind. Ihr Zeichner, Asmus Jakob Carstens (1754–1798), hat seinen eigenen Aussagen nach diese Invention besonders geschätzt. Es handelt sich um eine »Abbildung der Nacht, wie sie den Tod und den Schlaf in ihren Mantel hüllt und aus einer Felsengrotte zu ihren Füßen die phantastischen Gestalten der Träume hervorblicken«. In der bei Moritz abgebildeten Zeichnung »ist der Tod durch eine umgekehrte Fackel und der Schlaf durch einen Mohnstengel bezeichnet. Die Nacht selbst ist, als die fruchtbare Gebärerin aller Dinge, in jugendlicher Kraft und Schönheit dargestellt.« Jorhans Redaktionen liegen alle auf einer Linie: Er formt dort um, wo Gebote des Schicklichen verletzt oder die Verteilung von Licht und Schatten im Relief zu schwach sein könnte; daneben belebt er leere Stellen und sorgt für einen plausiblen Aufbau der Bildbühne. Demnach zeigt seine »Nacht« keine bloßen Brüste, ist zum Teil bis unter das Knie bekleidet. Die Traumfratzen werden weggelassen, regulierte Sockelstücke geben den einzelnen Figuren Halt. An der Stellung der Personifikationen der »Nacht« und des »Schlafes« wurde außer bezeichnenden Vereinfachungen wenig geändert: Die »traumhafte« Kopfneigung der »Nacht« ist aufgegeben, desgleichen die gekreuzten Füße beim »Schlaf«. Am meisten wurde bei der Gestalt des »Todes« geändert, unmißverständlich: verschlechtert. Bei Carstens schläft der »Tod« ruhig über seiner eigenen Linken, mit kompliziert angezogenen Beinen. Jorhan hat sie scherenartig auseinandergezogen, so daß ihre Position völlig unglaubwürdig wurde. Außerdem stören zwei weitere Fehler. Weil die Vorlage in einen Kreis versetzt wurde, kollidiert das rechte Bein der Todespersonifikation beinahe mit dem Rahmen; und ihre eigentliche Aufgabe, die Todesfackel zu halten, erfüllt sie auch nicht, da die entsprechende Hand nur ungeschickt aufgepreßt ist. – Wäre nicht wegen der Vorlage das Relief ein fast sensationeller Beleg für die prompte Rezeption aktueller Entwicklungen durch die Jorhanwerkstätte, man könnte zur Tagesordnung übergehen. Das Pendant, der Tondo für den Hofmarksherrn (1797), zeigt die schnitztechnischen Fertigkeiten des Meisters von einer etwas besseren Seite. Wie wir wissen, mußte die erste Arbeit schnell hergestellt werden; für den überlasteten Bildhauer bestand vermutlich keine Möglichkeit, den Versuch zu korrigieren.

Gekreuzigter *(1796; Ausschnitt), Südwand des Langhauses von Heilig Blut (Landshut)*

Post mortem hängt dieser gekreuzigte Herr nur um ein weniges unter dem Querbalken, dem Tode überantwortet, genauer: der Unausmeßlichkeit seines seelischen Leidens. Schönheitlich, in makelloser Nacktheit – schmerzvoll, mit stechender Pein: Der ästhetische und der psychologische Pol der Darstellung vereinen sich zu einem Kunstwerk, das zu seiner Zeit nicht so leicht seinesgleichen fand. Der Auftraggeber wünschte ein wohlgeformtes Kruzifix, denn für die aufgeklärten Theologen war der ans Kreuz geschlagene Herr »der Schönste, der Allerschönste aus allen Menschensöhnen, und selbst für die schönsten Engel des Himmels ein Gegenstand, an dem sie sich nicht genug schauen können.« Vernachlässigt man die überzeugend rekonstruierten Blutspuren der neuen Fassung, der geschnitzte Körper selbst weiß außer den obligatorischen Wundmalen nichts von den vorausgegangenen »Tormenten«. Relief und Volumen formen einen Gekreuzigten, der weder athletisch noch »zärtlich«, atmend ist – und doch beides zugleich. Auffällig, wie der obere Teil der Brust horizontalen Charakter annimmt, dadurch zu einem Expositorium des Hauptes wird. Denn das geneigte Antlitz, unter dem zur rechten Seite ein Schwall verklebter Haare hervorläuft, elektrisiert seiner prägnanten Lage wegen das gesamte Bewegungssystem des toten Körpers, das kaum als Wirkung von Last, Schub und Gegendruck empfunden wird, vielmehr als verklärtes Leben. Die penible Spiritualität der Körperbehandlung hat im Antlitz ihr Telos. In den scharf geschnittenen Sicheln der Lidspalten etwa, im aufgelösten Flechtwerk der Dornenkrone verdeutlicht sich, daß Jorhan mit minutiös geführtem Schnitzmesser ein Bild outrierter Seelenkümmernis und äußerster Seelenschönheit erreichen will. Diesem Antlitz ist die Lebensgestalt entzogen. Müde, lasch biegt sich die Kinnspitze vor; unter dem Jochbein sinkt das Gesicht ein. Dennoch gilt es uns als Inbegriff einer Vollendung im Tode. Das abgemarterte Haupt vermittelt das Ineinander von Aufzehrung und »Austheilung« im Erlösungshandeln des Herrn. Aufzehrung, weil Christus als Brandopfer völlig in psychischem Opferleiden aufgeht, nicht als Protagonist eines pathetischen Passionsereignisses, vielmehr mit einer geistig-tugendlichen Meditationskraft, welche die facies hippocratica zu einer Chiffre stellvertretend leidender Tugend erhöht. »Austheilung«, weil »die durch das Opfer erworbenen Güter« gleichsam evadieren, sohin das aufgezehrte Antlitz – vor allem die kaum noch geöffneten Augen, der fast geschlossene Mund – als teuerste Reliquie zu unserem Trost, als schönstes Denkmal der Philanthropie zurückgelassen wird. In der festen Stirne ist der Tugendkampf, den dieser Erlöser zu bestreiten hatte, für immer aufbewahrt.

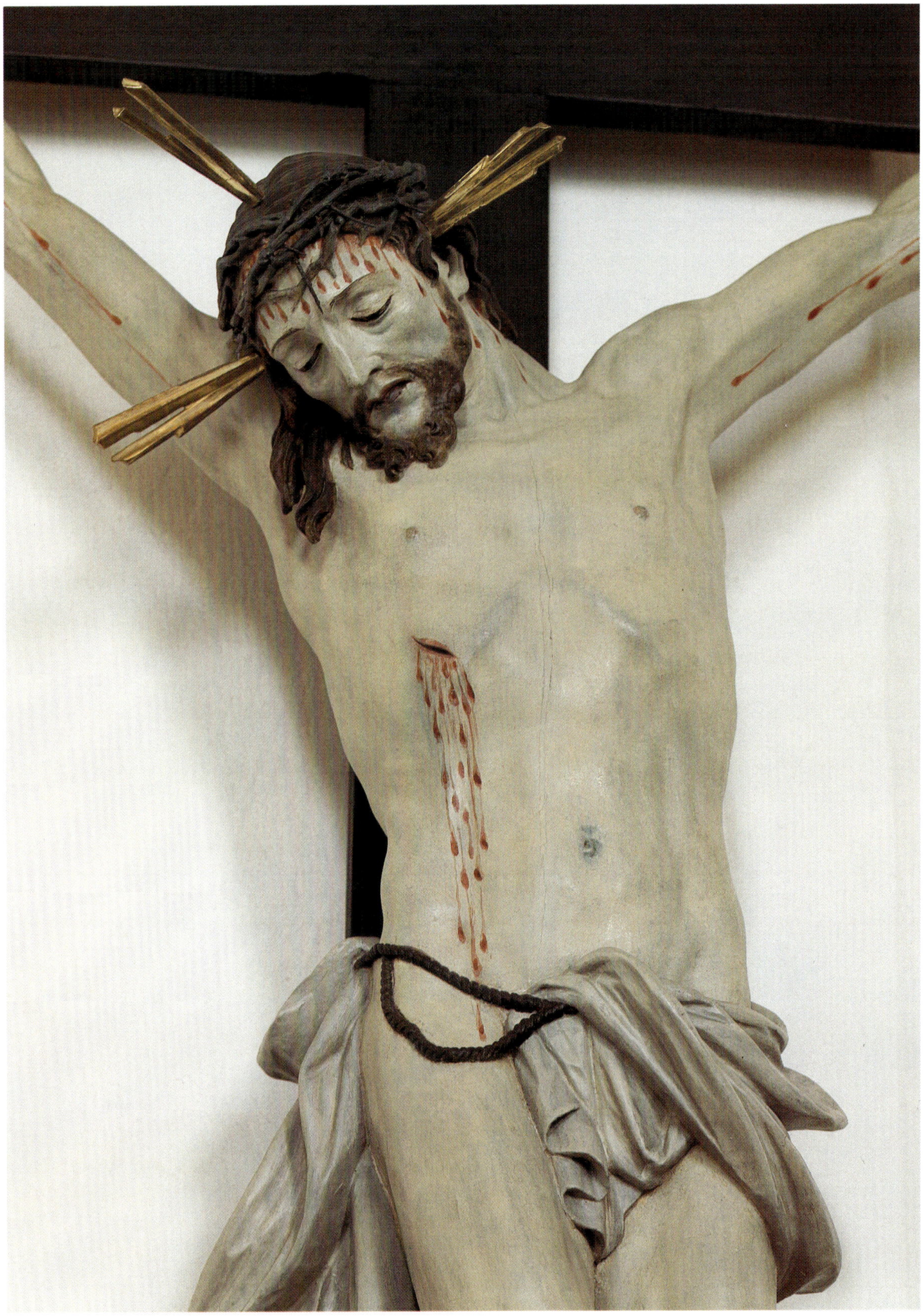

▷ 187 Stil mit einem paar jonischen Säulen. Schöner hab ich dieser Gattung noch nichts gesehen. Griechische Simplicität, Hoheit und Grazie fühlt man ihm bei dem ersten Blicke an.« 1790 wurde der Hochaltar, Dietls »Projekt«, für 325 Gulden Wirklichkeit. Stolz vermerkt er: »Alle Kenner sagen, er sey in seiner Art der schönste in Baiern.« Von ihm haben sich zumindest das Altarbild Ignaz Bergmanns, zwei Urnenvasen und zwei Adoranten erhalten, letztere, weil sie das Heilige Grab schmücken durften. Die Engel sind von »untadeliger kernhafter Körperform«, zeigen »eine schönere Menschenrace«. Auch für sie gilt, was Dietl vom gesamten Altar schrieb: »und schwerlich wird ein Kunstverständiger etwas daran zu meistern wissen«. – Als überraschend die erste Gemahlin des Hofmarksherrn starb, Marianne von Chlingensperg, schlägt der Fachmann in aestheticis vor, das Epitaph Jorhan verfertigen zu lassen, und übermittelt dem Bildhauer auch

Bester, theuerster Freund!

Schon wahr — unter unserm Consulate ist Vieles auf die beiden Kirchen verwendet worden. Das macht, unsre Vorfahren hochseligen Andenkens haben gar nichts verwendet; und nun traf Alles in den Zeitpunkt unsrer glorreichen Regierung zusammen. Jetzt aber läßt sich auch wieder was ersparen. Alles ist hergestellet; nur die neue Kanzel sollte noch gefaßt werden. Und dann — dieß geht Sie ganz allein an. — Es ist ein Familienstück — Der verkrüppelte Christus ober dem Beichtstuhl in der Pfarrkirche mit seinen Stumpfüßen und Riesenarmen, von den übrigen disproportionirten, grobgezimmerten Theilen seines plumpen, mißgestalteten Körpers nichts zu melden — nur der beleidigt noch jedes Aug, und contrastirt mit dem schönen Altare, mit diesem Meisterstück von Simplicität und Grazie, auf eine äußerst widerliche Art. Ich dächte, mein Lieber! Sie ließen die silberne Krone, und das silberne Herz, diese für den Gekreuzigten unschicklichen Zierrathen verkaufen, und zahlten etwa einige Gulden darauf, um von Jorhan ein Kruzifix zu bekommen, das würdig wäre, ein Familienstück zu heißen, und an diesem Platze zu stehen. Sie werden also in den Pfingstferien nach St. reisen, und bei dieser Gelegenheit den Ritter Joseph sehen. Melden Sie ihm recht viel Schönes und Freundschaftliches von mir! Ich schmeichle mir immer, ich mache mich auch ein bischen um ihn verdient, da ich es mir angelegen seyn lasse, seine künftigen Unterthanen zur Vernunft und Humanität zu bilden. Als Lehrer dieses Völkleins hab ich gleichwohl während 11 Jahren viel gewirkt. Heut ist eben der Jahrstag (der 8te May) da ich diese Pfarrei bezog. Ohne Eitelkeit darf ich wohl sagen, daß Alles in einem bessern Zustande ist, als jener war, worinn ich es fand. Dieß wird mein süßester Trost seyn, wenn ich scheide — Gott lasse mich und meinen Patron noch lange in Lieb' und Freundschaft zusamm leben! wo nicht, so vereiniget' uns ja ein Elysium wieder. Dieß- und jenseits

Ihr Yorik.

eine einschlägige Vorlage. »Oben kömmt in einem Bas-relief ein schönes Kunststück zu stehen – die mütterliche Nacht hüllt das Brüderpaar, den Tod und den Schlaf zur linken und zur rechten in ihren düstern weit ausgebreiteten Mantel. Das Bild ist von einer Gemme genommen.« Genauer besehen lag eine Invention von Asmus Jakob Carstens zugrunde, publiziert in der »Götterlehre« des Karl Philipp Moritz. Das Buch, ein zentrales Dokument der deutschen Klassik, war 1791 in Berlin erschienen. Ein Jahr später schnitzt Jorhan die Umrißzeichnung daraus nach. Einprägsamer ist die Aktualität seines Spätwerks nicht zu illustrieren. 1797 muß er dann das Epitaph für den Gatten der Verstorbenen vorfertigen, in genauer Entsprechung zum Vorbild, an der gegenüberliegenden Chorseite der Kirche. Selbst zu diesem Zeitpunkt ist der Meister so mit Aufträgen überhäuft, daß sein Entwurf warten läßt. »Noch hat Jorhan keine Zeichnung eingereichet. Er ist eben mit Kirchenarbeiten beschäftiget, die nächstens fertig seyn müssen; und denkt vielleicht: mit einem Grabstein für einen Lebenden hat es keine Eile.« – Das bedeutendste Werk für Heilig Blut und seinen Pfarrherrn sei an den Schluß gestellt. Ein altes Kruzifix störte die Harmonie der neuen Einrichtung. Es »beleidigt noch jedes Aug, und contrastirt mit dem schönen Altare, diesem Meisterstück von Simplicität und Grazie, auf eine äußerst widerliche Art«. 1796 vermeldete Dietl stolz, daß die »Mißgestalt von einem Christus (...) nun auch gegen ein Meisterstück der Bildhauerkunst ausgewechselt« sei. Das Lob ist keine Floskel. Jorhan will Wahrheit, körperliche und geistige. Die leidende Schönheit dieses Herrn versteht, wer im gekreuzigten Gottmenschen auch die äußerste, höchste Transzendierung menschlicher Möglichkeiten sieht. Zu diesem Humanum gehört die Wohlgestalt, die geheime Lebendigkeit des Toten in Körperrelief und Körpersprache, gehört zugleich das verweinte, von Tränensäcken und Augenringen gezeichnete Antlitz. Barmherzigkeit, mitfühlendes Leiden an der Sünde der Menschen drückt sich in ihm aus, denn Christus lebt ein Höchstes an Tugend vor. Größer als jedes körperliche Leiden ist die Trauerarbeit, die vergebende Seelenpein und Seelengröße, die sein Gesicht zermartert und verklärt.

Zwischenspiel

Da wir im letzten Kapitel, in welchem der Ruhm des späten Jorhan nachgezeichnet, zugleich die Karriere des Bildhauers bis vor ihren Umschlag in die Katastrophe verfolgt wurde, – da wir mit ihm einen gewissen Abschluß erreicht haben, sei in Anlehnung an die Kunstpraxis des 18. Jahrhunderts eine »Digression«, eine Abschweifung gewagt: unangekündigt, als Surprise. Eine kleine, überschaubare *Kunstprovinz,* das Gebiet um *Wolnzach,* diene dazu, Reiz und Mühe der Jorhanforschung vorzustellen, indem alle derzeitig bekannt gewordenen Werke dieses Raumes besprochen werden. Die Behandlung ist im Gegensatz zu den anderen Abschnitten des Buches improvisatorisch, soll bewußt Werkstattcharakter zeigen, da der Verfasser hier mangels Zeit erst am Anfang der archivalischen Absicherung steht, die Ermittlung der ursprünglichen Aufstellungsorte nicht überall geleistet und die Rekonstruktion der originalen Zustände noch hypothetisch ist. Wie in einem Capriccio folgen auf knappe Werkbeschreibungen ganz langatmige, mit umfangreichen ikonographischen Zitaten, auf einige wenige, wahrscheinlich willkürliche Fragen ziemlich gewundene Erklärungen. Wem das zu anstrengend ist, dem sei geraten, dieses Kapitel zu überschlagen; die meisten Leserinnen und Leser der Jorhanzeit hätten es so gemacht.

Geschichtliche Voraussetzungen; Probleme

Im 18. Jahrhundert waren einige Flecken um den Markt Wolnzach eine winzige, sogar zweigeteilte Exklave des Rentamtes Landshut: ein eigenes Pfleggericht. Für die Beziehungen, welche sich zu Jorhan herstellen, wird wichtig, daß die Grafen von Königsfeld in der Pfarrkirche des Hauptortes, in der Sebastianskapelle, eine Sepultur hatten. Wie Wolnzach der politischen, verwaltungsmäßigen Zugehörigkeit nach eine exponierte Lage besaß, so gilt das für die kirchliche noch heute. Es liegt »an der südwestlichen Grenze der Diözese

Regensburg, dort wo sie an das Erzbistum München-Freising und an das Bistum Augsburg stößt«. Sind die historischen Umstände interessant, die Aufgaben, welche eine kunstwissenschaftliche Behandlung der einschlägigen Objekte zu lösen hat, gleichen einer Quadratur des Kreises. Bei fast allen ist die Autorschaft billigerweise nicht zu bezweifeln. Doch fehlt es noch weitgehend an einer archivalisch hieb- und stichfesten Absicherung. Vor allem aber ist an der Aufstellung viel geändert worden, ist Wichtiges verlorengegangen und Neues aus ganz anderen Werkzusammenhängen hinzugekommen. Selbst wenn die Quellenforschung einmal eindeutigere Ergebnisse bringen mag, werden viele Ungereimtheiten bleiben, werden Jorhans Arbeiten zu unterschiedlichen Rekonstruktionsversuchen reizen. – Zunächst sei ein nicht mehr existierender Hochaltar besprochen, dessen Engel für den Landshuter Bildhauer wenigstens indirekt zu dokumentieren sind, dann in stilgeschichtlicher Reihenfolge die wichtigeren Altaranlagen und Skulpturen.

Geisenhausen

Da das »Marianische Pfarr-gottes Haus« in Geisenhausen einen Hauptaltar besaß, der »alters halber theils an der Faß arbeit, mehreren Theils aber im Holzwerk (...) abgewürdigt und von Holz Würmern vermodert« war, wollte man 1787 für 300 Gulden einen neuen aufstellen. Der Wolnzacher Schreinermeisterssohn Matthias Dirmayr, der auch die figuralplastische Arbeit und die Ornamentik verlegte, forderte 120 Gulden, der »Flach- und Fassarbeither« Felix Ignaz Peschl für Marmorierung wie Vergoldung 180. Weil man den Gesamtpreis um 100 Gulden drücken wollte und die Betroffenen energisch sich dagegen wehrten, blieb der ganze Vorgang in actis. Der Kistler hatte sich durch Jorhan einen halbseitigen Entwurf zeichnen lassen (StA La, Rep. 42 Fasz. 89 Nr. 1231). Auch renommierte man damit, daß der Altar »wegen der von einem geschicklichen Meister verfertigten Bildhauer Arbeit« eine »sonderbare Achtung gegen das gotteshaus und (die) gnaden Büldnis bei dem Publico erregen würde«. Erst in diesem Jahrhundert hat man das Retabel und seine Kindl beseitigt.

Gosseltshausen

Die zeitlich frühesten Arbeiten stellen unserer Auffassung nach die vier großen Evangelisten im Hochaltar von Gosseltshausen dar. Sie standen einst im niederbayerischen Reisbach. So vertrackt sind die Wanderwege Jorhanscher Skulpturen! Ihre Anordnung entspricht den alten Verhältnissen. Innen bilden Matthäus (rechts) und Johannes (links) als der erste und letzte Evangelist den geistigen Schwerpunkt, außen sind es vor allem der Löwe des Markus und der Stier des Lukas, welche die Bewachung des Allerheiligsten übernehmen. Selbstverständlich, daß kompositionelle Gemeinsamkeiten das Unterscheidende den Augen erst angenehm und dem theologischen Sinn entsprechend zur Anschauung bringen. Reiche, mit Gold belegte Kleider und Umhänge, oft nur mühsam auseinanderzuhalten, dokumentieren ihre Würde. Die Attribute beherrschen den Sockelbereich, nur beim Matthäus läßt man heute in Unkenntnis der alten Praxis den zugehörigen Engel in das Buch schauen. Diese Evangelien sind aufgeschlagen, beanspruchen aber nur je einen Arm, weswegen die anderen für unterschiedliche Aktionen frei sind: Die Wächter der Außenseite dozieren; Matthäus legt gleichsam beeidend die Hand auf seine Heilige Schrift, Johannes scheint einst eine Feder gehalten zu haben. Die Köpfe sind zur Mitte gerichtet, einem aufblickenden folgt ein gesenkter. Besondere Mühe hat sich Jorhan die Durchbildung der Gewänder kosten lassen, obwohl einige Motive alles andere als neu sind. Im Kleid des Matthäus arbeitet er mit der Schüsselfalte, das des Johannes ziert eine schlauchartige Einrollung. Lukas besitzt ein über die linke Armbeuge herabhängendes Tuchdreieck und einen andrapierten Mantelguß, einen dem Leib vorliegenden, winkelförmigen Stoffschwall. Am interessantesten (dafür am summarischsten ausgeführt) die Y-Form der Markusgewandung, mit senkrechtem Sturz des linken Mantelendes, das sich zu einer Röhre von geringem Lumen eingerollt hat. Prägend bei allen vier Skulpturen die gewissenhaft unterschnittenen Säume und die Rollungen, die walzenartig sind oder dergestalt aufstehen, daß der Stoff einen nach innen gezogenen Zylinder bildet, der sich an der Vorderseite mit einem kleinen Spalt öffnet. Durch noch manche andere Feinheit werden die Manteltücher zu einem nicht geringen Teil Stoffbahnen, die sich vom figuralen Block ablösen; vorkragende, abstehende Draperiepartien, welche in die mittlere Periode Jorhans vorweisen. Wenngleich die Evangelisten zur Zeit nicht datiert werden können, darf man in ihnen eine Fingerübung für jene Gipfelleistung seiner Monumentalplastik sehen, welche mit dem Evangelistenquadrupel von Heiliggeist in Landshut erreicht worden ist. Noch fehlt deren monumentalisierende Kompaktheit, die zupackende Mimesis in Gestalt (etwa: Präponderanz der Oberkörper), Physiognomie (etwa: komplexe Sprachspiele der Münder und Augen), Gewandung (etwa: expansives, Raum beanspruchendes Gegeneinander von Kleid und Mantel). Die beiden Putten aus dem Orgelprospekt, gleichfalls wohl aus Reisbach, bestärken uns, die Arbeiten in die späten sechziger Jahre zu legen: zwei Kindl von rustikaler Fröhlichkeit; Volkstümlichkeit ohne falschen Zungenschlag und dennoch nichts als Kunstprodukt. Die Datierung darf sich auch auf die Beobachtung berufen, daß der Johannes Evangelista, der die Invention Wenzel Jorhans für Seligenthal verarbeitet, stilistisch vor der linken Assistenzfigur des Hochaltars in Aufkirchen bei Erding (1771) liegt.

Walkersbach

Aus dem unbeholfenen, schmuckfreudigen Landrokoko der Filialkirche Walkersbach, das »nicht ohne Reiz gearbeitet ist«, stechen die Skulpturen der beiden Seitenaltäre und sechs Putten derart heraus, daß es einem schier den Atem verschlägt. Wie sie in das Kirchlein gekommen sind, war noch nicht zu ermitteln. Rechts ein heiliger *Leonhard,* begleitet von zwei Kindln (flache Haarauflage, »griechische« Glutäen; beim rechten hochgezogene Augenbraue mit Stirnfalten), die auch im originalen Zusammenhang als Schildhalter zu ihm gehört haben dürften. Mit dem Text der Ovale wurde dem Heiligen die knappe, »mörkliche Moral« seines Helfertums beigegeben. Daß die dem Körper eingestemmte regula Sti. Benedicti das Gewand hochreißt, ist obligatorisch und ein Topos – doch bis in die Mitte der Skulptur, durch eine breite Goldbordüre zusätzlich unterstrichen, dies muß als Jorhanisch gelten. Der Röhrenfaltenstil, die Breite des Oberkörpers, die Stereometrie des Kopfes weisen in die späten achtziger Jahre. – Der Größe nach zweifelsfrei Gegenstück, steht auf der Frauenseite eine *Immaculata,* ohne Übertreibung eine der wichtigsten, geglücktesten Antworten, die der Bildhauer in dem kaum zu übersehenden Bereich seiner Marien gefunden hat. Wer sich von dem luftigen Agitato – kein Widerspruch! – der Tuchbauschungen täuschen läßt, der Unmittelbarkeit ihrer hakenschlagenden, ausschnellenden Mantelschwünge, dem lodernden Liebreiz ihres Gerierens verfallen ist, dem muß sie als die Vollendung der Stiltendenzen aus der Thalheimer Zeit erscheinen. Der Körper will sich denn auch verflüchtigen, in empfindsam rauschende Bewegung aufgehen. Gräzismen im Haarschmuck, ein entschieden vorgesetztes Spielbein – rationale Motivation des so emphatisch querenden Mantelzipfels –, abermals viele Röhrenfalten und großzügig sich wölbende Tuchsphären belehren eines Beßren. Das Gesicht ist so extrem maskenhaft wie das einer Medusa, nur hier als Superlativ des Lieblichen, Verklärten und Reinen. Die Formmittel der Rokokoemphase werden noch einmal zurückgerufen, weil sie sich eignen, an der Immaculata einleuchtend zu bezeichnen, daß sie in toto durchwirkt ist vom Heiligen Geist. Ihr Bildnis muß sie, in der Gott seine »Wohnstatt« genommen, »subtiler, reiner und unbegreiflicher« zeigen als alles andere, was je auf dieser Welt existiert.

»Wann die Immen das Hönig in einen Immen=Korb sammeln wollen/ bekleyden sie bevor selbigen mit schneeweisser Kreid/ alle dunckele und unangenehme Schwärtze außzulöschen: wie vil weniger wird GOTT in dir/ O. H. Jungfrau/ alle finstere Unsauberkeit der Sünd haben gedulten wollen? die du soltest in deinem allerheiligsten Leib/ gleich einer arbeitsamen Immen/ den jenigen Göttlichen Hönig=Fladen zubereiten/ von dessen Süssigkeit alle Theil der Welt erquicket werden.«

Die beidseitig angebrachten Putten sind viel zu groß, gehören indes wie die Leuchterengel an der Kreuzigungsgruppe (einst Tabernakelakoluthen!) derselben Ausstattung an. Dem Zeugnis nach, welches die Skulpturen ablegen, muß es sich um ein bedeutendes Jorhanensemble gehandelt haben, das wohl irgendwo in der Diözese Regensburg zerschlagen wurde, bevor man Teile von ihm in die Filialkirche gab. Sich Walkersbach als ursprünglichen Standort der Werke vorzustellen, widerstreitet jedem Gefühl, ist jedoch nicht mit letzter Sicherheit auszuschließen.

Wolnzach: Sebastiansaltar

Die Pfarrkirche St. Laurentius besitzt in der sogenannten Königsfelderkapelle einen Sebastiansaltar, von dem schon die »Kunstdenkmale des Königreiches Bayern« (1895) behaupten, er sei »durch seine üppige und kecke Rococodekoration bemerkenswerth«. Stilvergleich zwingt zu der Annahme, daß Jorhan sein Entwerfer war, trotz der Nähe zu jenen Rocaillegebilden aus Stuckmarmor, welche für die Wessobrunner so typisch sind. Die Inventionskunst des Landshuter Meisters entfaltet sich überhaupt innerhalb eines Horizonts an Anregungen, welcher um vieles weiter ist als etwa der eines Matthias Fackler; donauländische Bezüge (Beispiel: Altarbekrönung in Michaelsbuch – Nebenaltar in St. Veit, Krems) spielen ebenso herein wie oberschwäbische Reminiszenzen (Beispiel: Schiffskanzel in Niederding). Ex negativo ist zu konstatieren: im Vergleich zum Rokokoaltar der Elsenheimerkapelle derselben Kirche ein Unterschied in der Qualität, der nicht hoch genug anzusetzen ist. Positiv: Die innere Verwandtschaft mit dem Tabernakelentwurf für Frontenhausen (siehe Seite 231) und Übereinstimmungen mit den Rissen für Michaelsbuch können nicht als Zufall abgetan werden. Es besteht nur das Problem, daß Jorhans »Visier« zunächst wohl aus Finanzierungsgründen nicht rein verwirklicht wurde und daß der Bildhauer in den neunziger Jahren beim Einbau seines Sebastiantableaus selbst eine Redaktion vorgenommen hat. (1.) *Jorhans Altarkonzeption* (und ihre erste Einlösung): Den Rundbogen der Mitte rahmt eine an den Rändern durchbrochene, mit schwingenden C-Bogenspangen und Gebälkfragmenten instrumentierte Retabelwand, die außerdem in sanfter Einmuldung die Mensa andeutungsweise umstellt. Bevor man zum Beweis der Autorschaft an einen Vergleich der Einzelformen denkt, sollte man auf die bei weitem aussagekräftigere Dynamik, auf den ungebärdigen, überschießenden Zug achten, der den überlieferten Rissen und dem Wolnzacher Altar gemeinsam ist. Wie der Tabernakelentwurf für Frontenhausen von »Augen«, von verzogenen, aus C-Bögen gewonnenen Durchbrüchen lebt, so auch das Sebastiansretabel. Beidesmal besitzen fragmentierte Dachungsschenkel ein Hauptgewicht, kommt es zu flachen Einrollungen, werden Begrenzungslinien mit Ornamentik bezogen. Viel überzeugender dies: Trotz des auratisierenden Impromptus im Rahmenbereich zeichnet den Altar eine grundsolide Logik aus. Bereits in der Visierung müssen Glaube und Hoffnung als Personifikationen im Sockel die gemäßigte Schräge der auslaufenden Gesimspartie besetzt haben; an der Spitze des gleichschenkligen Dreiecks agierte die Liebe. Die Darstellung des heiligen Sebastian, des bewährten Nothelfers, adeligen Beschützers zu Lebzeiten und in der Stunde des Todes, bildet hingegen das betonte, herausgehobene Zentrum der Anlage, die nichts anderes vorstellt als eine Nische, welche mit einem Wandteil im Style rocaille umgeben wird. Die ornamentalen Bildungen verklären ästhetisch, die Skulpturen dienen hingegen zur Exegese der durch den Heiligen verkörperten Werte. Nicht die lockere Außenzone wird entscheidend, sondern der plane Triangel, innerhalb dessen die drei Tugendpersonifikationen den Altarpatron in vielerlei Hinsicht situieren. – Man hat davon auszugehen, daß die beiden Putten, welche heute fast auf gleicher Höhe mit der Caritas an einer abschließenden Ornament»girlande« sitzen, zunächst anders angebracht waren. Außerdem stellt sich die Frage, ob diese überfangenden Arabesken – von den Fehlgriffen der Wolkenapplikatur aus Jorhanschem Bestand einmal abgesehen (1913?) – ihrer provinziellen Qualität wegen das Konzept nicht zu stark verdunkeln. Alle Schneidarbeiten dürften auf Felix Ignaz Peschl zurückgehen. Man möchte ihm am liebsten auch die drei mit Früchten beschäftigten Kindl und den das Kreuz haltenden Putto zuweisen. Sie gelten uns aber als recht durchschnittliches Werkstattgut aus Landshut, scheinen uns zudem der wichtigste Beleg dafür zu sein, daß zunächst (um 1770?) nur eine Notlösung herbeigeführt wurde. Anstelle der drei geplanten Tugenden wurden vermutlich für die oberste Dachung der Kreuzhalter, an die jeweiligen Enden der äußeren, freien Giebelschenkel die beiden Putten mit Blumenkorb beziehungsweise -schale geschnitzt, während das Kindl mit dem Füllhorn in der Mitte des großen Gesimsbogens befestigt gewesen sein dürfte, wo heute die Personifikation der Liebe zu sehen ist. Damit war im Auszug Freiraum für ein (Oval-?)Bildchen; den damals noch kleineren Rundbogen füllte vielleicht eine nicht allzu große, alte »Gnaden-Bildnuß« des heiligen Sebastian. (2.) *Fides, Spes, Caritas:* Ob die Personifikationen erst in den neunziger Jahren beim Einbau der Sebastiansgruppe aufgesetzt wurden oder bereits früher (nach 1780) – stilgeschichtliche Erwägungen führen zu einem Unentschieden. Die Arbeiten, bei deren Ableitung man unter anderem an Straubs Tabernakelfiguren für den Hochaltar des Klosters Polling denken wird, sind die bisher einzigen bekannt gewordenen Beispiele für große, personifizierende »Weibspersonen«, sind in Jorhans Œuvre ein Unikat, weil der Bildhauer sonst nur bei Tabernakeln die göttlichen Tugenden darstellt, hierbei Genien oder Putten verwendet und die Caritas durch die Funktion der Anlage hinfällig wird. Die stattlichen Frauen treten nicht als Allegorien auf, sondern als sprechende und handelnde Wesen, die zwar zur Kenntnisnahme durch den Betrachter ein mächtiges Kreuz, einen Admiralitätsanker und ein flammendes Herz inserieren, doch ihre Bedeutung hauptsächlich als geschwisterliche Aktricen entfalten, wobei die Liebe als Erst- oder Höchstgeborene im Auszug des Retabels thronen darf. Aufgrund der einheitlichen Vergoldung erübrigt es sich, die Gewandung en détail zu verzeichnen. Alle Personifikationen tragen ein Mie-

▷ 210

Sebastianstableau *(nach 1790), Mittelstück im Altar der Königsfelderkapelle der Pfarrkirche von Wolnzach*

Eine angemessene Betrachtung der Gruppe setzt voraus, daß man sich zuvor wesentliche Umstände aus dem »Kampff und Lebens=Lauff Sebastiani« vergegenwärtigt, dieses »unüberwindlichen GOttes=Helden« – und zwar so, wie sie im 18. Jahrhundert noch als unumstößliche Wahrheiten der Historia gegolten haben. Es ist ihm »billich der Name eines doppelten Martyrers« beizumessen, weil er sein Leben gleichsam zweimal in der Christenverfolgung des Kaisers Diokletian preisgegeben hat. Denn zunächst wurde er »mit Pfeilen durchschossen« (Scheintod), dann vor den Augen des »ergrimmeten« Tyrannen totgeprügelt. Wie die Wolnzacher Darstellung zeigt, war der Heilige »schön von Angesicht, ansehnlich von Leibs=Gestalt«, an »Geblüth ware er Hoch=Adelich, an Tugend Wunderwürdig«, weshalb ihn Diokletian »dermassen werth hielte«, daß er ihm »den besten Theil seines Kriegs Volcks, nemlich seine Leib=Guarde als Hauptmann gnädigst anvertraute«. Christusförmig, wie bei einer Kreuzabnahme, sinkt im Tableau der Gemarterte den Baumstamm herab. Das hängt vordergründig (historisch) mit dem Bericht zusammen, daß »die Kriegs=Knecht in Erachtung, er seye schon todt«, »die Band« auflösten (bei Jorhan nur eines). Der tiefere Sinn der Bildanalogie liegt in dem zentralen Gnadenereignis, dessen Sebastian vor seiner Marter gewürdigt worden ist. Nachdem er zwei andere Christen, Marcus und Marcellanus, in ihrer Todesbereitschaft bestärkt hat, erscheint ihm »der himmlische König Christus in unbegreiflicher Majestät, welcher Sebastianum mit einem liebreichen Kuß begnadend, sagte: du sollst ein unsterblicher Fürst meines Göttlichen Pallasts, ein ewiger Gast meiner Tafel, und immerwährender Genosse meiner Glory seyn.« Durch den Bruderkuß ist der Heilige in einen Rang versetzt worden, den der Bildhauer zunächst in der Gestalt (unter anderem: Nacktheit!), sodann durch anspielungsreiche Körperstellung und Besonderheiten in der Ausformung des Antlitzes abzubilden versucht. Weil Sebastian vor Diokletian den gekreuzigten Herrn ohne Wenn und Aber bekannte, wurde »der Christliche Held (...) fortgeführt, der Kleyder entblösset, an einen Baum geknüpfft, und in solcher Menge der Pfeil angeschossen, daß er einem Igel mehr als Menschen gleichete. Auf solchen Pfeil-Regen wendet der H. Ritter seine Augen zu GOtt, bezeiget solche Hertzens=Freud, als hätte es lauter himmlische Süßigkeit auf ihn geregnet: fanget an Psalmen zu singen, GOtt für die Gnad der Marter zu dancken, mehrer Pein auszubitten / in Liebs=Seufftzer auszubrechen und endlich mehr aus gemelter Lieb GOttes als Schmertzen zu sincken.« Die Exklamationsgeste seines verzückten Mundes ist denn auch durch und durch ambivalent; beim Sterbenden am Kreuz Entäußerung und Vollendung, bei Sebastian grenzenloser Schmerz und im gleichen Atemzug bekennendes, alle Pein vergessen lassendes Gotteslob. Freilich, die Wolnzacher Gruppe stellt in Wirklichkeit das nächste Kapitel der Märtyrerhistorie dar, was aber bekanntlich nicht ausschließt, daß aus der Vorgeschichte sämtliche Momente von Wichtigkeit zumindest allusiv in die Darstellung hereingenommen werden. Als »durch das Anschauen dises herrlichen Kampffes« die »so beglückte Sonn untergegangen« war, wollten eine Christin und ihre Dienerin, besser: Glaubensgenossin dem Leichnam »durch eine ehrliche Begräbnuß (...) die letzte Lieb (...) er-

Sebastianstableau *(nach 1790), Mittelstück im Altar der Königsfelderkapelle der Pfarrkirche von Wolnzach (Fortsetzung)*

weisen, vermercken aber, wider verhoffen, daß er annoch Zeichen des Lebens habe«. Die Bergung des Heiligen, Kulthandlung, die zeigt, wie sorgsam man mit dem Leib des der Glorifikation gewürdigten Sebastian umzugehen hat, bildet den eigentlichen Bildinhalt dieser martyriologischen Laokoongruppe. – Will man verstehen, weshalb aus der Skulptur eines Altarpatrons ein Tableau, eine dreifigurige Summation Sebastianischer Verdienste wurde, muß man wissen, daß die Holledau – ihr Hauptort: Wolnzach – ein traditionelles Zentrum der Kastulusverehrung ist. Die heilige Matrone, welche soeben aus dem rechten Unterarm des wieder zum Leben erwachten Leidenden einen Pfeil entfernt, ist nämlich »die Haußfrau Castuli des Märtyrers, Namens Irene«, welche es »bey eitler Nacht« gewagt hatte, »sich in der Still auf disen mit dem H. Blut häuffig übersprengten Platz« zu begeben. Sie hat hierzu eine Helferin mitgenommen, die durch Haarband und »antique« Frisur als edle Griechin gekennzeichnet ist und damit einer Confidente aus zeitgenössischen Schauspielen gleicht. – Die Kompositionskunst der Gruppe oder auch nur die Gewand- und Körpergestaltung Jorhans auszuleuchten, würde zu einem umfangreichen Unterfangen werden. Wen die Technik geometrischer Aufbereitung interessiert, mag die Anordnung als ein Kompendium aller nur denkbaren Bezugsbildungen studieren. Begriffen vom eigentlichen Können des Bildhauers hat er wohl noch wenig, denn sein Tableau lebt aus der Empathie, dem rückhaltlosen Einfühlen in Situation und Bedeutung. Schon der Baumstamm mit seiner für Jorhan ungewöhnlichen Vertikalität kann dies veranschaulichen. Er ist heilsbedingender Ort der Marter in Erinnerung an das Kreuz. Seinem Herrn vergleichbar ist Sebastian noch an einen Ast gebunden, so daß der Unterarm schmerzvoll abgeschnürt wird (Charakterisierungskunst!). Die Verwandtschaft mit der depositio Christi wurde bereits erwähnt: Wie der tote Leib seines Vorbilds in die Hände des Joseph von Arimathia sinkt auch der Heilige zusammen, windet, dreht sich sein Körper nach zwei entgegengesetzten Richtungen; schrankenloser Exhibitionismus, gefährlichste Entfernung von den Geboten des Schicklichen, um ein hagiographisches Theologumenon bis auf den Grund auszuschöpfen. Die beiden goldgleißenden Figuren rahmen dieses zweite Ecce homo ein. Die rechte Hand des Sebastian reicht weit zum Betrachter vor, als sei sie zur veneratio, zum Kuß, dargeboten. In welcher Weise die pfeildurchbohrten Beine fast aus dem Bild heraustreten! Der kostbare Leib selbst, mit seinem naturalistisch häßlichen Aderngeflecht am rechten Arm, ist wahrhaft eine Preziose, die weder Irene noch ihre schwesterliche Gehilfin berühren: isolierter, höchstes Mitleid, höchste Bewunderung und höchste Verehrung heischender Bildkern, der seinerseits im Antitz die Summe aller Summen enthält. Der dem Laokoon entnommene Aufblick des bartlosen Heiligen kündet neben vielem doch vor allem nur das eine, die dem Kuß Christi, des Seelenbräutigams, antwortende, dankende Übereignung, besiegelt im Schmerz des Martyriums. – Zwei kontrastierende Handlungen rahmen die spirituelle Mitte. Die Gehilfin durfte einst in lautem, affektischem Schmerz, unter verzweifeltem Aufblick, einen versilberten Pfeil halten, das Ehrenzeichen der Erwählung Sebastians durch den Herrn. Außerdem reinigt sie den Leib vom vergossenen Blut.

Sebastianstableau *(nach 1790), Mittelstück im Altar der Königsfelderkapelle der Pfarrkirche von Wolnzach (Fortsetzung)*

Sie verkörpert die mitleidende, gläubige Seele, ist deshalb privilegiert, auf einem erhöhten Natursockel, in einer unentschiedenen Mittellage zwischen ehrfürchtigem Knien und sehnend-bemühter Streckung die Zone der Heiligkeit zu tangieren, den geheiligten Körper durch das weite Delta ihrer Arme zu umfassen. Irene hingegen steht schon ihrem Podest nach mit Sebastian auf gleicher Höhe. Dem Aufblick der einen Seite kontrastieren gefaßtes Auftreten und gezieltes Tun. Trauer ist vornehmlich nur in dem verhüllenden Kopfschleier spürbar. Das Entscheidende bleibt das Wissen der Gleichgesinnten, welcher der Himmel alles und die Erde nichts ist. Ihrem rechten Arm liegt der des Gemarterten auf, freilich eine gewaltige Lage des Mantels gleichsam als Kissen dazwischen. Auf diese Weise kann die Samariterin gewissenhaft einen der Pfeile extrahieren. Wie hier – verallgemeinernd gesprochen – drei zylindrische Formen übereinander verfugt, in einem Kontrapunkt dreier vollkommen eigenwertiger Stimmen zusammengebracht werden, das hat Jorhan zu dieser Zeit kaum noch einer nachgemacht. Nur die Beweinungsgruppe in Egenhofen (Landkreis Fürstenfeldbruck), die mit hoher Wahrscheinlichkeit gleichfalls vom Landshuter Meister stammt und gegen 1800 entstanden ist, zeigt eine ähnlich kühne Interaktion unterschiedlichster Bewegungsgesten im Raum. Egenhofen und Wolnzach vermögen auch zu demonstrieren, welches Verhältnis der Bildhauer zur Plastik des immer paradigmatischer werdenden Altertums hat. Er benutzt Drapierungs-, Bewegungs-, Aufbau- und Gestaltmotive. So bildet in Egenhofen die vollplastische Genia, welche den Leichnam Christi hält, – eine Eirene –, das Bewegungsmotiv antiker Niken nach; bei einem Johannes Baptista aus der ehemaligen Sammlung Wilm (Abbildung im Ausstellungskatalog von 1931, Seite 70) meint man, einen Poseidon vor sich zu haben. Die Assistierende des Wolnzacher Tableaus und auch die Matrone – aus frontaler Ansicht oder an den ausgearbeiteten Seiten – versammeln in ihrer Gewandung alle Affektik, welche Jorhans Zeitgenossen an den Niobiden bewunderten. Aber entscheidend wird nicht das Wörtliche; es löst sich ausnahmslos bei genauer Betrachtung zu einem Nichts auf. Als ob beim christlichen Gegenprogramm zur neuen Profanität jedes unmittelbare Zitat tabuisiert wäre, bleibt es bei atmosphärischen Korrespondenzen und einer Festigung, einer noch bewußter werdenden Einbindung der skulpturalen Aktion in den Raum. Das ist überhaupt das Königszeichen der keineswegs großformatigen Gruppe in Wolnzach, dieses Hervortreten an die beleuchtete Bildaußenseite, das Zurücktreten ins Dunkel, diese von der Seite zur Mitte vorstoßenden Bewegungsimpulse, die von der Mitte zurückstrahlende Responsion: Eine anrührende imago doloris, spirituelle Fraternität in klassizistischer und bewegter Sprache. – Neben dem Antlitz des Sebastian besitzt das Werk einen zweiten Höhepunkt, der dem des geschwisterlichen Paars von Maria und Johannes im Hamburger Museum für Kunst und Gewerbe vollkommen gleicht. Die ostendierte, ins Licht gesetzte Hand stellt für die bittenden Gläubigen ein Zeichen der Huld dar, eine Gewähr, daß der Heilige für sie ebenso zartfühlend handelt, wie Irene und ihre Confidente mit geradezu ritualisierter Empfindsamkeit soeben seine noch irdische Er»lösung« vollführen.

Verkündigungsgruppe *(nach 1790), Pfarrkirche von Wolnzach*

Gabriel, seinem Namen nach die »Stärke Gottes«, verkündigt der demütig am Bet- und Lesepult knienden Jungfrau die frohe Botschaft. – »Et ingressus angelus«. Der Erzengel ist gerade in die zu imaginierende Stube der betenden Gottesmagd »hereingedrungen«. Noch wirbeln die Wolken in die Höhe, wirft sich die Tuchschleppe seines Mantels zu einem erregten Bogen auf, schon jedoch hat vor allem der rechte Fuß über dem Wolkenberg Tritt gefaßt. Er ist der Fürst aller Himmelsboten, trägt einen Brustpanzer über dem geschürzten Kleid, ein weit ausladendes Pallium als Zeichen seiner Würde: ein Gewandungsstück, das der Bedeutung seiner Mission angemessen ist. Arme und Körper, alles an ihm führt die Gebärde des »Ave« aus; mehr als nur ein Gruß (»salve«), mehr als ein Hinweis auf die Unermeßlichkeit der zu überbringenden Freuden (»gaude«). Der rotierende Ärmel der erhobenen Rechten spricht von der umstürzenden Macht seiner Botschaft, der eingezogene linke Flügel huldigt bereits der zukünftigen Himmelskönigin. Diese ist wahrhaft Magd des Herrn; »ecce ancilla Domini/ fiat mihi secundum verbum tuum«. Sie hat sich über das Wort des Alten Testaments gebeugt, das sich in ihr inkarnieren soll (Vorgeschichte). Mit leicht gewendetem Haupt verharrt sie in Adoration, die Hände gefaltet, den Oberkörper gebeugt – hebt jedoch zugleich »nach Gebühr« (decenter) das Haupt, der Botschaft lauschend. Sie geht auf in ihrer Hinnahme, in der Haltung des accipere (Gegenwart). Festlich wie eine Braut ist sie geschmückt: ein rauschendes Kleid aus reinem (»weißem«: Unschuld) Silber, ein Mantel aus Gold, ein flatterndes Haarband. Die Herrlichkeit der Gewandung antizipiert die Würde der regina coeli (Zukunft). – Auf eine eindringlichere Deutung der Skulpturengruppe muß verzichtet werden. Es wären vor allem die Verkündigungsinhalte und das Hören Mariens herauszuarbeiten, wäre zu zeigen, inwiefern die Annuntiation vornehmlich ein Werk des Heiligen Geistes (zugehörige Taube!) ist. Dabei würde sich ergeben, daß der Erzengel das siegreiche Gegenstück zur Schlange bildet und die Muttergottes als eine zweite Eva auftritt, die nun auf richtige Weise hört, durch Schrift und Engelsbotschaft alles weiß, was zum Heil der Welt notwendig ist. Formal wird die Einheit der Skulpturen hauptsächlich durch Schrägen hergestellt, die von Gabriel aus, von »oben« somit, beide durchziehen. Seine beschwichtigende Linke weist auf die Schrift. Der Kraftrichtung, welche sein rechter Flügel nachzeichnet, entspricht, daß der Mantel Mariens zum Ausklang in turbulenter Figuration wegrauscht. Der aktiven Offenheit in Körperführung und Umriß der Standfigur antwortet die ruhigere Geschlossenheit des Kniestücks, dem das Betpult wie ein Fremdkörper, ein Schutzwall, vorgebaut ist. Die ancilla Domini scheint zum Ausdruck ihrer Entselbstung um dieses harte, starre Möbel in Art einer Stuckarbeit herumgeführt zu sein, so bildsam schmilzt sie diesem an.

▷ 201 der, ihre Röcke sind fußlang, was nicht ausschließt, daß bei jeder mindestens ein unbekleideter Fuß zu sehen ist. Unterschiedlich drapierte Umhänge vervollständigen die Festkleidung. Perlenketten verstehen sich von selbst. Über der Basisregion des Altars befinden sich Fides und Spes als Kniende. Ihr jeweils vorderes, abgewinkeltes Bein drückt sich unmißverständlich im Gewand ab, eine der vielen Gemeinsamkeiten im zunächst symmetrischen Handeln. Beide sind damit beschäftigt, ihre Attribute in präziser Spiegelbildlichkeit zu halten, derart, daß deren Achsen aus der Höhe und von außen nach unten zur Mitte laufen. Demütige Anbetung ist eine weitere, wenn nicht gar die Hauptrolle. Sinnentsprechend, vielmehr: sinnbildend werden derselben Adorationspose zwei unterschiedliche Texte abgewonnen. Die *Hoffnung* blickt mit verlangendem Gesicht, piis desideriis, zur Altarmitte, den Mund bekennend, fast jubilierend geöffnet. Bräutlich aufgeschmückt ist die Haartracht der klugen Jungfrau, der sponsa prudens. Die Personifikation des *Glaubens* hat hingegen ihren Blick leicht gesenkt; diskretes Sprechen steht der offensiven Kundgabe gegenüber. Ein mit Borten besetztes Tuch verschleiert das Haupt, sind doch selbst dem sehenden Blick noch nicht alle Glaubensgeheimnisse enthüllt. Man hat nur jeweils das Antlitz genauer zu betrachten, um die Jorhansche Differenzierungskunst zu erahnen. Der Spes wird jenes runde Gesicht der frühen Genien zugewiesen, die das Milchfleisch der Putten nicht völlig ablegen konnten: Einen Kindlmund schnitzt der Bildhauer ein, eigentlich eine Schnute, auf daß die Affektik lobsingender Zuversicht ein für allemal da ist. Die Fides gibt sich mondän: vornehm zugespitzter, schmallippiger Mund, knappes Kinn – zusammen mit den leicht gespannten Wangen ein distinguierter Aristokratismus, der in Form eines sermo sublimis dieses werthafte Gut des Menschen, den Glauben, versinnbildlicht. – Auf dem Gesimsbogen über dem Hauptteil des Retabels sitzend und beinahe die gesamte Auszugsfläche verdeckend, unter einem Baldachin: die *Caritas*. Mit ihrem nach hinten ausflatternden Mantel wirkt sie beinahe wie ein weiblicher Gottvater. Ihre Position ist labil. Vor allem von der Fensterseite her hat es den Anschein, als wolle die flügellose Skulptur wegfliegen, so sehr vertritt, personifiziert sie die schenkende Liebe; desto weiter kann sie folglich das emblematisch vorgeschriebene Herz (erneuert!) in den Raum hinaushalten. Die Rechte hat ein Stück des Gewandes hochgezogen, preßt dieses nun gegen die Brust. Das bedeutet: Der amor caritatis kommt aus ganzem Herzen (toto corde), ganzer Seele (tota anima) und ganzem Gemüte (tota mente), gibt sich der unendlichen Vollkommenheit Gottes hin. Die Hingabe ist dermaßen werthaltig, daß zwischen der Hand als Zeugen (testis!) und dem Brustkleid noch einmal Tuch zu liegen kommt, also wie bei allerheiligsten Gegenständen keine direkte Berührung stattfinden darf. In welcher Ausschließlichkeit alles symbolisch ist, bezeugt der Kopftyp der Personifikation. Er ist der einer Europa. Mit Rom bildet dieser Kontinent den Mittelpunkt der Einen Kirche; in Wolnzach ist die Caritas die Krone rechter Gläubigkeit. Schnitztechnisch ist sie ein Bravourstück. Viele Betrachter werden die Seitenansichten bevorzugen; auch bei den zwei anderen Skulpturen kann man sich ähnlich entscheiden. – (3.) *Sinngehalte des Sebastianaltars:* Wer indessen glaubt, die Caritas sei das ikonologische Zentrum der Anlage, hat sich getäuscht, wenngleich sich die Grafen von Königsfeld für ihre Sepultur nichts anderes als ein großangelegtes Tugendpanorama aufrichten ließen. Noblesse oblige! Zur Vervollständigung dieser Schaustellung einer pietas (Bavarica), wie sie dem Hofadel geziemt, wurde in den neunziger Jahren dem Altar wiederum durch Jorhan ein *Sebastianstableau* eingefügt, wozu der Rundbogen erweitert werden mußte. Mit welch sicherem Griff im Handwerklichen, das zeigt ein Studium der Retabelrückwand. Die heilige Irene und eine Glaubensgenossin befreien den gemarterten Sebastian, ziehen die Pfeile aus seinem Fleisch, trocknen das Blut ab. Ist der vorhin geschilderte Tugendrahmen kategorial, die martyriologische Szene vermittelt nun jene Tugendaspekte, die für Leben und Tod, das Dies- und Jenseits der Seelen des Königsfeldischen Hauses entscheidend sind. Der Patron war »Hoch=Adelig« an »Geblüth« – ein erster Identifikationspunkt. Als Günstling des Kaisers Diokletian verfällt er trotz aller Verlokkungen nicht der Verführung dieser Welt. Klar vermag er Hof- und Gottesdienst zu trennen, gemäß der Devise: »Reddite ergo quae sunt Caesaris Caesari/ et quae sunt Dei Deo«. In der Sebastianslegende des Ribandeneira war die große Grundsatz- und Abschiedsrede des Heiligen abgedruckt, die als ein Tugendspiegel für jeden Hofmann gelten konnte. »Unüberwindlicher Kayser (...) die Gnaden so du mir widerfahren lassen, seynd und werden in meinem danckbarestem Andencken verbleiben.« Trotzdem setzt er den »wahren lebendigen GOtt, der Himmel und Erde erhaltet, und ein gerechter Beherrscher ist alles dessen, was sterblich ist und unsterblich ist«, über alles. Weil Sebastian zwischen beiden Wegen, in bivio, richtig wählt, besitzt er ein »hochzeitlich Kleid« (Matth. 22, 12). Dies ist auch den adeligen Toten der Gruft möglich, sofern sie dem Gottes»dienst« den Vorrang gegeben haben. Dann werden ihnen nicht »Hände und Füße« gebunden sein (nur dem Schein, dem Sinnentrug der Welt nach bei Sebastian!), werden sie nicht »in die Finsternis« hinausgeworfen werden, »da wird sein Heulen und Zähneklappen« (Matth. 22, 13). Wie durchdacht die Anlage als Tugendmemorandum ist, welches die Alternative zwischen ewigem Tod und Auferstehung thematisiert, kann man am Karfreitag erfahren, wenn das Antependium vor der Mensa weggenommen wird. Wir entdecken ein mit gemalten Felsen ausgekleidetes Grab Christi! – Bei Jorhans letzter Redaktion wurden auch vier *Kindlköpfe* geliefert. Keinesfalls sind sie Miniaturen, auratisierende Marginalien, sondern pralle, lebenswahre Existenz; jeder ein moment plastique für sich. – Noch einmal zur Rekapitulation: Der Sebastiansaltar, den wir seiner Restauration wegen leider im Buch nicht abbilden konnten, ist das Resultat von zwei, wenn nicht gar drei Etappen (die Veränderungen am Baldachin – während der Kirchenerweiterung von 1912/13? – nicht berücksichtigt). Der Rokokoentwurf gehört zu den interessantesten Leistungen südlich der Donau. Ob er von Anfang an eine von Jorhan geschnitzte Gruppe zum Mittelpunkt haben sollte, wird zu bezweifeln sein. Wenngleich der Bildhauer in der Regel recht handfeste Architekturbestandteile liebt, der Plan kann nach Lage der Dinge wohl nur auf ihn zurückgehen. Folglich ist auch das ingeniöse Konzept für den durch untaugliche Handwerker verpatzten Hochaltar der Wallfahrtskirche zum Heiligen Brunn bei Hohenthann (Landkreis Landshut) sein geistiges Eigentum, nicht zuletzt der ikonologischen Tiefenstruktur wegen.

Wolnzach: innere Seitenaltäre

Die Seitenaltäre des Mittelschiffs von St. Laurentius werfen nicht geringere Probleme auf. Wir wissen, daß sie »1776 in Auftrag« gegeben wurden. Sie gelten als eine »Gemeinschaftsarbeit des bürgerlichen Schreinermeisters Paul Harth, des Bildhauers und Faßmalers Felix Ignaz Peschl und des Malers Franz Antonius Peschl von Wolnzach«. In den Kirchenrechnungen des Staatsarchivs Landshut erscheint der fragliche *Felix Ignaz Peschl* ausschließlich als »Flacharbeither« und Faßmaler. Bildhauerarbeiten des Wolnzacher Gerichts werden in den Überschlägen stets durch die Kistler mit in Anschlag gebracht, nie durch diesen Faßmaler. Auch bei den erhaltenen Rechnungen bekommt er zu keinem Zeitpunkt Geld für

Skulpturales. Trotzdem enthält die zitierte Auflistung der Meister wohl keinen Irrtum. Es fällt jedem unbefangenen Auge auf, daß in der Schneidarbeit zwei Qualitätsstufen vorherrschen. Die Kapitelle oder so manche ornamentative Auflagen an den gebrechlich dünnen Volutentreppen sind ihrem Wert nach unerheblich, erinnern an das, was der Marienaltar der Elsenheimerkapelle zeigt. In dieser Ornamentik wird man den Anteil des Felix Ignaz Peschl wiederzufinden haben. Aber der Palmenzweig, der jeweils an der Innenseite die Rahmen der beiden großen Ovalmedaillons mit hochschnellender Kraft begleitet und überschießt, zeigt eine gänzlich andere Handschrift, besitzt ein Format, das frei von provinzieller Enge ist. – Auch bei diesen inneren Seitenaltären stellt die Zuweisung an Christian Jorhan kaum ein ernstes Problem dar. Das Figurale der Anlagen ist eine rundweg ausgereifte Leistung seiner späten Periode, souverän, für keinen Kenner seines Œuvre kontrovers. Die Schwierigkeiten liegen vielmehr in den *Fragen*, ob das Jorhansche Ausstattungsgut den Altären von Anfang an zugehört und ob er vielleicht gar diese der Planung nach vorzüglichen Aufbauten entworfen hat. Sollte beides positiv zu beantworten sein, bleibt immer noch ein Kardinalproblem übrig: Welches Patrozinium hatte einst der rechte Seitenaltar, waren aus seiner Ikonologie die beiden Wolnzacher Weihnachtsengel motiviert und die noch berühmtere Verkündigungsgruppe? Um mit der letzten Frage anzufangen, das heutige Altargemälde bildete »das Hauptblatt« in »der demolierten Kapuzinerkirche«. Mehr ist gegenwärtig dazu nicht zu sagen, alles weitere wäre unzulässige Spekulation. Daß die Reliefmedaillons, einschließlich der rahmenhaltenden Genien und der Kindl, ursprünglich zu den Altaranlagen gehörten, ist ästhetisch ebenso plausibel wie ikonologisch prekär. Der heilige Erasmus als »Helfer bei Unterleibsleiden« geht zur Not noch an (aber unter Umständen über einem »Weihnachtsaltar«!), der heilige Rupertus – dazu mit Salzkübel – will dagegen gar nicht in das exponierte Wolnzach passen, den Außenposten der Diözese Regensburg. Hier muß die Lokalforschung überzeugende Gründe finden, denn die Antwort auf die erste Frage fällt an sich leicht. Aus gebührendem Abstand betrachtet wandeln sich die Seitenaltäre recht eigentlich in Jorhansche Visiere, mit Übergewichtung des Auszugs, mit Verwendung von (deplorabel geschnitzten!) Vorhängen, mit auffälliger Dominanz der Bildtafeln im Hauptgeschoß des Retabels. Hinzu kommt, daß der Landshuter Meister eine Anregung aus dem Erdinger Raum nach Wolnzach exportiert haben könnte, das Diminuieren der jeweils inneren Altarhälfte, eine Asymmetrie, wie sie in Hörgersdorf durch Johann Anton Pader vorexerziert worden war. Auf alle Fälle sind die Ausstattungsstücke der Kirche nur sehr langsam komplettiert worden. Das erhaltene »Hauptbild des linken Altars: ›Die Anbetung der heiligen drei Könige‹ soll 1786 (wohl als Kopie) gemalt worden sein«. Gleichgültig, ob Jorhan seine Arbeiten unmittelbar für die Wolnzacher Seitenaltäre geliefert hat, was wir annehmen wollen, sie dürften erst in den neunziger Jahren entstanden sein. Sie werden nun eingehender analysiert. – Oberflächlich erinnern die hochgestellten *Reliefovale* mit den heiligen Bischöfen an Ignaz Günthers Medaillon im Bennoportal der Münchener Frauenkirche. Doch werden in Wolnzach die Gestalten ganzfigurig abgebildet. Sie sitzen in lockerer Positur auf einer Wolkenbank. Während die Oberkörper sich frontal zeigen, laufen die Beine jeweils nach links (vom Betrachter aus gesehen). Das Ganze ist bildartig behandelt. Der Rahmen umschließt zunächst eine Fläche, den Bildgrund, der sich als Brokatstoff gibt. Aus ihm tritt in markanter Grenzziehung, an deren distinktivem Charakter auch der Gegensatz von gemustert zu glatt sich beteiligt, das Relief hervor. Es stuft sich von geringfügiger Erhabenheit bis zu vollplastischen

Teilen, wie den Armen und Händen. Allein dieses Gefälle im Grad der Reliefierung deutet darauf hin, daß trotz starker Temperantien Zustandsbilder heiliger Aktion gewollt werden, auf Spontaneität nicht verzichtet wird. Rechts der heilige *Erasmus*. Die Linke umgreift besitzanzeigend das reichliche Gedärm seiner Eingeweide, das wie dicke Seile um die riesige Winde gewickelt ist, das vornehmste seiner Marterinstrumente. Lässig ist seiner abgewinkelten Rechten der Bischofsstab eingestellt. Schön zu beobachten, wie dort, wo der Zapfen der Winde auf den Wolkenuntergrund auftrifft, dieser sich zu kräftigerem Widerstand ballt. Der Heilige adoriert, gleich seinem Amtsbruder, zur Mitte der Kirchenanlage hin. Links *Rupert*. Dem bartlosen Erasmus steht ein vollbärtiger, mit verwildertem Kopfhaar gezeichneter Greis gegenüber. Er trägt nicht nur eine geriefelte Mitra, auch sonst hebt er sich durch zupackendes Tun von der meditativen Feinheit seines jugendlichen Gegenstücks ab. Mit der linken Hand sichert er den Salzkübel, den ein kreisförmiger Wolkenballen in angemessene Höhe bringt, mit der Rechten umklammert er den Bischofsstab. Aus dem Vorhang des Hintergrunds herabhängende Quasten deuten an, daß die zwei Genien, welche die Bildovale präsentieren, dies nur für kurze Zeit tun, damit der fromme Kirchenbesucher in seiner Aufmerksamkeit nicht nachlasse. – Der *Reliefstil* besitzt durchwegs das Niveau der Arbeit an der Mammendorfer Kanzel. Das allgemeinste Kennwort ist Eleganz. Wann immer Jorhan Überdurchschnittliches leistet, liegt – man darf getrost an eine Gratwanderung denken – ein Ausgleich kontroverser Tendenzen vor. Bei den Ovalbildern das Divergierende zwischen Präzision, geschnitten scharfer Reliefprägung und hingegossener, sanglicher Linienführung, einer verschmelzenden Interdependenz zwischen den einzelnen Volumina. Eine – genau besehen: verspätete – Brillanz in Metrisierung und Kontrastierung zeichnet die Gestaltung aus: so gestochen und verfließend, klassizistisch klar und rokokohaft verschwebend, so wirklichkeitsnüchtern und zu transitorischer Musikalität stilisiert. – Die zugehörigen *Genien* halten die Qualitätshöhe durchaus bei, sofern sie diese nicht sogar übersteigen – zumal wenn man weiß, daß beim linken Engel der vordere Flügel eine neubarocke Reparation ist. Der rechte Rahmenhalter stellt eine Hauptleistung Jorhanscher Freiräumlichkeit dar. Darunter sei das Maß verstanden, in dem die Genie ohne Stand zu schweben vermag, ein eindeutig definiertes Tun durchhält und in unserem Fall dem zu ostendierenden Relief sich anbildet. Alles führt der Bildhauer aus riskantester Unbestimmtheit in wahrhaftige, schmiegsame, die Sinne betörende Form. Die Schnitzbehandlung des Gewandes ist der der Schwindkirchener Dachungsengel verwandt, von strömender, dezent weitertreibender Textur, mit Wendungen und Unterbrechungen, die in den Grenzen von Anmut und Wohllaut bleiben. Das Tuch wird »flüßend und leicht« hingeschrieben, die Kerbungen treten als sparsam eingeworfene Noten auf, die der Kantabilität des Ganzen nicht wie früher den letzten Wirbel, sondern zusätzliche Harmonie eingraben. Diese Genien wurden zu einer Zeit gearbeitet, als die Glasharmonika – Instrument ätherisch verschwebender Klangpolitur – Mode war. – Jeder Seitenaltar besitzt zusätzlich drei *Kindl*, Arbeiten von gleicher Gediegenheit wie in der Pfarrkirche von Westen. Ohne zeitsparende Kniffe arbeitet der Meister an ihren Leibern. Ihre Körper erblühen aus einem natürlich gewordenen und dennoch im Künstlerischen kontrollierten Verhältnis zu dem überstrapazierten Sujet. Jedes Kindl besitzt ein eigenes Gewicht. Die Gesichter sind Abdruck der Schöpfungsherrlichkeit, weil der Bildhauer bei ihnen den Punkt aufgesucht hat, »wo das Kind am schönsten Kind ist«. Die stets noch geltenden Aktionstypen erscheinen als unverwechselbare Ausdrucksmomente. Ihre Körper sind Kunst-/

Naturgebilde in einem neuen Sinn. »Wie der Tonkreis, wie die Farbenlagen« ist ihre Menschengestalt »ein Untrennbares. Nicht nur erinnert jeder Theil an den andern, sondern jeder Theil des Theiles bestimmt und misset das Ganze«. Ist somit der Rahmenhalter des rechten Seitenaltars, keck voreilend, falsch postiert, weil seine Linke trotz der körpersprachlichen Logik kräftig in das Bild hineinpatscht? Weit gefehlt! Diese Linke parodiert mit messerscharfer Akkuratesse die Adorationspose des Erasmus, während sein anderes Ärmchen ebenso korrekt auf den Rahmen hinführt. Noch überraschender die militärische Egalität bei den beiden *Weihnachtsengeln.* Sie sitzen den inneren Volutenrahmen auf und tragen zwei Textschilder, wobei der Wortlaut der Preisung auf dem linken beginnt (»Ehre sei Gott in der Höhe«) und beim rechten endet (»und Friede den Menschen auf Erden«). Die weihnachtlichen Putten sind Zwillinge; die Gemination betrifft Gesicht, Körper, Positur, Flügel, hochgezogene Girlandenwindel und sogar die Unordentlichkeit der Idealfrisur. Wer dieselbe Funktion ausübt, gleicht sich aufs Haar. Wollen wir nicht vergessen: Es ist die gleiche absichtsvolle Unerbittlichkeit, mit der die Putten in eine nicht mehr auszutauschende Kindlgeneration auseinandergetrieben oder zum anderen ein solches Kindlindividuum geminiert wird. Welches kühne Heraustreten aus der leichthändigen, – im Rückblick gesehen – gedankenlos sich verschwendenden Rokokoproduktion, ihrem abnutzbaren Charme, der bei Licht besehen oft äußerst formalistisch war, ein mechanisches Ausprobieren machbarer Kombinationen!

Wolnzach: Verkündigungsgruppe

Bevor die Verkündigungsgruppe in die Sakristei kam, stand sie an einem denkmalhaften Wandstück, das man bei der Kirchenerweiterung angefertigt hatte. Man hielt sie für die »größte Kostbarkeit des Chorraums«, für ein Werk von Ignaz Günther, in welchem »gewandte Technik« sich mit »feinem Empfinden paart« und der Arbeit »Unnachahmlichkeit und künstlerische Bedeutung gibt«. Die Zuschreibung verriet ein richtiges Gespür für den Wert. Nur ist die Gruppe wie der Rappoltskirchener Schutzengel eine autochthone Lösung, zwar bei weitem nicht so inspiriert wie die Verkündigung in Weyarn, aber mit der Kraft, nichts zu imitieren von dem, was in München produziert wurde. Den stilistischen Wandel einmal abgerechnet, der zwischen den sechziger und neunziger Jahren nahezu alles verändert hat, Jorhans Verkündigungsszene zeigt die Eigenständigkeit und Bedeutung des Bildhauers ohne Abstriche, besonders seine Befähigung zur De- und Konnotation eines Vorgangs. Redlich, erschöpfend gibt die Gruppe wieder, was die darzustellende Sache auszeichnet. Jorhan wählt die »Natur als wahre Schule«, in dieser liegen »die Maximen seiner Kunst«. »Nachahmung der Natur« ist nämlich, wie Johann Georg Sulzer meint, »die Frucht einer genauen Beobachtung der sittlichen Absichten, die man in der Natur entdeket, und der Mittel, wodurch sie erreicht werden«. »Aus genauer, aber mit scharfem Nachdenken verbundener Beobachtung der Natur lernet der Künstler alle Mittel kennen, auf die Gemüther der Menschen zu würken; da entdeket er die wahre Beschaffenheit des Schönen und des Guten; da lernet er den Gebrauch von allen in den äußerlichen Gegenständen liegenden Kräften zu machen.« Worin die »Natur« der abzubildenden Verkündigungsszene lag, worein Jorhan sich vertiefen mußte, war in jedem Marienleben der Zeit nachzulesen. Verfolgen wir an einigen Ausschnitten, was der Bildhauer davon in seine Gestaltung einbringen konnte.

Bald »hernach brachte der Ertz=Engel Gabriel die verwunderliche Bottschaft des Göttlichen Verlangens zur Menschwerdung. Diser fande sie in ihrem Zimmer allein, in Betrachtung himmlischer Sachen gantz entzucket, redet sie in tiefster Demuth an mit diesem Gruß: Seye gegrüsset voller Gnaden, der HErr ist mit dir, du bist gebenedeyet unter denen Weibern.« Maria ist erschrocken, »theils wegen der Gestalt des Jünglings, die er angenommen, theils wegen deß von ihm vernommenen ungewöhnlichen Lobs. Der Engel aber spricht ihr tröstlich zu, entdeckte die Ursach seiner Ankunfft, leget das Geheimnuß aus, ermahnet alle forcht beyseith zu setzen, mit Versprechen, sie werde ohne Verlust ihrer Jungfrauschafft von GOTT überschattet werden, durch Krafft des heiligen Geists empfangen, und den Sohn GOttes gebähren.« (...) »Auf solche Versicherung bettet MARIA ihren Schöpffer mit innerster Demuth an, in Erinnerung des Staubs und eyteler Nichtigkeit, aus deren er sie erschaffen, untergiebet sich bereitwilligst seinem Göttlichen Befehl, und erkläret sich mit disen demüthigsten Worten: Sihe, ich bin eine Dienstmagd des HERRN, mir geschehe nach deinem Wort. Kaum hat sie dieses gesprochen, da ist das Wort Fleisch, die Jungfrau des Worts, ihres Schöpffers und Vatters, ein Mutter, ein Frau Himmels und der Erden, ja ein Königin in der gantzen Welt worden.«

Von der Ingression des himmlischen Jünglings bis zur Erhöhung in den Rang einer »Frau Himmels und der Erden« ist jeder Aspekt in Jorhans Verkündigungsgruppe enthalten, auch dem naiven Auge auffindbar. Etwa zeigt die »neglegentia diligens« (Cicero; »wolüberlegte Nachlässigkeit«) der Mariengewandung, daß der »Dienstmagd« des Herrn himmlische Herrlichkeit zuerkannt wurde. – Zum Beschluß sei der Vergleich mit Ignaz Günther ein zweites Mal gezogen: Bei der Weyarner Verkündigungsgruppe eine Dispersion der Oberflächenwerte, eine den besten Bildern von Franz Anton Maulbertsch kongeniale Auffaserung, »Über«wirklichung der Handlung und der Gesamterscheinung, die zunächst Kunst sein will, die Apperzeption bezaubernde Regie: ein ästhetisch stets kühl kalkuliertes »Entwerden des Beschauers«, wie Adolf Feulner meinte. Hätte Jorhan seine Arbeit 1764 zu schnitzen gehabt, auch schon damals wäre er zunächst an der vollständigen und glaubhaften Erfassung der handlungsmäßigen (beispielsweise: Interaktion) und affektischen (beispielsweise: Introspektion) Momente der Verkündigungs»historie« interessiert gewesen.

Wolnzach: Auferstandener

Der Auferstandene muß eine fromme Stiftung des Grafen von Königsfeld gewesen sein, denn in der Pfarrkirche seiner berühmtesten Hofmark, in Alteglofsheim, steht ein Duplikat. Wir lassen uns bei dieser triumphalen Skulptur durch die volltönende Instrumentierung des Gewandes nicht beirren und setzen sie ebenfalls in die neunziger Jahre. Christus »kame aus dem Grab hervor gleich einem anderen Joseph, umgeben mit dem Gewandt der Unsterblichkeit, jedoch nit als ein Egyptischer, sondern Heyland der weit und breiten Welt«. Deshalb steht der Auferstandene auf einer in Blau gefaßten Weltkugel. Fassung wie umziehende Wolken dokumentieren, worüber das Erlösungswerk sich erstreckt (»weit und breite Welt«). Das Gewölk wurde in der Tat so angebracht, daß Erdball und alludierter Himmel sich gegensinnig zu drehen scheinen. Ist es beim Buchbacher Auferstandenen legitim, Leib und Kleid bei der Analyse zu sondern, hier müssen sie als eine aus der Idee und dem Material herausspringende Einheit gesehen werden, bearbeitungstechnisch unter anderem darin zu erweisen, daß die Frontalansicht auf keinen Fall die alleinseligmachende ist. Der Herr zieht sein Pallium mit der Linken vor den Körper. Damit ist die enge Verschmelzung mit seinem deliziösen und speziösen Leib auch der Aktion nach begründet, gibt doch die Siegesfahne, zum senkrecht eingestellten Attribut abgewertet, keinen Gegenstand des Handelns mehr ab. Das Aufwärts, die »et surrexit«-Emphase, entsteht, weil dem aufrechten, fast hochstrebenden Körper das Gewand nicht nur in Form einer ästhetischen Trägheit nicht nachzufolgen vermag, sondern mit allen Kräften widersteht, in die gegenteilige Richtung flieht. Mit derselben rauschenden Gewalt, pleno organo, mit welcher die Komponisten diesen Sachverhalt durch aufsteigende Skalen vertonen, läßt Jorhan das Pallium abwärtssausen, es in Schüsseln, Kehren, Ausbauschungen und einer abschließenden Schleppe der erlösten Welt zutreiben und sie überfliegen. Seine Alterität – schießlich handelt es sich nicht um den »Rock« Josephs, sondern um das »Gewandt der Unsterblichkeit« – ist ebenso bewußt im alten Stil gegeben wie die entsprechende Textstelle in Messen der Wiener Klassik. Man muß diese Gewandung als »Tongemälde« hören, muß die Stille des vorausgehenden »et sepultus est« hinzunehmen, dann versteht man seine Katabase richtig, als triumphale Umprägung jenes descensus, der in der musikalischen und skulpturalen Rhetorik zunächst für Tod und Trauer reserviert war.

Wolnzach: Aloysius

Als Erratum, ein verwaister Findling, steht am vordersten Pfeiler der Nordseite ein heiliger Aloysius. Er müßte in den späten neunziger Jahren geschaffen worden sein. Die Hand auf seinem Betpult hielt früher ein Kruzifix, das der jugendliche Heilige meditierend und venerierend betrachtete. Der verwendete Kopftyp hat bei Jorhan eine lange Tradition (beispielsweise: Einzelfigur in Langenbach; Büste in der Schloßkapelle von Poxau) und ist übrigens bis in merkwürdig viele Einzelheiten hinein mit dem Kopf eines Aloysius verwandt, den Friedrich Theiler aus Ebermannstadt für die Franziskanerkirche in Forchheim lieferte. Bei dem Wolnzacher Beispiel bleibt zweierlei bemerkenswert: Gewandfältelung und Haupt bereiten unmittelbar die bedeutende Büste in der Landshuter Jesuitenkirche vor (1799). Zugleich zeigt das Volumen dieses Kopfes – bei hochgradiger Stereometrie – ein seismographisches Reagieren auf die Chancen unterschwelliger Individualisierung. (Und das schränkt die Übereinstimmungen mit der Arbeit Theilers auf ein rezeptionsgeschichtliches Problem ein.)

Folgerungen

Dem geduldigen Leser des Wolnzacher Exkurses wird klargeworden sein, weshalb das vorliegende Buch nur eine Einführung sein kann. Der Blick hinter die Kulissen gleicht einem Offenbarungseid, konfrontiert ungeschminkt mit dem, was noch zu leisten ist. Aus den vagen Konditionalsätzen haben, wo immer möglich, überprüfbare Aussagen zu werden. Stil und Sinn der Skulpturen sind eingehender und vor allem systematisch zu erhellen. Und als letztes Desiderat: Das gesicherte Œuvre erfordert es, zuverlässig in die Kunsttopographie der süddeutschen Sakralplastik eingeordnet zu werden. Manches, was wir als Besonderheit gefeiert haben, ist vielleicht ein Zitat oder eine Floskel, dem Wald und der Wiese – den »silvae« – einer uns noch verlorenen Observanz entnommen.

Zusammenbruch

Die überkommenen Dokumente zu Jorhans letzten Jahren, an Zahl gering, vielfach nur durch Zufall erhalten, zeichnen ein Bild, das nicht frei von Widerspruch ist. Biographische Linie und künstlerische Entwicklung laufen ja keineswegs in eine Richtung, sie divergieren auf das heftigste. Indem noch vor der Jahrhundertwende das Land zum Kriegsschauplatz und kurz nach ihr die Säkularisation durchgesetzt wurde, verlor der Bildhauer seine Existenzgrundlage. Der blitzartige Umbruch der politisch-ökonomischen Situation, gegen den auf Dauer weder Ersparnisse noch Können halfen, ist des Basses Grundgewalt. Als handele es sich bei Christian Jorhan um ein Ende von sehr ironischem Charakter –: Man muß, um im Vergleich zu bleiben, über der lebensgeschichtlichen Katastrophe eine versöhnliche Oberstimme wahrnehmen, die nicht weniger wichtig ist. Der Sieg einer neuen Ordnung in Staat, Wirtschaft und Gesellschaft bringt für kurze Zeit einen charakteristischen Auftragstyp mit sich. Hauptsächlich innerhalb dieser Werkgruppe, den Repliken eingeschmolzener Edelmetallarbeiten, erreicht auch der Bildhauer neue Ufer in seiner Kunst.

Taktik

Jorhan war ein Meister taktischer Klage. Vieles in seinen Geschäftsbriefen wird man nicht ernst nehmen. Würde man dem Glauben schenken, er hätte nach 1770 nur unvorteilhafte Verträge abgeschlossen. Das Jammern gehört einfach zum Repertoire. Doch war auch eine Schlauheit, Unbedenklichkeit mit im Spiel, die man nicht jedem Handwerker dieser Zeit zutrauen möchte. 1792 mußte er »auf gnediges Abefellen« eine Fassion, eine Steuererklärung, abgeben. Allen Ernstes schreibt er: »Dise vergange Jahr hab ich wegen Mangel rechter Arbeit nicht so vil verdienen können das ich meine Ausgaben habe bestreiten können, und vor das Jahr 1793 (,) das zu kinftige (,) weis ich weder Arbeit noch Ein nam«. Das war schlichtweg eine Täuschung des Magistrats. Es erübrigt sich, die Arbeiten der einschlägigen Jahre Revue passieren zu lassen – die Werkstätte erlebte eine Hochkonjunktur sondergleichen. Dieser Bildhauer hat sich bis 1797 eine weit bessere Auftragslage zu bewahren vermocht als viele seiner Kollegen. Auch die Unterlassung der Zinszahlungen für die Kapitalschuld bei der Katharinenbruderschaft scheint eher vorsätzlich gewesen zu sein. Nachdem die Notlage vieler Handwerker, die von kirchlichen Aufträgen lebten, sattsam bekannt war, weshalb sollte er sie nicht für sich selbst reklamiert haben, um passablere Preise zu erzielen und unangenehmen Geldausgaben zu entkommen? Der einzige Quellenbeleg, welcher mit diesen Feststellungen schwer zu vereinbaren ist, findet sich in den Landshuter Briefprotokollen von 1777. Sie verzeichnen, daß Jorhan am 14. Januar 100 Gulden von der Gottes- und Armenhausverwaltung St. Bartholomäus aufnimmt. Vielleicht ein finanzieller Engpaß, vielleicht eine »Vorfinanzierung«. Indessen: Mag der Bildhauer zuweilen recht bescheidene Geldforderungen gestellt haben, seine Preise bewegen sich in der Regel im üblichen Rahmen. Auch von Verschwendungssucht, mangelndem Sparsinn ist bisher aus den Urkunden nichts bekannt geworden.

Zwischenfrage: Beteiligung der Söhne bei den späten Arbeiten?

Wie geschickt die Jorhansche Familie im Klagen war, wie obstinat man den Unmut über die Verhältnisse im Landshuter Kunsthandwerk hervorkehrte, erweist noch unverhüllter die Fassion des Jorhansohnes Zacharias Joseph, der im Zweitberuf Faßmaler war: drei larmoyante Seiten voller nichtiger Gemeinplätze. Man muß hierzu die Daten vergleichen, welche die »Volksbeschreibung der kurf. Haupt- und Regierungsstadt« von 1794 zu seiner Person bietet. Die Statistik wurde mit einer bisher nicht gekannten Exaktheit im Sinne moderner »Staatswirtschaft« durchgeführt. Wie sie angibt, übte Zacharias Joseph seinem Hauptberuf nach die Funktion eines »Mesner(s) zu St. Jodoc« aus, verfügte somit über ein Haus, das dem väterlichen Anwesen in nichts nachstand. 1794 war er so gut gestellt, daß er sich eine achtzehnjährige »Köchin« und einen zweiunddreißigjährigen »Mesnerknecht« leisten konnte. Übrigens ist er dann auch das einzige Familienmitglied, das einen Grabstein erhielt. – Noch aufschlußreicher andere Angaben der »Volksbeschreibung«. Sie verzeichnet etwa gewissenhaft alle Kinder eines Bürgers, auch die »ausser Hause«; ferner wird die Zahl der Gesellen registriert, die in der jeweiligen Werkstätte arbeiten. Selbstredend weisen die Aufschreibungen, aber das überrascht uns nicht mehr, für Jorhans Betrieb

Erste Zeilen eines Schuldbriefs in den Briefprotokollen der Stadt Landshut (1777; StA La, Rep.148 Nr.678)

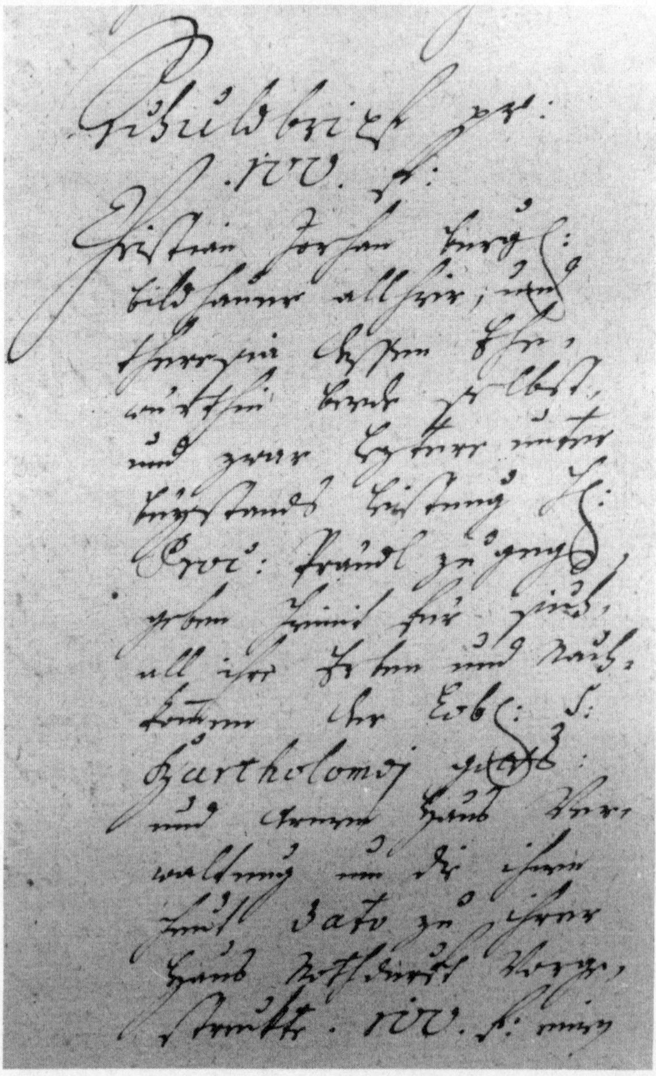

keinen Mitarbeiter aus. Dafür entschädigt die Statistik in einer anderen, dem Spätwerk bei weitem zentraleren Frage. Ihre äußerst detaillierten Aufstellungen verbieten ein für alle Mal die Annahme, die Skulpturen der letzten Zeit verdankten sich hauptsächlich der Mitarbeit der Söhne. Der älteste (32 Jahre), Christian Franz Xaver, lebt in Passau, noch als »bildhauersgesöll«. »Ausser Landes« war mit 29 Jahren auch Thomas Johann Nepomuk, »bürgerl. Bildhauer« in Schärding. Der »Hausvater« Jorhan selbst hatte noch eine dreiundzwanzigjährige Tochter und einen zweiundzwanzigjährigen (!) Sohn zu versorgen. Dieser Franz Xaver Wolfgang scheint die Landshuter Werkstätte nicht verlassen, keine Gesellentour absolviert zu haben. Geht man von den erhaltenen Unterschriften aus, dürfte er nur mit Not des Schreibens kundig gewesen sein. Die erhaltenen Rats- und Polizeiprotokolle legen dringlich die Vermutung nahe, daß er das eigentliche Sorgenkind der Familie war. Für den zweiten Pfarrkirchener Auftrag darf er zwar im Hornung 1797 die Schnitzarbeit ausliefern und die vereinbarte Summe in Empfang nehmen, die Bürgschaft bei der Zahlung des Vorschusses leistete jedoch Thomas Jorhan, wie dieser auch zwei Reisen dorthin, die er vermutlich für den vielbeschäftigten Vater durchgeführt haben dürfte, quittiert: sicher nicht

Eintrag in die »Volksbeschreibung der kurf. Haupt- und Regierungsstadt Landshut von 1794« *(fol.58; StA La, Rep.17 Fasz.7 Nr.12)*

Der Name des Bildhauers bereitet immer noch Schwierigkeiten. Er wird französisiert zu »Schordan«. Der »Hausvater« ist 64, die »Hausmutter« 65 Jahre alt. Zwei Kinder sind noch im »Hause«, ein männliches mit 22 und ein weibliches mit 23 Jahren; drei haben es verlassen, darunter eine einunddreißigjährige Tochter, die als »Mallerin« firmiert (entweder Maria Anna Elisabeth, geboren 1759, die Frau Ignaz Bergmanns, oder die um ein Jahr jüngere Maria Anna Theresia). Diesen steht Thomas Jorhan gegenüber, der im österreichischen Schärding seinem Bildhauerberuf nachgeht. In der nächsten Rubrik wären unter »Dienerschaft« (mit Angaben über Zahl, Alter, Geschlecht und »Art des Dienstes«) die »Gesölln« einzutragen gewesen. Doch ein Strich zeigt an, daß Jorhan keine zu Protokoll gibt. Zum Abschluß folgt in einer weiteren Spalte der Vermerk, daß er eine »pensionierte Weibs=Persohn« als Einliegerin in seinem Haus habe.

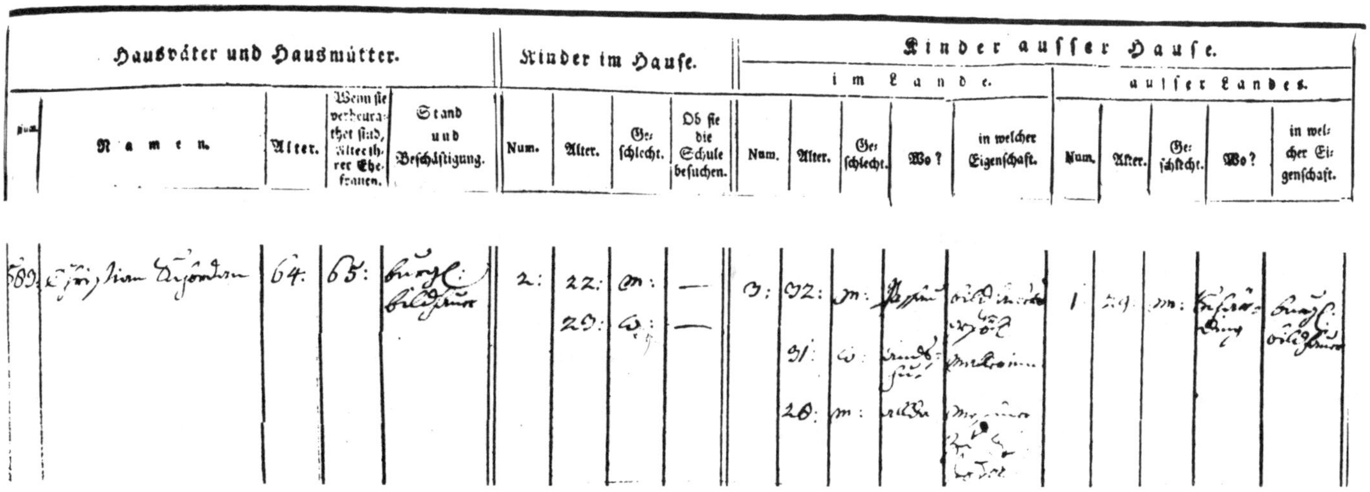

Hausväter und Hausmütter.					Kinder im Hause.				Kinder ausser Hause. im Lande.					Kinder ausser Hause. ausser Landes.				
Num.	Namen.	Alter.	Wenn sie verheurathet sind, Alter ihrer Ehefrauen.	Stand und Beschäftigung.	Num.	Alter.	Geschlecht.	Ob sie die Schule besuchen.	Num.	Alter.	Geschlecht.	Wo?	in welcher Eigenschaft.	Num.	Alter.	Geschlecht.	Wo?	in welcher Eigenschaft.
589	Christian Schordan	64.	65:	burgerl: bildhauer	2:	22: 23:	m: w:	— —	3:	32: 31: 28:	m: w: m:	Passau [illegible] [illegible]	bildhauersgesöll Mallerin [illegible]	1	29.	m:	Schärding	burgerl: bildhauer

allein aus juristischen Gründen, weil er Bürgerrecht und Bildhauerkonzession im nahen Schärding besaß. Der jüngste Sohn ist keinesfalls das unentdeckte Genie in der Werkstätte, dem die erstaunlichen Neuansätze des Spätwerks zugedacht werden könnten. Nicht nur, daß er schlichtweg verschollen ist, ab 1804 wurde für lange Zeit im Landshuter Raum keine Arbeit mehr geschaffen, die in Konzeption und Ausführung auch nur entfernt an die belegbaren Stücke der väterlichen Werkstätte heranreicht. Außerdem spricht es für sich selbst, daß 1807 der Rat der Stadt Landshut der königlichen Polizeidirektion mitteilt, sie solle mit Maßnahmen gegen die »Liederlichkeit« des Franz Xaver Jorhan zuwarten, »bis sich der geschetzte Bildhauer in Passau, ein Bruder des flüchtig gegangenen Jorhans erklärt, ob er nicht als Bildhauer sich hier ansessig machen will«. Die Frage nach der Autorschaft der so erratischen Spätwerke ist demnach eindeutig zu entscheiden, sofern man nur die zunftrechtlichen Gegebenheiten zur Kenntnis nimmt. Der jüngere Christian und sein Bruder Thomas besitzen mit ihren Werkstätten keine Handhabe, kommissarisch für den Vater zu arbeiten. Und der »lüderliche« Sohn Franz Xaver war hierzu wegen mangelnder Könnerschaft nicht in der Lage. Abgesehen davon hätten die anspruchsvoll gewordenen Auftraggeber es auch nicht zugelassen, Skulpturen aus anderer Hand zu erhalten.

Kriegswirren – Repliken eingeschmolzener Silberarbeiten

Wie dem im einzelnen gewesen ist, in welchem Verhältnis Auftragsfülle zu Ertrag, wirkliche Einkommenslage zu deklarierter gestanden haben mögen, der vermeintlichen Notlage folgte mit den napoleonischen Kriegen und der Säkularisation die echte. Sie kam einer Katastrophe gleich. 1796 ein erster Vorgeschmack. Das französische Heer rückte »nahe gegen Landshut heran, – bis zur Semptbrücke«. Die Stadt war mit Österreichern überschwemmt, starkes Anziehen der Lebensmittelpreise die Folge. Trotzdem verklärt sich für Jorhan das Bittere der Situation durch einen unerwarteten Vorgang. Als nämlich »alles entbehrliche Silber in den Kirchen (...) nach München in die Münze geschickt« werden mußte, erhielt der Bildhauer eine neue Art von Aufträgen. Viele Silberarbeiten konnten nicht ausgelöst werden, weshalb man Jorhan entsprechende Holzplastiken herstellen ließ, die sein Schwiegersohn Ignaz Bergmann auf »Metallart« zu fassen hatte. 1799 bekam er für die sechs Büsten der Marianischen Männerkongregation 56 Gulden, zusätzlich eines »Douceurs« von 16 Gulden und 30 Kreuzern, das er mit dem Faßmaler teilen mußte. 1801 erbrachte die neue Dolorosa am Kreuzaltar von St. Martin 45 Gulden. Diese Skulpturen haben die Bewunderer des Jorhanschen Werkes bisher nur irritiert. Der künstlerische Ansatz ist völlig neuartig, denn selbst in den Arbeiten gegen die Jahrhundertwende war die Bildhauertechnik bestimmt durch das Wegnehmen, das Skulptieren der Masse. Die Büsten und die schmerzhafte Muttergottes wirken positiv, so, als würde die Plastik von innen her sich eine Außengrenze setzen. Deshalb schwindet die gestische Rhetorik zugunsten plastischer, raumabdrängender Repräsentation. Zugleich können die Köpfe der Büsten als Abbilder von real existierenden Personen angesehen werden.

Dolorosa von St. Martin: Paradigma eines neuen Ansatzes

Man wird versucht sein, die neue Technik als eine Imitation der Treibarbeit zu deuten, ihres quellenden und expansiven Charakters. Die Annahme würde gut mit den illusionistischen Absichten zusammengehen, die für Jorhans Schaffen so bezeichnend sind. Einer genaueren Analyse hält die Vermutung jedoch nicht stand. Auch die Dolorosa von St. Martin verwirklicht, wie das bereits für die anderen Skulpturen des Spätwerks selbstverständlich war, die klassizistische Orientierung an einem vertikalen und horizontalen Achsensystem. Völlig unerwartet hingegen die weitgehende Abkehr von der bildhaften Ausformung der Vorder- und Seitenansichten, indem an die Stelle funktionalisierender Bezugsbildung die geradezu nominalistische Eigenwertigkeit von Körperpartien, Körperaktion und Gewandung tritt. Nicht daß damit die Skulptur in parataktisch gefugte Bauelemente auseinandertreten würde. Im Gegenteil: Die Einheitlichkeit ist entschieden dichter geworden, weil sie nun nicht mehr primär im Bereich der Bildwirkung angesiedelt ist, sondern aus der glaubhaft vorgespiegelten Autonomie des plastischen Gebildes spricht, wobei Körper, Habitus und aufliegendes Gewand zu Trägern des ebenso sinnlichen wie geistigen Gesamtsinns werden. Ob bei der stofftechnischen Mimikry, in welcher die Fassung der Mantelaußenseite sich übt, ob bei der durchwegs überprüfbaren Tuchlandschaft oder der anatomischen Sachtreue von Kopf und Hand –, äußerster Naturalismus verbindet sich mit höchster Stilisierung, die getrost die Adorationspose des zu Ende gegangenen Jahrhunderts zitieren darf. Beide Extreme fließen in dem suggestiven Volumen der Skulptur zu einer unantastbaren, dingwertigen Realität zusammen, die eben in und aus sich selbst Bestand zu haben scheint. Zwanglos wird die Versöhnung zwischen statuarischer Beruhigung und ausdruckssprachlicher Bewegtheit erreicht. Jorhan besitzt einen generellen Lösungsweg, der sich in den Anbetungsengeln des Reichelkofener Kreuzaltars genauso findet wie schon in dem Skulpturenpaar eines Petrus und Paulus, welches die Apostelserie der Dorfener Wallfahrtskirche eröffnet, eine Sequenz, die wohl aus Kostengründen durch einen unbedeutenden, ländlichen Meister weitergeführt wurde. Halten wir fest: Der Bildhauer hätte eine bedeutende Zukunft inaugurieren können, wäre er nicht am Abschluß seiner Laufbahn gestanden. Ein Blick auf die Arbeiten seines bedeutendsten Sohnes zeigt, daß Christian Jorhan der Jüngere nur Teilaspekte dieser Synthese zu verwirklichen vermochte.

Zwischen 1800 und 1804

1800 eroberten die Franzosen die Stadt. Der durch Plünderung verursachte Schaden betrug mindestens 95300 Gulden, die Requisitionen kosteten 55923 Gulden. Im November des gleichen Jahres kehrten die Kaiserlichen nach Landshut zurück, im Dezember von den Franzosen wiederum vertrieben. Auch das folgende Jahr war durch die »andauernden Durchzüge der Franzosen, die mit Lorbern etc. geschmückt nach Frankreich zurückkehrten, für die Stadt sehr drückend«. Für Katastrophen dieses Ausmaßes reichten die finanziellen Ressourcen des Bildhauers nicht aus. Unglücksschläge und persönliche Demütigungen kennzeichnen die letzten Lebensjahre. 1799 war Jorhans Frau gestorben und auf dem Rochusfriedhof begraben worden. Am 20. September 1802 wurde er in die säkularisierte Franziskanerkirche bestellt. »Zu Abschätzung der Altäre (...) dann der Kanzel, Beth- und Chorstühle hat man den bürgerlichen Bildhauer Jorhan (...) auf heute requirirt«, damit nach genauer Besichtigung der Gegenstände »folgende pflichtmäßige Schätzung ad Protocollum gegeben« werden konnte. Der Bildhauer mußte seine eigenen Altäre und seine noch ungefaßte Kanzel taxieren: den Hochaltar zu 1000, die beiden Seitenaltäre zu 300, die Kanzel zu 200 Gulden. Bei weitem schmerzlicher war, daß er bei den Bemühungen, für seinen Sohn Franz Xaver Wolfgang die Bildhauerkonzession zu erwerben, erfolglos blieb. Auch die »Revisionserinnerungen« der königli-

▷ 227

Dolorosa *(1801), Altdorferkapelle von St. Martin (Landshut)*

Solange die schmerzhafte Muttergottes nicht wieder eine Aufstellung findet, die der am ehemaligen Kreuzaltar ebenbürtig ist, kann keine noch so genaue Aufnahme den springenden Punkt bei dieser Skulptur verdeutlichen, das grundlegend neue Verhältnis der Formung zum Apriori einer plastischen Masse. Die Bildwiedergabe hätte eine Quadratur des Kreises zu leisten: Die Anarbeitung an den Kreuzesstamm müßte zu spüren sein, die körperliche Ausgeformtheit der Seitenpartien oder die Tiefe so mancher Ausbiegung des Gewandes. Nachdem eine Abbildung also die Innovation eher verschleiert, sei hier das Bildwerk noch einmal besprochen, um Mißverständnissen vorzubeugen. – Woran liegt es, daß »die weitgehende Abkehr von der bildhaften Ausformung der Vorder- und Seitenansichten« in der Aufnahme so wenig evident wird? Der Grund ist trivial. Jorhan hat natürlich sein Planungsverfahren, das für ihn ein halbes Jahrhundert lang gut genug war, nicht geändert und eine frontale Entwurfszeichnung der üblichen Art (Diagonalisierung usw.) angefertigt. Wie bei einer Röntgenaufnahme bringt die zweidimensionale Reproduktion den Aufriß der Visierung ans Licht, die parallelisierten Schrägen, welche von je oben rechts oder links die Erscheinung in schöner Regelmäßigkeit durchschneiden. Bleibt man bei dieser Beobachtung stehen, entzieht sich einem der qualitative Sprung, welcher prominente Arbeiten seiner letzten Jahre auszeichnet. Nehmen wir etwa die Gewandauflage über dem Unterschenkel des Spielbeins. Rechts laufen zwei gebogte Staufalten gegen den Abdruck des Schienbeins. Nun wird im Bild die Bogung durch die Saumführung des vergoldeten Mantels aufgenommen. In Wirklichkeit zerreißen aber diese Bezüge, weil bei der Skulptur eine Tiefenräumlichkeit mitwirkt, die das Auge nötigt, beide Staufalten ausschließlich für sich zu sehen, als sparsame, klassische Akzentuierung einer Beinpartie. Bleiben wir in dieser Region des Bildwerks und prüfen an einem zweiten Beispiel, dem sich einrollenden Mantelteil über dem Oberschenkel des Spielbeins, ob sich ein ähnliches Ergebnis einstellt. Wiederum ist die untere Saumlinie eine Parallele zu der Schräge, die von den linken Mantelwülsten – erzeugt durch den pressenden Arm der Dolorosa – zur obersten Überlappung der anderen Seite läuft. Eindeutig somit bildhaft? Wie immer das intermittierende Mantelstück im Bildraster des Entwurfs aufgehen mochte, seine scharfe Untergrenze ist nicht bildästhetisch legitimiert, sondern als Form glaubhaft, weil sie sich als Folge der Hochpressung des Gewandes ergibt. Außer-

Dolorosa *(1801), Altdorferkapelle von St. Martin (Landshut) (Fortsetzung)*

dem ist die fragliche Partie kaum mit dem Gesamtverlauf der gegenüberliegenden Mantelseite vermittelt: Die wallende Saumlinie zur Rechten und das interzedierende Tuchstück über dem Spielbein bleiben einander im Bewegungscharakter völlig fremd. Sie besitzen, was die Bildästhetik betrifft, kein tertium comparationis, lassen sich jedoch aus den körperlichen, räumlichen Bedingungen des Umfelds, in dem sie jeweils auftreten, sehr wohl verstehen. Sei zuletzt nicht vergessen, daß die untere Schräge im Sinne der überlieferten Bildwirkung ein Fehler ist: viel zu knapp über dem Knie geführt, ein unharmonischer, unvermittelter, gleichsam gestutzter Abbruch eines Mantelflusses. Deshalb unser Vorschlag: Registrieren wir die satte Körperlichkeit der Skulptur, verfolgen wir, wie sich an den Ärmeln nur Falten bilden, welche die Wirklichkeit formt, wie sich unter der Kleidung ein Leib anmeldet, der konkrete Realität sein will. Immerhin nicht zu bestreiten, daß kaum noch eine »negative« Form – gleichgültig, ob Kerbe oder Rille – die Erscheinung prägt; prismatische Flächen sind von vorneherein verpönt. Als schwerstes Geschütz mag indessen jener Grundwiderspruch aufgeboten werden, welcher der vernichtende Einwand gegen die Existenz eines neuen Paradigmas zu sein scheint, ein perfekter Illusionismus, der unter anderem dazu führt, daß die reale Tiefe der Skulptur bestürzend gering ist. Der ursprüngliche Standort an den Chorschranken machte dem Betrachter nur frontale und laterale Partien zugänglich. Bei diesem aber wird »durch die wirkliche Raumerfüllung nach allen Dimensionen der Anschauung so viel sinnliche Wahrheit« gegeben, daß die Dolorosa in tastbar scheinender Leiblichkeit, in reell wirkender Ausformung ihrer plastischen Substanz vor uns steht. Nur unter der Voraussetzung, daß die Sprache autonomer Plastik ohne Abstriche getroffen wurde, waren der Augentrug und damit die Verkürzung der Tiefendimension möglich. Gab es also nicht doch einen Weg, die Heteronomie der Sakralkunst an das Ideal der säkularen Plastik anzubinden? Der störrische Verlauf der linken Saumlinien, die imperiale Vorherrschaft der Zone um das Spielbein oder die leicht gepreßte Enge der jungfräulichen Brust, bereits wenige dieser ebenso nominalistisch eigensinnigen wie haptischen Züge entlarven die Frage als eine, die rein rhetorischer Natur ist.

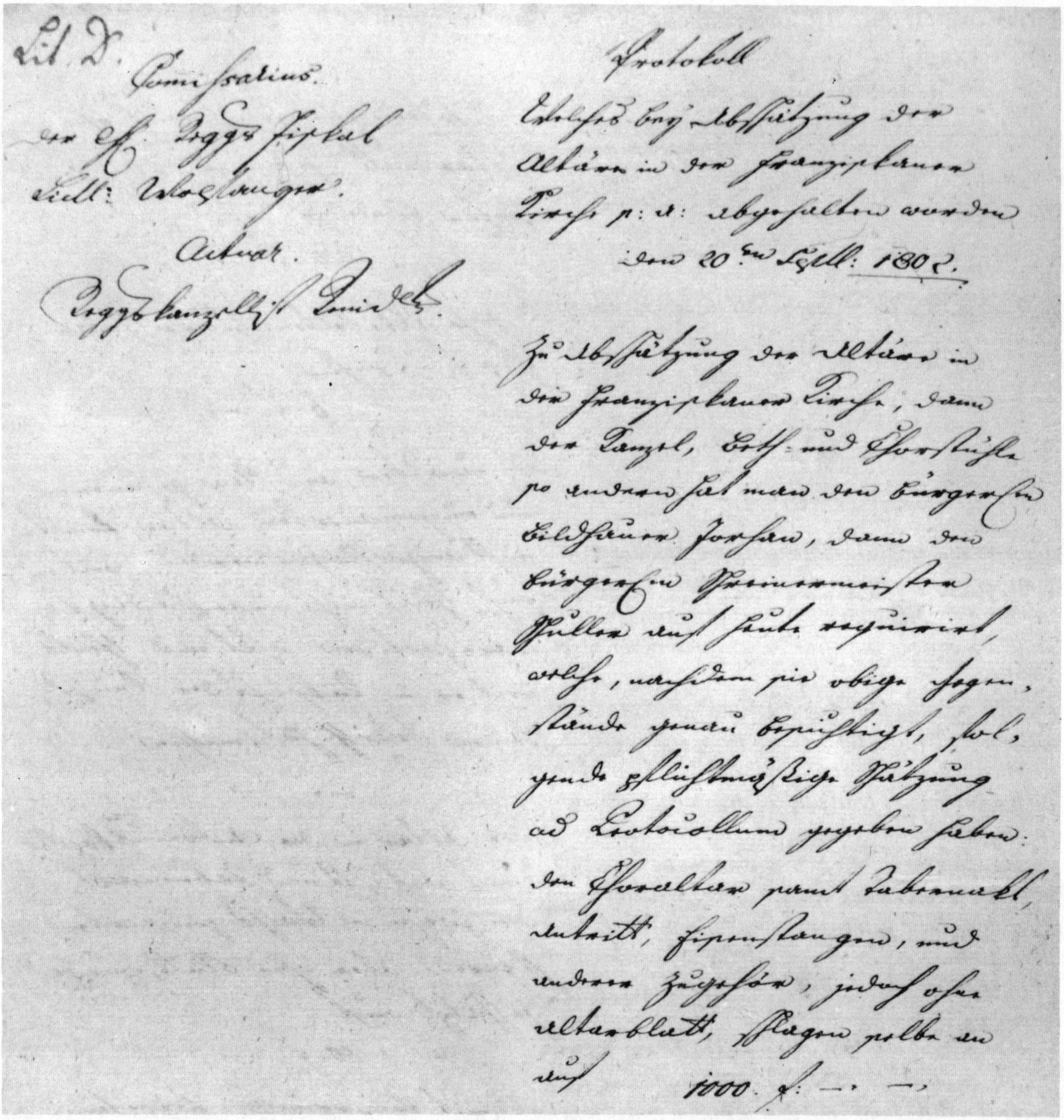

Protokoll über die Abschätzung des Kirchenmobiliars in der säkularisierten Franziskanerkirche *(1802; StA La, Rep.90 Verz.1 Fasz.10 Nr.77)*

Die noch im gleichen Jahr abgehaltene Versteigerung war ein Fiasko. Den Hochaltar konnte man erst zwei Jahre später für 600 Gulden verkaufen, die beiden neuen Seitenaltäre Jorhans erbrachten nur 300 Gulden.

▷ 221 chen Stiftungsadministration zu den Rückständen bei der Katharinenbruderschaft zeigen, daß man gerne zum Äußersten entschlossen gewesen wäre. »Ich habe zwar öfters«, so notiert der Revisor, »die Intee Ausstände vom Christian Jorhann Bildhauer, gefordert, aber ich konnte nie etwas erhalten, er versprach mir solches von einer Zeit auf die andere zuberichtigen, aber doch wurde nichts bezalt. Erweislich ist es auch, daß das Anwesen dieses Mannes in einer sehr mißlichen Lage stande, besonders bei dem schon viele Jahr her anhaltenden Kriegs drange, aus welchen Ursachen ich ihm auch mit der Execution nicht anhalten wolte. nunmehr aber ist Jorhan verdorben und verstorben.« Das war am 8. Oktober 1804 um halb zwölf – »am hitzigen Gallfieber«, wie Matrikeleintrag und »Landshuter Wochenblatt« übereinstimmend berichten. Es wurde ihm eine Sterbemesse von 16 Kreuzern (unterste Preiskategorie) gelesen. Kein Grabstein erinnert an ihn.

In der Stadtpfarr zu St. Jodok sind

Getauft: 3 Knaben u. 1 Mädchen.

Gestorben: den 8. dieß, der kunstreiche Christian Jorhann, verwittibter bürgerl. Bildhauer, 77 Jahr alt, am hitzigen Gallfieber.

Epilog

Dem Tod folgt das erbärmliche Ende seiner Werkstätte in Landshut. Franz Xaver Wolfgang Jorhan, der im väterlichen Haus geblieben war, bemühte sich vergeblich um eine Konzession, wenngleich er sporadisch als Bildhauer tätig war. Vom 31. Oktober 1809 datiert ein Rapport über die »im Bildhauer Jorhanischen Hause vorgenohmene Feuerbeschau«. Er sei in vollem Wortlaut wiedergegeben.

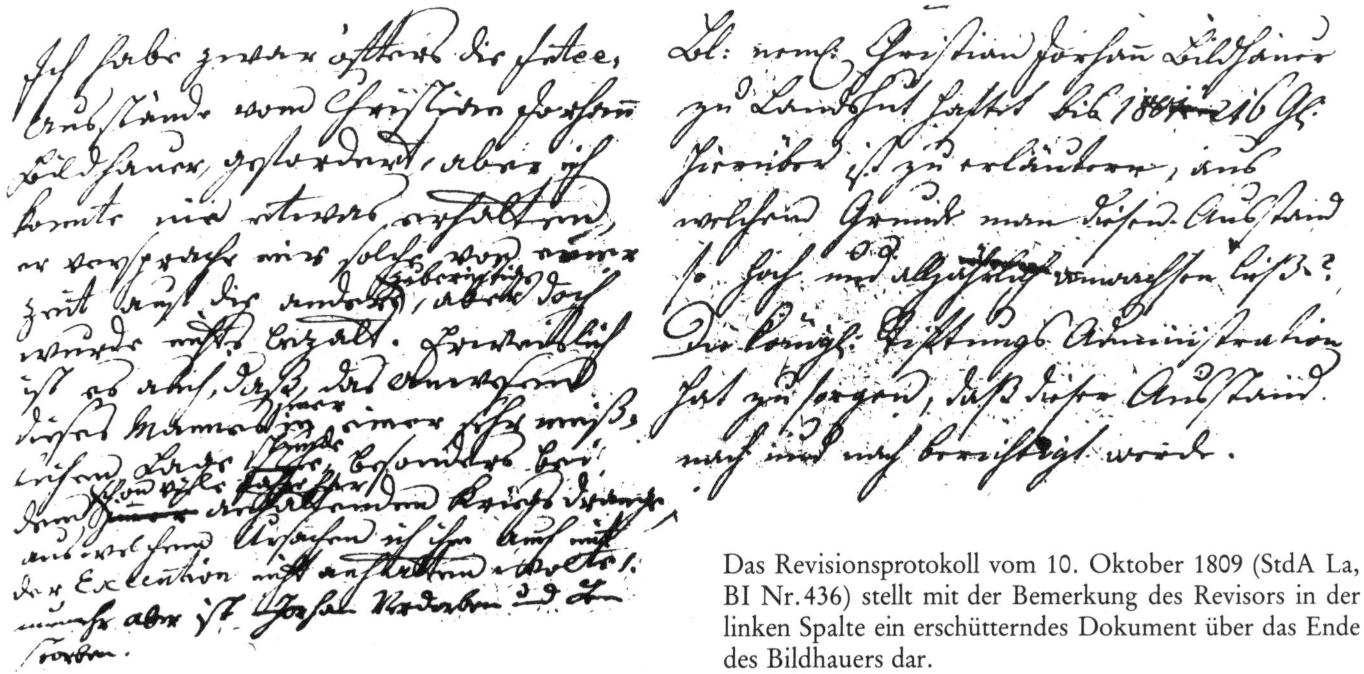

Das Revisionsprotokoll vom 10. Oktober 1809 (StdA La, BI Nr. 436) stellt mit der Bemerkung des Revisors in der linken Spalte ein erschütterndes Dokument über das Ende des Bildhauers dar.

»Da der Hauseigenthümer Jorhan nicht zu Hause war, mußte man, um jene Wohnung besichtigen zu können, das im Fletz neben der Küche befindliche Fenster öfnen, und die Küche aufschlüssen, worauf man sich in die hinteren 2 Zimmer begab, wo folgende Nachläßigkeiten angetroffen wurden. In dem ersten Zimmer rückwärts ist der Kranz vom Ofen ganz abgetragen, und die Eisenstangen herausgerissen, ingleichen das Ofenrohr und Ofenthürl, an den 2 Thüren sind die Schlößer und Handheben abgängig und vermuthlich alles verkauft.
Im vorderen Nebenzimmer mangeln die Fensterramen samt den Fenstern, das Schloß an der Thür, und die Handheben. Gleichfalls ist an der Thür der Alkofen das Schloß, die Handheben, und die Bänder der Thür weggerissen.
In der Werkstadt liegt der ganze Ofen Stückweis auf dem Boden, und befindet sich weder ein Rohr, noch ein Ofenthürl mehr dabey, und mangeln auch der Ofenstangen.
Ferners sind auch von den Seiten Kastl das Schlößl und der Schlüßl abgängig, ingleichen fellt auch das Schloß an der Stubenthür.
Über 2 Stiegen vornheraus ist der Ofen äußerst ruinos, und ist auf dem Boden kein Ofenblech.«

Bekanntmachungen.

Da mehrere Kreditoren des verstorbenen Bildhauer Johann Jorhann von Landshut auf Bezahlung dringen, so hat man zur Herstellung des Paßiv-Stands auf Mittwoch den 18. April, Vormittags 9 Uhr, eine Tagsfahrt festgesetzt. Alle unbekannten Gläubiger werden hiermit aufgefordert, am bestimmten Tag und Stunde zu erscheinen, und ihre Forderungen zu Protokoll zu geben.

Den 24. März 1810.

Königl. Stadtgericht Landshut.

Denk, Stadtrichter.

Stark, Protokollist.

Dem Sohn drohte das Korrektionshaus. Wann Franz Xaver Jorhan zugrundeging, weiß man nicht. 1810 wird im »Landshuter Wochenblatt« die sogenannte »Tagsfahrt« ausgeboten. »Da mehrere Kreditoren des verstorbenen Bildhauer Johann (!) Jorhann auf Bezahlung dringen, so hat man zur Herstellung des Paßiv- Stands auf Mittwoch den 18. April, Vormittags 9 Uhr, eine Tagsfahrt festgesetzt. Alle unbekannten Gläubiger werden hiermit aufgefordert, am bestimmten Tag und Stunde zu erscheinen, und ihre Forderungen zu Protokoll zu geben.« Das Haus wechselte jedoch erst 1815 den Besitzer. Inzwischen war Thomas Johann Nepomuk Jorhan (geb. 1761) von Schärding über eine Zwischenstation in Burghausen nach Landshut zurückgekehrt. 1818 inserierte er im »Landshuter Wochenblatt«, bot unter anderem »von guten und harten Steinen verfertigte Grabmale« an. Aber erst im September 1826 wurde er für 21 Gulden eingebürgert, kurz vor seiner zweiten Heirat. Ohne je ein eigenes Haus zu besitzen, starb er 1837. Sollte noch erwähnt werden, daß 1852 der Malergehilfe und Bildhauerssohn Johann Georg Jorhann zumindest auf Zeit nach Mikloš in Ungarn auswanderte.

Bekanntmachungen.

Vom Unterzeichneten Stadtgerichte wird das in Landshut in der untern Freiung sub Nro. 603 befindliche, und dem Xaver Jorhan, Bildhauers Sohn allhier angehörige Haus auf Freitag den 31. dieß auf dem Wege der öffentlichen Versteigerung an den Meistbiethenden salva ratificatione creditorum gegen gleich baare Bezahlung verkauft.

Kaufsliebhaber haben sich daher am bestimmten Tage von 10 bis 12 Uhr bei der vor sich gehenden Lizitation einzufinden, und ihr Anboth zu Protokoll zu geben.

Actum den 16. August 1810.

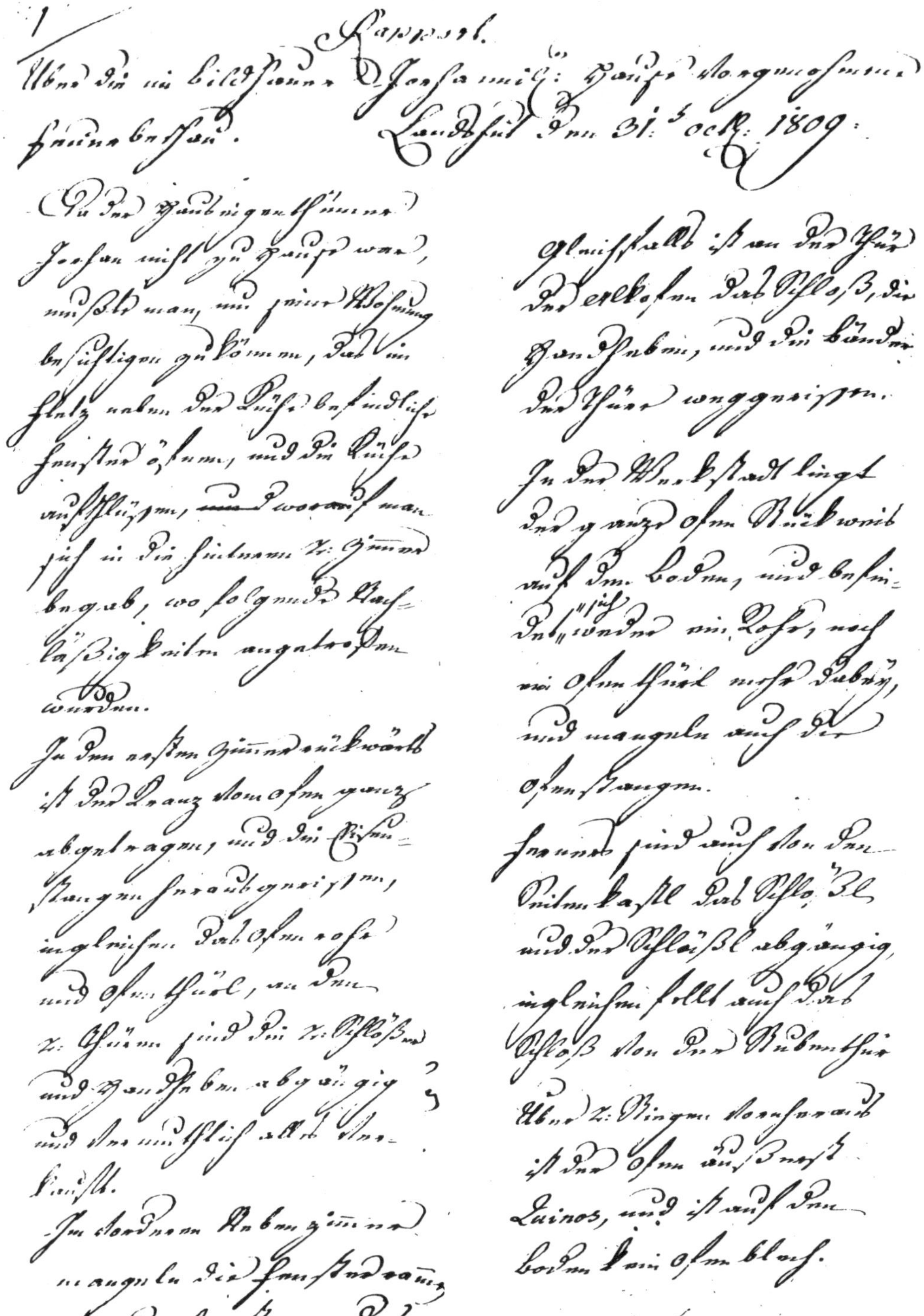

Rapport.

Uiber die in Bildhauer Jorhans Behausung vorgenommene Feuerbeschau. Landshut den 31.ten Oct. 1809.

Da der Hauseigenthümer Jorhan nicht zu Hause war, mußte man, um seine Wohnung besichtigen zu können, das im Flötz neben der Küche befindliche Fenster öffnen, und die Küche aufsprengen, worauf man sich in die hintern 2. Zimmer begab, wo folgende Nachläßigkeiten angetroffen wurden.

In dem ersten Zimmer rückwärts ist der Kranz vom Ofen ganz abgetragen, und die Eisen-Stangen herausgerissen, ingleichen das Ofenrohr und Ofenthürl, an den 2. Thüren sind die Thürschlösser und Handhaben abgängig und [illegible].

Im vordern Nebenzimmer mangeln die Fensterrahmen sammt den Fenstern, das Schloß an der Thür, und die Handhaben.

gleichfalls ist an der Thür der Werkstätte das Schloß, die Handhaben, und die Bänder der Thüre weggerissen.

In der Werkstadt liegt der ganze Ofen stuckweis auf dem Boden, und befindet sich weder ein Rohr, noch ein Ofenthürl mehr dabey, und mangeln auch die Ofenstangen.

Ferners sind auch von der [illegible] das Schloß, und der Schlüßel abgängig, ingleichen fehlt auch das Schloß von der Bodenthür

Uiber 2. Stiegen vorwärts ist der Ofen durchaus ruinos, und ist auch der Boden beim Ofen bloß.

Rupprecht [illegible]

Rapport über eine »Feuerbeschau« in Jorhans Haus vom 31. Oktober 1809 (StdA La, B II Nr.12223)

Jorhans Kunst

Stellt sich zuletzt keine geringere Aufgabe als die: Aus der immer noch unüberschaubaren Fülle des Jorhanschen Werkes die Summe zu ziehen, seine Bedeutung und Besonderheit zu charakterisieren, zumindest in ersten Umrissen.

Werkstätte – Arbeitspensum des Meisters

Wir erinnern uns: In der Steuererklärung von 1792 nimmt es Jorhan mit der Wahrheit nicht genau. Auf ähnliche Manöver, auf das Bestreben, sich nicht in die Karten sehen zu lassen, damit Verdienst und Ersparnisse einigermaßen gegen eine düstere Zukunft sichern, geht vielleicht der Umstand zurück, daß er bei den großen statistischen Erhebungen von 1770 und 1794 keine Mitarbeiter angibt. Zwar wird er tüchtig seine Familie herangezogen haben – auch die Töchter, von denen eine zur Faßmalerin ausgebildet wurde –, doch erfahren wir aus manchen Angaben über Trinkgelder die Vornamen fremder »Leute«, allerdings nur diese. Sie stimmen nämlich nicht immer mit denen seiner Söhne überein. Noch weniger wissen wir über die Lehrknaben, da die entsprechenden Zunftunterlagen noch nicht gefunden werden konnten. Unbesehen davon, der gemeinsame Nenner der bisherigen Jorhanforschung ist, er führe einen »ausgedehnten Werkstattbetrieb«. Die Annahme stützt sich auf das unerhörte Ausmaß der Produktion, das auch unsere Einführung nicht angemessen zu umreißen vermag. Trotzdem wäre es falsch, sich das Atelier als Vorform einer Manufaktur vorzustellen, wo Arbeitsteilung, Standardisierung der Ware und gegebenenfalls ihre Reproduzierbarkeit die Herstellung bestimmen. Jedes überlieferte Werk widerlegt von Grund auf eine solche Auffassung. Sogar im Bereich der Kindl, der Köpfe und der Ornamentik, in dem eine Schematisierung nicht zu umgehen war, fasziniert das Unfertige der Handarbeit; erfrischende Sorglosigkeit oder überschüssige Pointen verdrängen Stereotypie und Mechanik. Wenn man nun überlegt, wie groß Jorhans Werkstätte, in welcher Form sie organisiert gewesen ist, wird die Mitte zwischen zwei Vorstellungen zu treffen sein, die beide gleichermaßen beliebt, aber unhistorisch sind: einerseits der einsame Künstler, andererseits der Unternehmer, der über drei bis vier Gesellen gebietet, viele Lehrlinge ausbildet und nach Bedarf Hilfskräfte einstellt. Nicht leicht nachzuvollziehen, aber vielleicht richtig, die Größe des Betriebs eher zu klein als zu groß anzusetzen. In einem Raum, der unter 20 Quadratmetern liegt, finden nur wenige Werkbänke Platz. Größeres wird grundsätzlich im (überdachten?) Hinterhof erstellt worden sein. Bevor die Kinder als gegebene Hilfskräfte heranwuchsen, wobei der älteste Sohn zunächst »Student« war, also schon des Comments wegen bis 1773 von Handarbeit weitgehend verschont blieb, muß Jorhan auf jeden Fall fremde Mitarbeiter beschäftigt haben (etwa Christoph Fröhlich, der Bildhauer in Mühldorf wurde und dort 1772 für Matthias Facklers Kanzel die Figuralplastik schnitzte). Selbst unter der sicherlich zutreffenden Voraussetzung, daß er – venia sit verbo – wie ein Berserker sich in die Arbeit gestürzt hat, ist die dokumentierte Skulpturenflut des Frühwerks ohne Hilfskräfte nicht zu denken. Das würde auch mit den geschichtlichen Tatsachen zusammengehen, da bis 1770 das Bildhauerhandwerk noch nicht in der Krise war und somit ein besserer Meister im Durchschnitt ein bis zwei Gesellen und drei Lehrbuben besaß. Bereits für diese Zeit ist aber zu betonen, daß man sich in unserer Frage nicht an den überlieferten Zahlen für die Kistler und Faßmaler halten darf, weil hier andere Herstellungs- und Absatzbedingungen vorliegen. Nach 1770 erfüllen die vier Söhne, von den drei die frühe Kindheit überlebenden Töchtern zu schweigen, sukzessiv ihre Aufgabe, dem Vater zur Seite zu gehen, ihn bei der routinierten, stets an knappe Termine gebundenen Produktion zu entlasten. Unter dem Diktat zurückgehender Aufträge wird man sich deshalb bis einschließlich der mittleren achtziger Jahre fremde Gesellen erspart haben. Jorhan selbst verfügt von Anfang an über eine souveräne, jede Schwierigkeit meisternde Technik. Auch

Entwurf zu einem Tabernakel für den Hochaltar der Pfarrkirche in Frontenhausen *(1762, dortiges Pfarrarchiv).*

Eines der Beispiele aus dem erbarmungslos dezimierten Bestand der Jorhanschen Visiere. Die Zeichnung ist ein unentbehrlicher Zeuge für die künstlerischen Beziehungen zwischen Matthias Fackler und dem Landshuter Bildhauer, noch mehr aber ein Beweisstück für die konzeptionelle Autorschaft beim Wolnzacher Sebastiansaltar.

ausgefallenste Bildideen finden unverzüglich, unter der Hand, ihre zumindest wohlbefriedigende Gestaltung, frei von Mißgriffen oder schaler Flachheit. Hieb- und stichfest im Manuellen zu sein ist nur die Voraussetzung für jene Sicherheit, die ohne Zögern und Einbuße den Geist einer Sache trifft. Das Alter hat dann keinen Rückgang des Könnens gebracht; Schriftstücke oder Unterschriften zeigen nicht die Spur eines Erlahmens. Trotzdem müssen bei Großaufträgen für die Aufstellung der Arbeiten saisonal Kräfte beschäftigt worden sein und spätestens ab 1790 auch noch einmal mindestens ein Gehilfe, der nicht Familienmitglied war. Aus den überlieferten Unterlagen darf ohne Risiko freilich nur ein Schluß gezogen werden: Soweit es sich einrichten ließ, hat der Meister auf fremde Leute verzichtet. Ein zusätzlicher Esser belastete in den vielen Jahren der Teuerung den Haushalt an seiner empfindlichsten Stelle, ein anderswo geschulter, selbständigerer Kopf konnte unter Umständen den eingespielten Ablauf in der Werkstätte stören. In der Tat müssen wir uns manches anders vorstellen. Jorhan holt eine Figur unvergleichlich schneller aus dem Block als ein heutiger Bildschnitzer. Wir beachten meist nur, wieviel Zeit benötigt wird, von diesem oder jenem Objekt eine Nachbildung anzufertigen. Schnitzen nach Vorlage aus einer fremden Epoche ist etwas anderes als die Anfertigung von Skulpturen, deren Aufbau, Oberflächenbehandlung und Teilformen restlos verinnerlicht sind. Wie wir in diesem Fall den Zeitaufwand wohl überschätzen, vernachlässigen wir andererseits, daß der Handwerker weitere zeitraubende Verpflichtungen hatte. Sollte durch die Kirchendeputation auch nur ein Beichtstuhl genehmigt werden, bedurfte es dazu eines doppelten Kostenvoranschlags und einer Entwurfszeichnung. Die Zahl solcher Visiere, die Jorhan anzufertigen genötigt war, ist Legion; nicht einmal ein verschwindender Bruchteil hat sich davon erhalten. Welcher Zeitverschleiß hinter vergeblichen Bewerbungen oder hinter der Abnahme der Maße an über eine Tagesreise entfernten Objekten stand, läßt sich schwerlich ermessen. Bei einer Perspektive, die sich der geschichtlichen Voraussetzungen dieser Bildhauerexistenz vergewissert, kristallisiert sich heraus, wie stark das Werk auf zwei Augen gestellt ist, die Arbeitsbedingungen sich damit aber in nichts von denen anderer, oft weit emanzipierterer Künstler unterscheiden. Ob Mozart, Haydn oder Ignaz Günther, Jorhan – diese »Produzenten« von Kunst versinken in der Fron ihrer Arbeit. Das jeweilige Œuvre sprengt alle Maße, die unterschiedlichsten Qualitätsstufen durchziehen selbst ein und denselben Werkzusammenhang. Gleichgültig deshalb, wie viele Lehrbuben, Gesellen, Gehilfen im einzelnen beschäftigt waren, die Beteiligung des Meisters an den so differierenden Stücken der Werkstätte ist höher, als wir uns eingestehen wollen. Nur mittels intellektueller Krücken wird das uns Tatsache. Die Schwierigkeiten, hier zu einem richtigen Urteil zu finden, gehen auf den folgenschweren Paradigmenwechsel zurück, der sich noch zu Jorhans Lebzeiten vollzog. Ein Berthel Thorvaldsen würde sich prostituieren, wenn er seine Skulpturen selbst meißelte. Als Künstler zeugt er ein Konzept, alles andere ist niedere Handarbeit in seiner Großwerkstätte. In Süddeutschland waren unter anderem Johann Baptist Straub und Johann Peter Wagner so glücklich, diese Entwicklung ahnen zu lassen. Der Landshuter Meister hatte jedoch das meiste noch selbst zu besorgen, den Einkauf des Holzes und die Retuschen während der Aufstellung eines Bildwerks an Ort und Stelle. Wenn es freilich das Glück der Stunde wollte, fand sich unter den ungezählten »Hervorbringungen«, geschaffen durch Anstrengung (labore) und Fleiß (industria), unbezweifelbare Kunst, allem ebenbürtig, was die Hofkünstler zuwege brachten. Und auch das Durchschnittsgut mußte als »Meisterwerk« gelten.

Eigenständigkeit oder Mitarbeit?

»Meisterwerk«: Wenn wir weiterhin von den historischen Gegebenheiten ausgehen, besagt der Ausdruck vor allem dies, daß kaum ein Stück die Werkstätte verläßt, das Jorhan nicht zumindest geplant, veranlaßt und approbiert hat. Die heute üblichen Bezeichnungen für zweifelhaftere bis inferiore Qualität, wie »Werkstätte«, »Schule«, »Umkreis«, sind Notbehelfe, welche den Sachverhalt unnötig verunklären. Entweder wurde durch den Meister eine Skulptur in Rechnung gestellt oder nicht. Es gibt in Landshut keine weitere Bildhauerwerkstätte; die nächstgelegenen Betriebe finden sich in Vilsbiburg, Rottenburg und Erding. Ein factum brutum für das Zuschreibungsproblem! Man hat nur die Alternative, ein Objekt der Jorhanwerkstätte zuzuteilen oder abzusprechen. Für dieses Dilemma entschädigt man sich in der Regel dadurch, daß bei den Arbeiten zwischen Eigenhändigkeit, Mitarbeit und reiner Werkstattarbeit unterschieden wird. Man genießt den Spielraum, den die ästhetische Taxierung eröffnet: hier ein Stück, das uns leicht befremdet, dort eines, das sofort anspricht. Wir mögen unsere Wertmaßstäbe noch so verantwortlich handhaben, eine Scheidekunst dieser Art ist nur legitim, wenn sie sich zuvor ihre Voraussetzungen bewußtgemacht hat. Man muß wissen, daß bei Jorhan ein Geselle sicher nur in ganz seltenen Fällen auf eigene Faust arbeiten durfte, was bedeutet: Auch hier gibt der Meister Anweisungen, muß die Handschrift der Werkstätte gewissenhaft bewahrt werden. Eine »Aufteilung der Hände« führt demnach keineswegs zur Ausbildung zweier Werkgruppen, den eigenhändigen Glanzstükken und den durchschnittlichen der Mitarbeiter. Die Zäsuren liegen vielmehr im Herstellungsprozeß, im Erscheinungsbild der Skulpturen selbst. Ehrlicherweise müssen wir allerdings eingestehen, daß wir auf diesem Feld noch viel zu wenig wissen. Sicher hat der Meister nicht die sorgfältige Abraspelung des Körperreliefs oder die Kleinarbeit bei den kostümlichen Details vorgenommen. Nach einer Vorbereitung des Blocks durch andere wird er die Strukturen des Bildwerks fixiert haben, eine Aufgabe, die er ohne Zweifel besonders ernst nahm, da hierbei am meisten verdorben werden konnte. Ein weiterer Schwerpunkt war die Ausbildung der Köpfe, genauer: des Gesichtsfeldes, und der Hände. Der Anlage des skulpturalen Grundgerüsts entsprechen an Wichtigkeit die abschließenden Arbeiten, die Endredaktion, bei der wenige Kerben im Gewand oft mehr Bestimmungskraft haben als ganze Areale. Werkstattarbeit ist demnach, was – nach Festlegung des Grundmusters – in Körper und Gewandung durch eine andere Hand ausgeführt wurde; der Begriff schließt jedoch ein, daß der Meister selbst jederzeit intervenieren kann, Kopf und Hände vielleicht von ihm stammen, daß das Stück, wenn nötig, zuletzt noch redigiert wird. – Diese Hinweise machen einige Besonderheiten verständlich, die sicher auch dem ungeschulten Betrachter auffallen. Einmal das augenscheinliche Intensitätsgefälle bei zeitgleichen Arbeiten. Bei einem Heiligen für eine Filialkirche, der nicht so viel kosten durfte, gibt es eben nur eine Gewandung in Jorhanschem Standard. Erstens bewegt sich damit die Erfindung in gewohnten Bahnen; zweitens wird die Figurentiefe eingeschränkt, Anstückelungen weitgehend vermieden; drittens nimmt die Bearbeitungsdichte spürbar ab: Viele Partien scheinen nur durch Axt, breite Ball- und Flacheisen angearbeitet und nachträglich an den Bruchrändern verraspelt zu sein. Das alles kann einem Werkstattmitglied zugeschrieben werden; zwingend ist die Zuteilung keinesfalls, weil auch Jorhan sich nicht zu schade gewesen sein dürfte, al fresco zu skulptieren. Wer sich auf den Standpunkt stellen wollte, die skizzenhafte Ausführung bedürfe größerer Geschicklichkeit als die gründliche, dem ist kaum zu widersprechen. Keineswegs spekulativ dagegen, daß aus dem

▷ 237

Dachungsengel *(1758), rechter innerer Gebälkkopf des Hochaltars in Hörgersdorf*

Routinefall für die Werkstätte?

Gewagt in ihrer Position agiert die Genie am äußersten Ende des Dachungsteils, scheint doch der linke Arm hauptsächlich zur Wahrung des Gleichgewichts benötigt zu werden. Der Engel ist insofern recht bezeichnend für die frühen Jahre, weil Jorhan möglichst ausgefallene Posituren aufsucht, andererseits sie nicht restlos abzuklären vermag. Das gestreckte Bein hinter der schwingenden Gewandkulisse hängt zu tief, besitzt auch aus größerer Distanz und frontaler Aufsicht keine befriedigende Auflösung. Vieles scheint bei einem Skulpturentyp dieser Art auf Werkstattproduktion hinzuweisen. Da feinteilige Ausarbeitung den optischen Bedingungen widersprechen würde, da die Gewandung mit übertriebener, fast karikierender Grobheit anzudeuten ist, kann vieles mit der Axt vorbereitet werden, muß der Bildhauer wenig abschleifen lassen und durch zusätzliche Kerbungen auflockern. Diese Überlegungen sind richtig, unter einer Voraussetzung: Wir haben anzuerkennen, daß die Dachungsengel ein heikles Fertigungsproblem darstellen. Rezepte reichen nicht aus, längere Erfahrung entscheidet allein. Steht man auf einem Gerüst und sieht die Arbeiten aus der Nähe, erschrickt man über das Ausmaß an Verzerrung, profilierender Schnitztiefe, über die unerwartete Größe vieler Details. Sobald eine neue Aktion zu gestalten war, konnte der Meister weder auf perspektivische Berechnungen noch auf eine Stellprobe zurückgreifen. Sein Instinkt, Rückschlüsse aus früheren Skulpturen waren alles. So kam es, daß Jorhans Meisterwerke in diesem Genre erst um 1760 einsetzen. Er hat in ihm besonders Überzeugendes geleistet. Neben manchen anderen Ursachen sicherlich ein weiterer Grund dafür, daß der Landshuter Meister noch in den neunziger Jahren Dachungsengel liefert, während sie sonst schon längst – bei Ignaz Günther vor 1770 – durch Urnenvasen ersetzt wurden. – Die Genie ist im Gegensatz zum Kindl ein idealer Jugendlicher. Der Milchfleischfülle opponiert Schlankheit, dem kindlichen Haarkleid langes, gelocktes Haar, das stets auf einer Seite über den Nacken zur Brust fällt. Pausbacken, Stupsnase werden durch edles Profil mit langem Nasenrücken ersetzt, die strampelnden Beinchen durch elegant gestreckte Extremitäten. Nur ein kleiner Schurz bedeckt die Blöße des Puttos, während der Adoleszent reiche Kleidung trägt, von einem Band gehalten. Entsprechend zur Asymmetrie des Haarfalls wird stets die eine Schulter freigegeben. Den Ernst der erwachsenen Engel, die Würde ihres Handelns unterstreichen mächtige Schwingen. Die rechte Dachungsgenie scheint vor wenigen Augenblicken zum Altar niedergeschwebt zu sein; ihr andächtiger Blick, ihr riskantes Agieren geben eine angemessene Antwort auf das Wunder der heiligen Wandlung.

▷ 233 Summarischen eines solchen Heiligen stets irgendwo ein Zug hervorstrahlt, der die Pranke des Löwen zeigt. Die aufwertend gedachte Dreingabe aus der Hand des Meisters kann nachträglich eingeschnitzt, ebenso aber während der raschen Überformung entstanden sein, zum Abschluß der Hauptarbeit oder bereits während eines genüßlichen Verweilens. Gehört diese Skulptur einem größeren Ensemble an, registrieren wir eine weitere Überraschung. Eines der vielen Bildwerke, die bloß auf anspruchsvollen Durchschnitt angelegt sind (die Produktion der Kleinwerkstätten immer noch weit überbietend), eines von ihnen erweckt den Eindruck besonderer Ausgefeiltheit und Erfindungskraft. Regelmäßig stellt es den Patron/Nebenpatron der Kirche oder den Heiligen einer wichtigen Bruderschaft des Gotteshauses dar. Mit dieser Beobachtung schärfen wir den Sinn für die handwerkliche Zweckrationalität der Jorhanschen Kunst, haben ein der Sache angemessenes Kriterium für die Frage gefunden, wo und warum der Meister künstlerisch investiert. Das Ergebnis mag mit unseren Qualitätsbegriffen durchaus nicht übereinstimmen. Viele der eindeutig eigenhändigen Arbeiten sind allein deshalb als solche nicht erkannt worden. Eine Dolorosa, die mit penetranter Schmerzlichkeit beide Hände gegen die Brust führt, gespreizt in Haltung und Gesichtsausdruck, locker, unbestimmt im Schnitzstil des Gewandes, weshalb die Affektik par force entgegentritt: Arbeiten dieser Art werden vom ästhetischen Bewußtsein vieler abgewehrt und somit als Werkstattprodukt angesehen. Jorhan hat indessen alle Minen springen lassen, auf daß die Gebarung zum Abbild der Zueignung, der hingebenden Aufopferung an das Herz Jesu wird. Nicht von ungefähr präsentiert der linke, sie flankierende Engel die Herzen der Gläubigen auf einem Teller. Die Eigenhändigkeit der Skulptur, sie steht in Oberdorfen, wird nicht mehr in Zweifel ziehen, wer ihre Funktion anerkennt und Inszenierung beziehungsweise Ausführung aus dieser ableitet. Dabei ist das zugkräftigste Argument noch nicht zur Sprache gekommen. Zum Pfarrsprengel von Oberdorfen gehörte die reiche Wallfahrtskirche Maria Dorfen. Der Oberdorfener Pfarrherr, von den Vorständen der Bruderschaften zu schweigen, war für weitere Aufträge derart wichtig, daß man zum Kreuzaltar nicht ein Stück ohne durchgehendes Engagement des Meisters geliefert hätte.

Ars combinatoria: Aufgabenbereiche; Invention und Methoden

Mit der Frage nach den Umständen der Produktion und nach Jorhans Anteil hierbei wurde wenig von dem sichtbar, was insgesamt sein Werk auszeichnet, nichts von den Merkmalen, in denen einerseits die Epoche spricht, zum anderen die Eigentümlichkeit seiner Handschrift liegt. Ein Blick auf die Aufgabenfelder, welchen ein Bildhauer von damals gerecht zu werden hatte, beweist, wie schwierig unser Vorhaben ist. Unvorstellbar bunt, beinahe kurios zeigen sie sich beim durchschnittlichen Handwerker. Der Landshuter Bildschnitzer hat vermutlich in den Tätigkeiten, die er sich zutraute oder ihm zugemutet wurden, seine Berufsgenossen noch erheblich übertroffen. Er entwarf Monstranzen, arbeitete in Alabaster, renommierte damit, daß er die Techniken des Gießens gelernt habe. Zuweilen durfte er nur den Sockel für ein Bildwerk liefern. Neben Miniaturen, Kabinettstücken in kleinstem Format, stehen die über zweieinhalb Meter hohen Atlanten aus Eichenholz für Schloß Pfettrach, neben einer Fülle von Schneidarbeiten, den Rocaillen, Kapitellen oder kunstvollen Rahmen, die übliche Sakralplastik. Sie dominiert nach Wert und Überlieferungsquantität, weshalb die Betrachtung sich auf sie beschränkt. – Die Skulpturen wurden nicht auf gut Glück aus dem Material herausge-

▷ 241

Salvatorkindl *(1794)*, *Altenerding*

Vielfältigkeit der Aufgabenbereiche: ein vergessener Werktyp

Es war Brauch, über dem Tabernakel einige »Hoch«zeiten des Kirchenjahres besonders herauszuheben. Zwischen Ostern und Christi Himmelfahrt wurde das Lamm Gottes durch einen Auferstandenen, zu Pfingsten durch eine Heiliggeisttaube und zu Weihnachten durch Salvatorkindl ersetzt. Vielfach verstand man die Funktion dieser Christkinder nicht mehr und bettete sie in Wiegen; ein Glücksfall dann, wenn man hierzu nicht den Sockel absägte. Die abgebildete Skulptur fungiert übrigens zur Zeit als ein solches Wiegenkindl. Eine zweite Gefahr drohte den verhältnismäßig zahlreichen Arbeiten Jorhans dadurch, daß man sie in nazarenischer Zeit wieder reichlich zu bekleiden begann. Oft bedeutete das eine Abarbeitung des geschnitzten Gewandes und eine Beruhigung des Kontrapostes durch schonungslose Eingriffe. Instruktiv hierfür das Kindl in Heilig Blut (Landshut), vielleicht aus demselben Jahr wie unsere Arbeit stammend. Als Salvator weist das Altenerdinger Kindl mit der Rechten das Kreuz, während die Linke ihre Segens- und Grußgebärde ausführte. Charakteristisch für das Spätwerk ist die eigenwillige Ausgestaltung der Tuchpartien. Sie umschmeicheln den Leib nicht mehr in einfühlsamer Konfiguration, Anregungen des Körperreliefs und der Körperstellung aufnehmend. Eigenwertig heben sie sich als ein selbständiger Bereich ab, wobei das Fallen wirklichen Tuches teilweise sorgfältig nachgebildet wird, wie die Abschnitte entlang des Bandeliers zeigen. Die Provinzen des Bildwerks verselbständigen sich. Das Lockenhaar ist zunächst nur Haar, in einem geradezu nominalistischen Sinn. Es wirkt damit perückenhaft. Trotzdem zerbricht die Ausdifferenzierung der Teilelemente nicht die Gesamtwirkung. Vielmehr erhält sie eine Präzision, die dem Übergang der Skulptur zur autonomen Plastik vorarbeitet.

▷ 237 holt. Eine seit vielen Generationen bewährte Technik sorgte für ihre rationelle Herstellung. Grundlage bildete ein kleines Modell, ein sogenannter Bozzetto, gefertigt aus Holz, gebranntem Ton oder Wachs. Es wurde sorgfältig aufbewahrt, denn es war später unter entsprechenden Veränderungen erneut zu verwenden. Ihm konnten gezeichnete Studien vorausgehen, beispielsweise von Köpfen, Stellungen, Drapierungsformeln. Für den Vertragsabschluß stellt man sorgfältig kolorierte Zeichnungen her. Jeder Entwurf war auf Verwirklichung angelegt. Vorstellungen der Auftraggeber, gewissenhafte Berücksichtigung der Bedingungen vor Ort, der räumlichen oder kultischen, sprechen aus ihm. War Autopsie nicht möglich, ließ sich Jorhan die notwendigen Angaben schicken. Den Visieren fehlt aus einem weiteren Grund jeder Anhauch fesselfreier Erfindungskraft. Sie sind eingeschworen auf Vorlagen, legitimieren sich eigentlich durch diese. Die Muster bestehen aus Stichen in Heiligenviten oder in Musterbüchern, aus dem Inventionsschatz seines Vaters und den vielen eigenen Zeichnungen, die der Bildhauer während seiner Wanderschaft nach interessanten, verwertbaren Arbeiten sich angelegt hat. In gleicher Weise nutzbar die Berichte

▷ 245

Der Kostenvoranschlag zu einer »schmerzhaffte(n) Mutter in hörzog spitall« für die Pfarrkirche Rappoltskirchen (StA La, Rep. ad 7b Verz. 6 Fasz. 25 Nr. 252) vermag zu zeigen, wie selbstverständlich, handwerklich nüchtern Jorhan die Vorstellungen seiner Auftraggeber berücksichtigt.

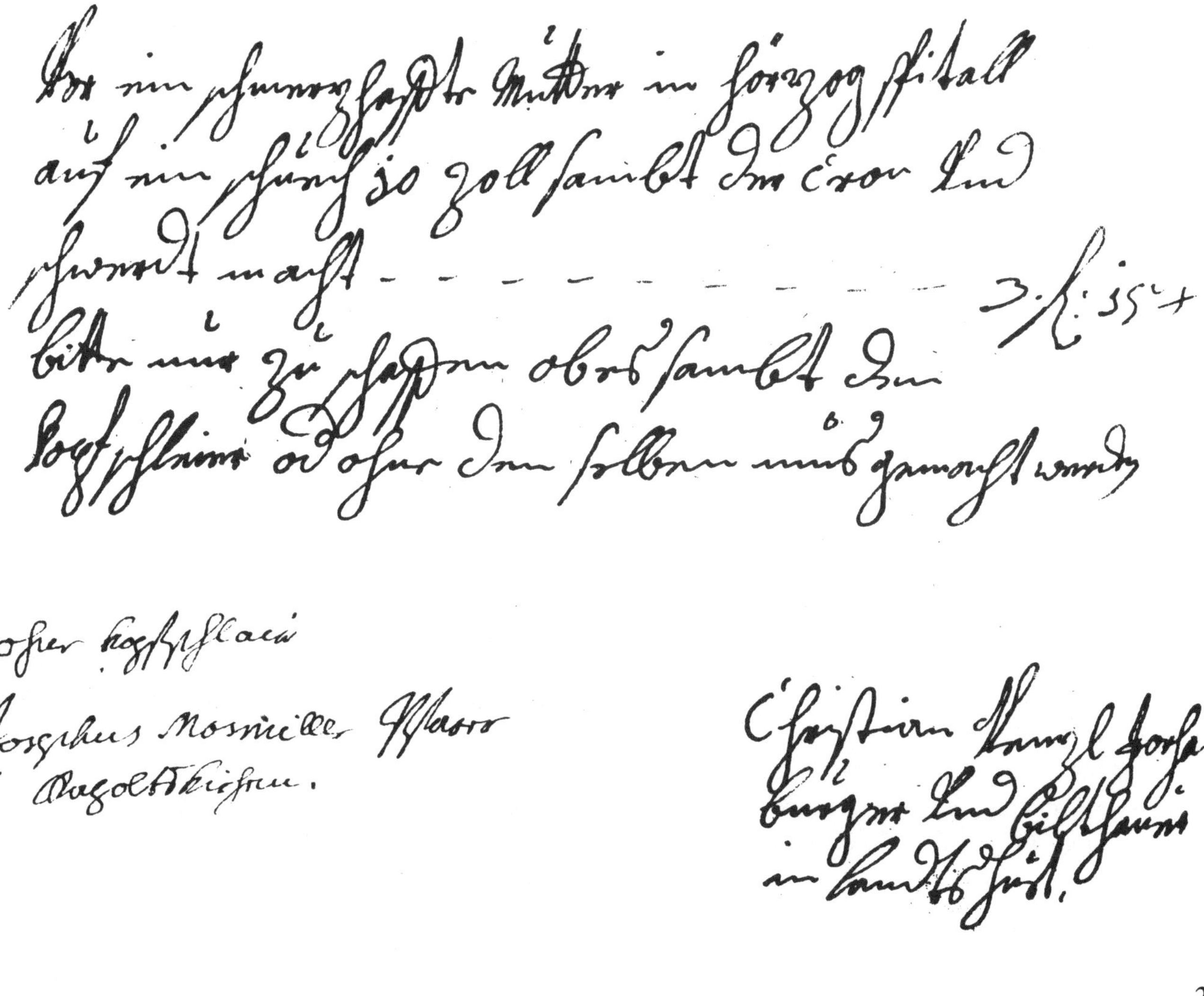

Heiliger Franziskus *(1767?), linke Assistenzfigur des rechten Seitenaltars in Altenerding*

Figurierte Heteronomie

Das Habit dieses Heiligen der Armut ist vergoldet und mit kostbaren Gravuren versehen; auch darf Franziskus in Holzsandalen gehen. Dies Signale für den Betrachter, welche die außerordentliche Werthaftigkeit des dargestellten Sachverhalts unterstreichen sollen. Der hagere Asket verkörpert das gänzliche Aufgehen in Gott. Sein »liebender« Blick verliert sich an den Gekreuzigten, Hände und Körper eignen sich das Kreuz richtiggehend an. Der Habitus muß im Sinne einer Einverwandlung in eine christusförmige Existenz verstanden werden. Die Wundmale an den Händen, Erinnerung an die Stigmatisation zu Alverna (1224), sind bei dieser Skulptur nicht äußerlich bleibende Identifikationsmerkmale, sondern der historische Aspekt dessen, was die Gestalt prinzipiell, als Muster der christlichen Vollkommenheit entwickelt. Zum vordringlichsten Sprachmittel werden hierzu die generösen Saumkurven und die weiten, sich einmuldenden, sich blähenden Tuchwellungen des Umhangs. Entkörperung, Negation der Ordnung dieser Welt ist ihnen eingesenkt.

▷ 241 der Gesellen und das Anregungspotential, das man aus den Werken der Konkurrenten schöpft. Die Praxis engte den Spielraum für riskante Operationen zusätzlich ein: durch die Bedingungen des Materials und die Grenzen der Statik, durch die Frage, welche Fassung möglich ist. Gerade Jorhan verfährt in diesem Bereich mit stupender Erfahrung. Störungen im Holzblock werden geschickt kaschiert. Mittels virtuoser Anstückelungen erweitert er die Extension der Figur bis zum Äußersten, ohne daß dies auf Kosten der Standfestigkeit geht. Dem Schnitzstil der Tabernakelkruzifixe, um ein anderes Beispiel anzuführen, ist sofort abzulesen, ob sie naturalistisch oder in Gold und Silber gefaßt werden sollten. Andererseits wollen sich die Entwürfe keineswegs als Wiederholungen und simple Handwerksskizzen ausgeben. Vom erfolgreichen Meister war Frappanz gefordert, eine Kunstfertigkeit, mit der er die anderen aussticht. Es lohnte der Mühe, wenn jede Invention eine Surprise enthielt und zeigte, daß man über den neuesten Geschmack Bescheid wußte. Jorhan verfuhr nach erprobten Prinzipien, seine Erfindungen wohlredend und augenwirksam zu gestalten, ihnen »Verhältnismäßigkeit« und Eurhythmie zu geben. Auf quadriertem Papier konstruierte er eine Vorderansicht, in die möglichst viele Achsen, Symmetrien, Diagonalverläufe, Äquivalentien und sonstige optische Relationen eingebracht wurden. Die größere, entscheidendere Kunst bestand dann darin, dieses System geschickt zu verbergen. In der geschnitzten Gestalt übernehmen hauptsächlich die Gewandkerben und -knicke die Aufgabe, dem Betrachter das harmonische Grundgerüst zu vermitteln, ohne daß es ihm zu Bewußtsein kommt. Weitere Mittel zum Aufbau einer Skulptur stellt die Rhetorik bereit, ein unverzichtbarer Erfahrungsschatz an Handgriffen, Wirkungen auszulösen, den Betrachter in Beschlag zu nehmen. Jorhan inszeniert so, daß Höhepunkte durch Abstufung und Steigerung heraustreten, daß durch Häufung dramatische und durch Überhöhung sprachliche Effekte erzielt werden. Kaum eine rhetorische Figur oder eine Trope, die nicht ihre Entsprechung im Medium der Schnitzkunst findet. Oberstes Ziel bleibt stets eine »Politur«, eine Ausgefeiltheit, welche die Gebote des Schicklichen nicht verletzt und sämtliche Hilfsmittel, Schönheit zu erzeugen, bewußt und vollständig einsetzt. – Jorhans Verfahren ist kombinatorisch. Findet er in den frühen Jahren einen überzeugenden Kopftyp für den Johannes Evangelista in Salmannskirchen und eine wirkungsvolle Hand für einen Markus, der einmal in Reisbach stand, so entdecken wir beide dreißig Jahre später im Petrusaltar von Gündlkofen wieder. Jeder Entwurf ist kaleidoskopisch, ein neuartiges Arrangement aus signifikanten, bereits feststehenden Details. Verbrauchte Elemente werden ausgeschieden, neue eingeführt. Diese Methode bewährt sich, wenn viel und gut produziert werden muß, erschöpft und überfordert nicht das Erfindungsvermögen. Sie gehört einer objektiven Kunst zu, die noch nichts weiß vom organisch-autonomen Kunstwerk der Goethezeit. Trotzdem bemüht sich Jorhan in nicht geringerem Maße um das »Ineffabile«. Bei ihm ist es die unverrückbar objektive Herrlichkeit des Heiligen, das in allen Sakralskulpturen unter stets neuer Annäherung abzuspiegeln versucht wird.

Heteronomie

Die vorsubjektive Kunst verfügt über wohldefinierte Typen und Gattungen. Das heißt, daß mehr als nur das Aussehen festgelegt ist. Jorhans Marien zeigen, wie bereits geringe Änderungen im Gesichtsausdruck oder in der Gestik genügen, einen anderen theologischen Sachverhalt zu bezeichnen. Genera, in denen der Künstler exzellierte, waren seine Putten und Genien. Allein durch den Anbringungsort ergeben sich bei den

▷ 250

Putto *(1755?), Hochaltar der Theklakapelle (Landshut)*

Möglichkeiten der Inszenierung (erstes Beispiel)

Das Kindl gehört zu den ersten Arbeiten, die Jorhan als selbständiger Meister geschnitzt hat. Selig lächelnd kniet es über einer Wolke, mit beiden Ärmchen auf das Gnadenbild von »Maria Ach« deutend. Im Landshut der Jahrhundertmitte war ein Putto von dieser täuschenden Körperlichkeit und himmlischen Regsamkeit eine Novität. Vieles hatte der Bildhauer zu beachten, vieles war zu erlernen gewesen, bevor er sich derart geläufig zu artikulieren vermochte. – Der Kopf eines Rokokindls ist eine Kunstwelt für sich. Der Mund wird sprechend geöffnet, der schwellenden Unterlippe entspricht die hochgezogene Oberlippe, somit blitzende Zähnchen freigebend. Das obere Lid der Augen ist bei unserem Putto andächtig gesenkt. Durch eine hohe Stirn kompensiert der Schnitzer das lebhafte Agieren der Haare. Da gibt es ein Aufbranden; eine kräftige Haarlocke überdeckt rechts das Gesicht, während links das Haar in dünnen Strähnen einfällt. Beliebt das Rokokotheater von Verstecken und Enthüllen. Wird das eine Ohr gezeigt, hat das andere durch aufstehende Wuschel bedeckt zu sein. Im lebhaften Sprachspiel eines solchen Kindls ist der Kopf das eigentliche Reizwort. Eine kaum zu überblickende Facette an Gestaltungsmöglichkeiten verhilft ihm zu seiner führenden Stellung. Zunächst das Körperchen. In unserem Fall wird der Oberkörper mehr zur Seite und die Scham keck, Milchfleischfurchen in der Leiste, zum Betrachter hingekehrt. Wäre man übrigens der Annahme, das Gesichtchen zeige überwiegend »bübische« Züge, zwei Schwellungen an der Brust führen jede Festlegung dieser Art ad absurdum. Zu noch wesentlicheren Ausdrucksträgern als der Rumpf werden die Füße, die Arme und die Flügel; außerdem kommen die Händchen eigenwertig hinzu. Jedes dieser vier Medien tritt paarig auf, das heißt, daß beispielsweise der rechte Arm in die Höhe, der linke nach unten geführt zu werden vermag. Überdies können die Extremitäten abgewinkelt werden. Sollte ein solches Potential an Varianz noch nicht groß genug sein, eröffnet der Schurz zusätzlich ungeahnte Möglichkeiten. Jorhan gehört zu den wenigen Bildhauern, die das System des Rokokoputtos nachhaltig ausgeschöpft haben. Von klagender Verzweiflung bis zu taumelnder Freude reicht die Skala. Unser Kindl kniet mit etwas selbstgefälliger Seligkeit; seine ungebührlich ausgeknickte Hüfte demonstriert, daß beatitudo nichts von frömmelnder Langeweile an sich hat.

Heiliger Florian *(1762), heute Neue Dürnitz der Burg Trausnitz (Landshut)*

Möglichkeiten der Inszenierung (zweites Beispiel)

Herbert Schindler meinte jüngst, daß dieses Bildwerk »vom Hofbrunnen der Burg Trausnitz« innerhalb der Floriansdarstellungen Jorhans »zweifellos die beste Figur sei«, »sicher eine der inspiriertesten Darstellungen dieses Heiligen im bayerischen Rokoko, den Werken Günthers fast ebenbürtig«. Das Lob diene uns als Anreiz, einmal die Verfahrensweise zu präzisieren, mit der in der Rokokophase ein Körper durch den Landshuter Bildhauer moduliert wird. Daß die Komponisten um 1760 die Gesangslinie einer Aria ähnlich aufgesetzt und ausgeziert haben, mag der Anschaulichkeit halber in Erinnerung bleiben. – Denkt man sich durch den Heiligen eine vertikale Achse gelegt, ist diese zweimal geknickt. Kopf und Hals werden nach rechts bewegt, ebenso die Hüfte. Das vorgesetzte Spielbein bringt mit einer Auswinkelung in linke Richtung die Antithese. Es entsteht so, weil die plastische Masse des Gewandes die zugrunde liegende Konstruktion verschleiert und verschleift, eine inverse S-Linie. Jorhan verwendet also das vertraute Formmittel der Serpentinierung, nur verschärft er es, indem er sie durch unübersehbare horizontale Achsen bereichert: Schulter- und Hüftlinie. Damit stehen zwei Systeme fest, in denen der Bildhauer kom»poniert«. Die Abweichungen zur Seite (Verlagerung der Vertikalachse nach rechts oder links) werden ergänzt durch einen Winkelbereich, innerhalb dessen horizontale Sproßachsen aufwärts oder abwärts laufen können. Allerdings ist diese Sicht unangemessen zweidimensional, denn der kompositorische Reichtum des Brunnenheiligen liegt in der äußerst bewußten Hereinnahme der dritten Dimension. Die Achsen führen aus der idealen Frontalität in Vorwärts- und Rückwärtsbewegungen heraus. Die rechte Schulter etwa stößt kräftig gegen den Betrachter vor, der Kopf wird nicht nur zur Seite gedreht, sondern auch nach hinten gesenkt. Um die Analyse abzukürzen: Jorhan dezentralisiert den Körper in eine Konfiguration höchst variabler, oft antithetischer Teilachsen. Er ist interessiert an einem Bildwert, der frei ist von der Gravitationskraft gebändigter Körperlichkeit. Das läßt sich zeigen am sogenannten Kontrapost, der zu dieser Zeit nicht aus dem Verhältnis von Gewicht zu Schwerelosigkeit, Spannung zu Entspannung verstanden werden kann. Das dramatisch vorgesetzte Spielbein hat sich vielmehr verselbständigt, das Standbein hingegen wurde dem Betrachter weitestgehend entzogen. Weil die Achsen kaleidoskopisch zu montieren sind, ergeben sich vielfältige Körpergebärden: das Vorschwellen der Brust zum Beispiel, der Gestus des Aufblikkens oder (gewissermaßen kontrapostisch hierzu) die abstemmende Bewegung des linken Beines, das Ein- und Ausschwenken der Hüfte. Überhaupt scheint dieser Florian aus Anbetung einzusinken – oder windet er sich, angezogen vom Jenseits, empor? Der Inszenierungsmechanismus ist marionettenhaft simpel, das Ergebnis betörende Musikalität.

▷ 245 großen Engeln wichtige Unterscheidungen: Tabernakel- beziehungsweise Dachungsengel oder Trauernde, welche Kreuzigungsgruppen flankieren. Der komplizierten Gattungshierarchie, bei der selbst die ausgefalleneren Beispiele durch verbindliche Merkmalskataloge festgeschrieben sind, entspricht die außerordentliche Vielfalt an Typen: etwa Genien mit aufblickendem oder gesenktem Kopf, anbetende oder dozierende, freihändige Engel oder Attributträger. Wer Jorhans Kunst verstehen möchte, muß sich in diesen Irrgarten von Gattungen und Typen einsehen, damit er sein ingeniöses Spiel mit Abweichungen, seine Mischformen und oft geradezu ketzerischen Kühnheiten erkennt: vorwitzigstes Beispiel die Kindlgenien in Niederumelsdorf (Filiale von Pürkwang). – Das Stichwort für diese Kunstpraxis, die sich innerhalb derart vorformulierter Schemata entfaltet, heißt Heteronomie, von außen herangetragener Anspruch. Das Attribut des Heiligen, seine Tracht, sein Aussehen, seine Aktion – jedes inhaltliche und ästhetische »Fundamentum« einer Skulptur ist unwiderruflich vorgeschrieben, wohl nur in einem Oberflächenbereich nuancierbar. – Die Heteronomie begründet das Wesen Jorhanscher Kunst allerdings in einem noch genaueren Sinn, erfährt in ihr einen ihrer Extrem- und Endpunkte. Seine Heiligen»bilder« affirmieren die Entäußerung, das Aufgehen in Gott. Ohne aufgeklärten Vorbehalt, mit höchstem Nachdruck, als fordere ihn seine persönliche Überzeugung, widmete sich der Bildhauer der Mitteilung dieser Thematik. Kaum jemand zeigte hierzu eine glücklichere Hand. Sogar in den letzten Werken bezeugen die Gesichtszüge, daß Subordination als der ausschlaggebende Darstellungsinhalt galt. Faßlich, sichtbar zu machen war die Begnadung, die aus solcher Unterwerfung sich begründet.

Inszenierung der Figur

Ob eine reine Gewandfigur (Beispiel: Bischof) oder mehr ein Akt (Beispiele: Sebastian, Putten) vorliegt, berührt die Anlage der Skulptur kaum. Es ist die gleiche Art und Weise, mit der die Oberfläche zu bewegtem Spiel gebracht wird, mit Schwellungen, Dallen, Ringen beim Fleisch und mit Graten oder Stegen, Kerben oder Schluchten, scharfrandigen Brüchen oder weichen, verschliffenen Abwinkelungen bei der Gewandung. Aus der so behandelten Grundmasse gliedern sich besondere Höhepunkte, sprechende Stellen, aus: in erster Linie Hände und Kopf. Sie bilden Mittelpunkte, Verdichtungen des Ausdrucks. Position und Aktion der Hände sind so angelegt, daß wir über ihrer Affekthaftigkeit, ihrer schnitztechnischen Feinheit den übrigen Körper beinahe vergessen. Jorhan war ein Meister dieser Inszenierungsmechanismen, zumal in der Bemessung der Intensität, mit welcher das Antlitz die Wirkung der Hände übertreffen darf. Es wird als höchster Wert behandelt. Wie die Hostie durch die barokke Monstranz gerahmt, herausgestellt wird, so das Gesicht durch rocaillenartiges Haar, durch steigernde Kopfzier. Ein schmiegsam ausgearbeiteter Hals hebt es nachdrücklich vom Körper ab. Bei Jorhan wird das Antlitz nie schemenhaft, obwohl die Facies manchmal in so exponierten Winkeln nach oben gekehrt wird, daß sie sich den Blicken nahezu entzieht. Eine Isolierung sprechender Körperpartien also und zugleich eine Einbindung in das Gesamtgefüge der Skulptur, deren »Force« nicht zuletzt auf der Ausbildung dieser Schwerpunkte beruht. Der Bildhauer ist überdies auf einen prägnanten Bewegungscharakter bedacht, der die gesamte Figur durchprägt. Was seit dem Manierismus die Möglichkeiten von Serpentinierung und Torsion erbracht haben, setzt sich bei ihm in eine handwerkliche Fertigkeit um, die über jede Körperwendung im Raum verfügt, weshalb vor allem bei den Engeln sogar zeitlich differierende Zustände in einer Gestalt zusammengebracht werden. Noch fliegt etwa der Krönungsengel des Altenerdinger Nepomukaltars auf Wolken heran, und doch vollzieht er bereits die coronatio. Die Bewegung übermittelt stets einen eindeutig umschreibbaren Affekt. Gewandung oder Körperoberfläche greifen ihn auf, fungieren als Resonanzboden. In der frühen und mittleren Periode liebt es Jorhan, zur Steigerung der Ausdruckswerte das den Heiligen zustehende Territorium durch Aktionen der Figur oder Gewandausschläge zu sprengen. Wichtig, daß bei ihm der Bewegungscharakter ungewöhnlich suggestiv vermittelt wird. Er scheint aus dem Inneren der Skulptur zu kommen. Man fühlt sich nicht gedrängt nachzurechnen. So manche anatomische Mißlichkeit, bewußt riskiert, nehmen wir erst nachträglich wahr.

Fassung und Lichtregie

Zu den Künsten und »Zaubereyen« der Bildwirkung gehören noch mindestens zwei Faktoren. Die Skulptur ist berechnet auf den transzendierenden Einfluß, der von Farbe und Licht ausgeht. Die Polychromie war seit 1760 durch das Polierweiß zurückgedrängt worden. Wo immer es nur ging, bevorzugte Jorhan die naturale Fassung, sorgte durch enge Zusammenarbeit mit den Faßmalern, daß seine Vorstellungen angemessen verwirklicht wurden. Er wollte mit der Farbe die Kunst der Täuschung über die Grenzen der Bildhauerei hinausführen. Wo die verschwebenden Oberflächenwerte durch den Schnitzer nicht weiter zu sensibilisieren waren, verzauberten der emaillehafte Schmelz und das permeable Rouge Zellnerscher Inkarnate die Engel oder Heiligen vollends. Die hellen Töne der Rokokopalette, das unbestimmt Flammende der Lasuren besorgten diese Wunder. Fordert die zeitgenössische Theorie von der Musik, daß sie die Magie gesprochener Sprache in ihrem Medium transzendiere, so setzt Jorhan mit der gleichen Absicht die Mittel der Farbe ein. – Die Krönung des illusionierenden Verfahrens liegt in der Lichtregie, ebenfalls ein Überlieferungsgut, auf das der Bildhauer nicht verzichtet. Vielmehr handhabt er sie mit der professionellen Sicherheit eines Erben. Licht ist etwas ganz anderes als aufgetragene Illusionssubstanz. Es ist polyvalent. Je nach Art der Lichtquelle, nach Intensität und Winkel wird derselben Figur ein stets anderes Aussehen verliehen, das will sagen: Ihre Erscheinungsform erhält eine zeitliche Dimension, jede Stunde des Tages zeigt die Skulptur in einer neuen Aura. Aus solchen Bedingungen erhellt sich das disperse Richtungsgeschiebe im Binnenraum so mancher Jorhanschen Arbeit. Die prismatisch scharfen Flächenstücke, die Kanten, die Verknäuelungen der Tuchrinnen und -stege sind für die Reflexion berechnet, die Diagonalen entmaterialisieren sich als Lichtbahnen. Wer in Maria Thalheim die Seitenaltarfiguren zur Zeit der sogenannten Konkurstage gesehen hat, überhaupt die Arbeiten des Landshuter Bildhauers einmal im Kerzenlicht einer Frühmesse, der weiß, in welchem Bereich Jorhan seine Triumphe errang.

Funktionalisierung – Geist der Rocaille

Damit die Widerstände des Materials aufgezehrt, alles in ein Bildganzes einverwandelt werden konnte, bedurfte es der Funktionalisierung, einer kritischen Verwendung und Abstimmung aller Bestandteile. Das autonome Kunstwerk bestimmt sich aus seiner eigenen Mitte. Bei Jorhans Skulpturen liegt der Schnittpunkt des Funktionalisierens noch im Bereich der Wirkungen auf einen gedachten Betrachter. Anrührende Präsenz wird gewollt. Die Heiligen sollen ihre plane Eindeutigkeit verlieren, zugunsten einer Sprachlichkeit, die der durchschnittliche Gläubige des 18.

▷ 259

Johannes Baptista *(1791?), Bekrönung des Taufdeckels in Altfraunhofen*

Geist der Rocaille: Kontur, Stilhaltungen und modische Themen

Auch ikonologisch dubios, diese Einzelfigur über dem klassizistischen Taufdeckel, die den Heiligen nicht als Baptista, sondern eindeutig als Vorläufer Christi zeigt. Ob sie nicht doch nach dem Brand als Notlösung in die Kirche kam? Sie ist ein kleines Meisterwerk kunstvoller Absichtslosigkeit. Die schlanke, biegsame Gestalt des Täufers wird eingesetzt in beidseitig sie begleitendes Rahmenwerk, das gemeinsam mit dem figuralen Mittelteil die harmonische Gesamterscheinung ermöglicht. In der oberen Hälfte der Skulptur akzentuiert die zipfelnde Fellinnenseite des Mantels die Rechte mit dem Kreuzstab. Ihr entspricht in der unteren, mit Sprung auf die linke Seite, ein knorriger Baumstamm samt Seitenast. Die Ponderation der ungleichen Bildflächen – zur thematischen Grundsubstanz gehörend, die eingängige Wirkung mit auslösend – wird im Kontur durch Wechsel zwischen beruhigten und bewegten Abschnitten gesteigert, durch kleine, skandierende Ausschläge (eingestreute Fiorituren?): ein Haarschopf oder Fellzipfel, der Fuß des Lammes oder nur ein Finger. Der gewichtigste Ausbruch ist der obere Teil des Kreuzstabs mit dem Schriftband. Innerhalb dieser empfindsamen Rokokodemarkation registrieren wir ein skulpturales Geschehen, das kaum einen toten Punkt kennt. Sein Gesicht hat der Baptista leicht aus der Frontale gekehrt, weshalb der Inhalt seiner Botschaft mehr in der Form einer Meditation spricht. Die freie Linke ruht dem Baumrepositorium auf, Zeigefinger und Daumen zu jenem Zeichen geformt, das höchsten Wert indiziert. Zur Schilderungskunst dieser Jorhanschen Idylle gehören nicht zuletzt Witz und rousseauhafte Vorliebe für Natur. Gewagt, wie der Künder des kommenden Herrn in verinnerlichter Demut seinen Blick niederschlägt, während das prophezeite Opferlamm, das er zu sehen hätte (»Ecce agnus Dei«), unbekümmert hinter seinem rechten Fuß hervortrabt. Zwei Baumstümpfe – bravourös behandeltes Rinden- und Astwerk –, Rasenteile akkumulieren eine Jordanszenerie in der Art des späten Rokoko, völlig im Zuge einer Mode, die sich an verwilderter Natur, an ihren ruinösen, pittoresken Versatzstücken nicht genug sehen kann. Kaleidoskopische nature morte stellt eine konsequente Endstufe der Rocaille dar. Von ihrem einst fließenden, tröpfelnden, weich changierenden Modus haben der Körper des Baptista und sein Gewand fast noch alles bewahrt; auch die Umrißlinie ist ihm noch zutiefst verhaftet. Auf Grund dieser metamorphen Werte ist man ja auf den ersten Blick verführt, die Skulptur für die Darstellung eines Auferstandenen zu halten.

ECC
AGNVS

Zwei Leuchterengel *(1765), Hochaltartabernakel in Maria Thalheim*

Geist der Rocaille: Verwandlung als Motiv

Die Expositionsnische rahmen zwei Kindl, ihrem Dienst als Engeldiakone nach Akoluthen. Sie halten mit ihren Patschhändchen je einen Leuchter, den zwei C-Bogen zusammensetzen. Festlich, wie es sich in so unmittelbarer Nähe zum Sanctissimum ziemt, tragen beide ein vergoldetes Rosenband im Haar. Verblüffend wirkliche Milchfleischpolster, profunde Kindlichkeit in den Gesichtern, fröhliches Strahlen der Äuglein, aufgeworfene Oberlippen, blinkende Zähnchen: Selbst der Zelebrant vor dem Hochaltar mußte glauben, himmlische Wesen nähmen an der Liturgie teil. Technisch gesehen ist die hoch angesetzte Vorspiegelung dinghafter Wirklichkeitswerte die Voraussetzung für ein mehrfaches Verwandlungsspiel, zunächst ein bildlogisches und eines in der konkreten Materialität der Skulptur. Die pralle, helle Leibhaftigkeit der Puttenkörper wird kontrapunktiert vom künstlichen Silberglanz der Wolken, die mit feinstem Kerbfluß ein Muster entwirklichter, abstrakter Bildung aufstellen. Sphärische Positivität steht gegen eine »negative« Landschaft aus Syn- und Antiklinalen. Spielen hierbei materiale Faktoren eine wichtige Rolle, sie sind doch nur Bildträger für eine Antinomie in der Logik der Konzeption. Die Wolken denunzieren die Erscheinungsdichte der Puttenkörper als allegorische Verbildlichung. Dem Betrachter wird durch sie ins Gedächtnis zurückgerufen, daß die Sinnlichkeit der Akoluthen nichts anderes ist als die konventionelle »Bild«-Verkörperung eines rein geistigen, ex definitione immateriellen Wesens. Das zweite Verwandlungsspiel überlagert, steigert das erste, bleibt indessen innerhalb der logischen Ebene dinghafter Repräsentation eines übernatürlichen Sachverhalts. Unvermittelt springen die hell inkarnierten Kindlleiber in vergoldetes Flügelwerk um. Sechsflügelige Putten (zwei Rückenflügel, vier an Stelle der unteren Extremitäten) waren eine Invention, die Jorhans Lehrherr, Johann Baptist Straub, besonders schätzte. Bei diesem zählten sie vornehmlich zum modischen Repertoire, entsprungen aus der Vorliebe des Rokoko für Verwandlungszauber. Die frühen Versepen Wielands zehren davon, desgleichen die Ombraszenen in so mancher Opera seria. Flügelfüße erlaubten einen reizenden Zustandswechsel, einen irritierenden Bruch (kaum von etwas Tuch kaschiert) und fragmentierten zudem den Kindlkörper. Bei Jorhans Thalheimer

Zwei Leuchterengel *(1765), Hochaltartabernakel in Maria Thalheim (Fortsetzung)*

Akoluthen ist das anders. Sie wollen vom hochgetürmten Wolkensockel her verstanden werden. Dann sind die meisterlich expressiven Flügelteile nichts anderes als ein deiktischer Flammenrand, dem im Gegenzug zu den abwärts gerichteten Federn die Puttenleiber wie eben geschaffen entsteigen. Der Landshuter Bildhauer interpretiert eine Rokokolaune als ein Himmelswunder, das sich symbiotisch zum Ereignis der Transsubstantiation verhält. Diese kühne Behauptung greift für keinen zu hoch, der beide Leuchterengel in Funktion erlebt. Kerzenlicht – flackernd, unstet – überfängt sie dann. Leib, Arme und Kopf verwandeln sich abermals. Ihre ins Unüberbietbare gesteigerte Zuständlichkeit ergibt sich nicht zuletzt, weil das Gold der Flügelfüße zurückspiegelt, die reflektierende Tabernakelwand zu einer magischen Folie wird. Hatten die vorhin aufgezeigten Verwandlungsmuster sukzessiven Charakter, so ist die vom Licht induzierte Steigerung »synchron«. Die Kindl bleiben weiterhin greifbar real und sind z u g l e i c h irreal, denn ihr Inkarnat wird vom Kerzenschein verzaubert und oft unvermittelt in eine neue Beleuchtung gerückt. Die changierende Konkretheit der Thalheimer Akoluthen gehört zu den sinnhaftesten Bildirritationen, die das kirchliche Rokoko kennt.

▷ 251 Jahrhunderts zwangsläufig als Erscheinungswunder empfinden mußte und nicht mehr in die jeweiligen Komponenten auflösen konnte. Das Um- und Einschmelzen der Skulptur zu einer auratischen Wirkeinheit war durch die Rocaille legitimiert, die eine bis dahin nicht erreichbare Dichte des Gestaltens begründete. Jorhan und viele seiner Zeitgenossen empfanden sie in erster Linie keineswegs als dernier cri, französisches Importgut der allerletzten Mode, geschweige als bloßes Ornament. Sie forderte zur Großzügigkeit, zugleich zu einer durchdringenden Formung heraus, regte zu überraschenden Wendungen und zur Bildung von Figuren aus »in sich selbst schwingender« Schönheit an, kurz: Der Geist der Rocaille gab der Sakralplastik ein neues Paradigma – übrigens wohl das letzte, das ihren Anliegen uneingeschränkt gerecht wird. Weshalb war die Struktur dieses Ornaments auf die Kunst des Bildhauers übertragbar, wie sind seine Möglichkeiten zu umreißen? Rocaille ist dreidimensional. C-Bögen krümmen sich nicht nur nach oben, nach unten und nach beiden Seiten, sondern nach vorne oder rückwärts. Als mindestes rollen sie sich an den Außenrändern auf. Wie weit in den jeweiligen Entwicklungsstufen gegangen wird, ist nicht von Belang. Genügt, daß Raum in einer grundlegenden Weise erfaßt und einbezogen wird, die nichts mit dem »Erhobenen« herkömmlicher Ornamentik gemeinsam hat. Die Eigenräumlichkeit der Rocaille disponierte sie zur Gesetzgeberin einer neuen Gestaltungsweise. Drei Eigenschaften seien nur benannt. Erstens: Die Rocaille ist asymmetrisch. Was in der zeitgenössischen Musik, der Dacapoarie etwa, die »Inflexion« ein und des gleichen Affektes bald durch kantable Passagen, bald durch erregte Läufe oder gar melismatische Dehnungen ist, das findet sich in der Plastik als Ausspielen aller nur denkbaren Bewegungsmomente. Keineswegs fällt damit eine Entscheidung zugunsten spätbarocker Theatralik, sondern für eine Verflüssigung, für die geschmeidige oder gewitzte Ausnuancierung der Skulptur. Sie gerät gleichsam in ein Vibrieren, kein Punkt und keine Achse können ein Vorrecht beanspruchen. Zweitens: Die Rocaille bedeutet Veränderung. Die Mannheimer Symphonie kennt thematische Kontraste, die einander bedingen, sie lebt vom An- und Abschwellen der Tonstärke, von Beschleunigung und Verlangsamung des Tempos. Nicht anders die Skulptur. Einmuldungen im Gewand wechseln unversehens in Aufblähungen, Stege verlieren sich und tauchen an anderer Stelle wieder auf. Das Milchfleisch der Putten besteht hauptsächlich aus sich ablösenden Auswölbungen. Bei den männlichen Heiligen läuft ein Großteil der Muskeln (und Sehnen) in milden Schönheitslinien den Körper entlang, indem der eine Strang allmählich den anderen ersetzt. Die Formen des Körpers selbst und seine Haltung entwickeln das Prinzip der Veränderung nicht weniger entschieden. Wie bei den Kruzifixen der Oberschenkel in das Knie einmündet, die Wade heraustritt und wiederum in das Bein sich verliert, ist so einsichtig, daß weitere Beispiele sich erübrigen. Drittens: Die Rocaille ist unfertig. Die vorklassische Musik liebt den offenen, fragenden Schluß. Viele erste Sinfoniesätze von Carl Philipp Emanuel Bach brechen ab und springen unmittelbar in den langsamen Mittelteil über. Die Skulptur bietet solidere Ansatzstellen, das Vorläufige, Unbestimmte intensivierend zu verwenden. Je mehr die heiligen Akteure durch ihr Aufwärtsblicken den Raum über sich annektieren, je mehr sie durch ihr angewinkeltes Spielbein sich dem Sockel zu entziehen beginnen, desto fraglicher die Grenzen ihrer Existenz und desto nachdrücklicher die Wirkungen. Ungeniert ausschwingende Tuchzipfel senden imaginäre Kraftspuren aus, die Reflexe in Gold gefaßter Tuchteile verunklären ganze Areale. Nicht der frühromantische Kult des Fragmentarischen wird vorausgenommen, vielmehr handelt es sich um eine eigentümliche Entstrukturierung, welche die Skulptur für zarte

▷ 265

Heilige Magdalena *(um 1780?, Ausschnitt), Bestandteil der Kreuzigungsgruppe im Langhaus von St. Jodok (Landshut)*

Geist der Rocaille: Funktionalisierende Verfahrensweise in Erfindung und Ausführung

Die Meidingersche Formel – vergleiche Seite 276 – sei zum Anlaß genommen, eine der vielen Bildleistungen Jorhans wenigstens andeutungsweise aus der Perspektive der Zeitgenossen zu verstehen. Bevor der Bildhauer an die Arbeit geht, entwirft sein »durchdringender Geist« ein Konzept, welches »das innerste der Geschichte« ausdrückt. Bei der Magdalena heftige Trauer um den toten Herrn, dem sie mit ihren Spezereien die Füße gesalbt hatte. Und sofort ist eine spezifisch Jorhansche Erfindungsqualität am Werk. Die Salbbüchse, auf die sie sich stützt, gleicht einer Urnenvase. Die Semantik wird mehrschichtig, eröffnet geistvolle, doch nicht überspitzte Pointen. Weil beispielsweise die zugehörige Dolorosa vom Typus der Muttergottes im Herzogsspital ist, steht bei der Magdalena ein Tränentuch zur Disposition. Dieses erlaubt erst, ohne das Gebot der Schicklichkeit zu verletzten, sie in aktiver Trauerarbeit, das rechte Auge mit ihm trocknend, vorzuführen. Zwei Grundentscheidungen, letztlich von der Verfügbarkeit zweier Requisiten (Salbbüchse; Tränentuch) abhängig, aus welchen eine zwingende »Stellung« und ein zwingender »Affekt« abgeleitet werden: zusammensinkendes Stehen mit vorwinkelndem Spielbein, indem die Aufgabe des Stützens dem Baumstamm und der Urnenvase überantwortet wird; zum Antlitz geführtes Weintuch bei diagonal geneigtem Haupt. Die Narration (das »innerste der Geschichte« ausdrückend) ist erschöpfend ausgedacht. Was die inventio an Ergebnissen erbrachte, die dispositio zu affektischer Stellung ordnete – die elocutio, die Kunst der Ausführung, ruft den wirkungssicheren Bildgedanken ins Leben. Wenn beispielsweise der gesenkte Blick eine Richtung vorgibt, dann nehmen ihn der Unterarm oder die Fliehbewegung der Ärmelschöße auf, desgleichen die Bauschungen des Mantels. Da hierdurch eine Hauptrichtung definiert ist, werden die Handfläche oder der gepreßte Teil des Tränentuches dazu lotrecht geführt, ebenso in weiterem Abstand das wellende Haar der Heiligen. Diese Vektoren der eigentlichen Bildwirkung ergänzt der Bildhauer durch ein rechtwinkliges Rahmensystem, mit dem er den Kopf der Magdalena als einen Gegenstand höherer Ordnung ausgrenzt: knickendes Weintuch (gedoppelte Lineatur) zur Rechten, fallendes Ziertuch zur Linken des trauernden Hauptes. Damit kein Zweifel an der gewollten Heraushebung möglich ist, schnürt eine zusätzliche Horizontale auf Höhe der Taille, ein Gürtel, den oberen Teil der Skulptur zu einer Büste ab. Sobald wir diese funktionalisierende Regie als eine Sprechkunst verstehen, die dem Bildhauer zur zweiten Natur geworden ist, erkennt man auch, was Meidinger meinte, als er von Jorhans »künstlichem Meissel« sprach. Vermutlich gehört die Magdalena der Zeit um 1780 an. Für diese Periode ist der zumeist herbe, etwas klotzige Schnitzstil ziemlich merkwürdig. Gerade die affektiv hochgetriebenen Umschläge über dem linken Ärmel will man aber nicht missen. Sie kontrastieren zur reifen, klassischen Tuchgestaltung, wie sie im Bereich um den durchgedrückten Oberschenkel des Spielbeins zu finden ist. Dieser Meister beherrscht eben nahezu alles. Seinen Meißel setzt er ausgesprochen funktional ein; je nach Darstellungsziel, sei es ein Affekt oder eine nur ästhetische Korrektur, wählt er genau jene Manier, die der gemeinten Sache am nächsten kommt. Das macht Datierungen mitunter zu einem kaum lösbaren Unterfangen; auch hierfür kann die Magdalena in St. Jodok einstehen.

Entwurf zu einer Tumba für Maria Brünnl, Landshut *(1793)*,
Pfarrarchiv Heilig Blut

Geist der Rocaille: Homogenität der Formelemente – radikalisierter Entwurfscharakter

Weil der Entwurf einem in der Zeichnungskunst dilettierenden Pfarrherrn als Vorlage und Objekt zu perspektivischen Übungen diente – die mit Bleistift links ausgeführte Seitenansicht zeigt das noch am Blatt selbst –, hat er in einem Konvolut höchst akademischer Studien überlebt. Es handelt sich um eine Tumba, ausgeführt im Geschmack des voll entwickelten Klassizismus. Sie besteht aus einem katafalkartigen Kasten, dem eine mächtige Urne aufgesetzt ist. An ihrer Vorderseite befindet sich eine quadratische Platte mit dem Schweißtuch der heiligen Veronika. Außerdem flankieren zwei anbetende Putten auf Wolkenbasis den oberen Teil des Gefäßes, während ein verlassenes Kreuz, girlandenartig drapiert, die Anlage bekrönt. – Sucht man nach der ursprünglichen Bedeutung und nach dem Aufstellungsort der Arbeit, scheidet eine Anfertigung im Zusammenhang der Exequien für Marianne von Chlingensperg aus. Als eine Scheinbahre dürfte sie nicht von der Längsseite her konzipiert werden, hätte sie auf jeden Fall die Standes- und Familieninsignien der Verstorbenen tragen müssen. Im langgezogenen Trapez der Füllung, welche dem Sarg appliziert wurde, finden sich vielmehr als solche die arma Christi. Sie machen darauf aufmerksam, daß »Tumba« in Süddeutschland auch »der herkömmliche Name für das Gehäuse« war, »in welches am Gründonnerstag die für den Gottesdienst des Charfreitags consecrirte Hostie beigesetzt wird«. Die Urne ist nichts anderes als ein Behältnis, durch eine Türe, die das wahre Bild Christi zeigt, abgeschlossen. Sucht man unter dieser Voraussetzung in den Kirchenrechnungen nach einem Beleg, hat man ihn schnell gefunden. 1793 wurde Jorhan mit 30 Gulden »um eine neue Tumba« entlohnt, die für die Filialkirche Maria Brünnl gedacht war. Ein Jahr später erhielt der Schwiegersohn Ignaz Bergmann »für die neugefaßte Tumba« 73 Gulden. Noch 1793 schreibt Georg Alois Dietl an seinen Hofmarksherrn: »Nun etwas anders. Die Tumba, die wir bei Jorhan bestellt hatten, ist fertig. Sie ist ein Meisterstück der Bildhauerey, viel schöner, als die in der Pfarrkirche. Sie werden Freude haben, wenn Sie dieselbe sehen werden. Nun ist sie dem Maler übergeben.« – Die beiden anbetenden Kindl der Zeichnung bieten sich an, Gestaltung im Geist der Rocaille aus einem ungewöhnlichen Gesichtswinkel zu verstehen, Konstitutives freizulegen, obwohl die Adoranten der stilgeschichtlichen Rubrizierung nach bereits dem Klassizismus angehören. Der Meister

Entwurf zu einer Tumba für Maria Brünnl, Landshut *(1793)*, *Pfarrarchiv Heilig Blut* *(Fortsetzung)*

hat hier mit zwei Elementen, der aufgebrochenen Konturlinie und flächenhafter Farbschattierung, durchaus unterschiedliche Putten aufs Blatt gebracht, in skizzierender bis schlampig-flüchtiger Art hingeworfen. Nun ist zwar eine Zeichnung so etwas wie eine Schöpfung aus dem Nichts, während die Skulptur die Bearbeitung eines vorgegebenen Materials darstellt. Doch gilt auch für diese, daß Jorhan mit wenigen, einigermaßen homogenen Mitteln die Darstellung eines Sachverhalts erreicht, mit Mitteln, die übrigens umso enger beisammenliegen, je spezifischer im jeweiligen Fall die Schnitztechniken sind, welche er einzusetzen vermag. Wollte man es mit einem Vergleich aus der Theologiegeschichte ausdrücken: Seine Bildmittel haben zunehmend etwas von einem Monophysitismus an sich, so familienähnlich sind im einzelnen seine Möglichkeiten. Das bemerkt man erst bei einer vorurteilslosen Analyse. Man entdeckt dann, wie bei unseren Kindln, daß ein Motiv (hier der C-Bogen) durch unterschiedlichste Kombination zu guten Teilen ein ganzes Werk zusammensetzt. Je aufbereiteter, atomistischer die Formsubstanz, desto größer die Chance, einheitliche, vielfältigste Gebilde zu gewinnen. Bevor das Autonomieprinzip eine neue Struktur brachte, wird aus den sehr ähnlich gewordenen Formelementen durch kaleidoskopische Konfiguration ein »Bild« erstellt, mit einem Verfahren, das sehr oft – auch das zeigen die Engelchen der Visierung – vom organischen Schaffensprozeß kaum noch zu unterscheiden ist. Das steht eben hinter der Gestaltungsphase der Rocaille, daß Natur und Kunst, Mimesis und Ornament, Impetus und Rolle, Körper und Attitüde, Wahrheit und Stilisierung zu einer momentanen Lösung zusammenfinden. Noch hat das Zweck-Mittel-Schema die Oberhand, so daß die Formmittel in abstracto, als Arsenal, zur Verfügung stehen, Gestaltung also ein Prozeß a posteriori ist. Freilich, der Entwurfcharakter jeder Arbeit radikalisiert sich. Was in den Kindln des Visiers aus dem vorgegebenen Reservoir zur Gestaltung fand, verbraucht sich auch mit ihr. Mit dem Wiederholungsgebot, das dieser Kunstübung eigen ist, offenbart sich letztlich die liturgische Wurzel ihrer Heteronomie. Ein neuer Putto auf einer neuen »Visier« bringt bei Jorhan aus objektivem Fundus – wie gesagt: C-Bogen, schattierende Flächen und bestimmte Verfahrensweisen der Anordnung – abermals das Unsichtbare zu den Sinnen, das Abwesende zur Gegenwart und das Geistige zur Anschauung. Es ist mit der gelungenen Skulptur wie mit einer gelesenen Messe: Das Bildwerk als Plusquamperfekt hat Heilswerte zur Darstellung geführt; jede weitere Abbildung muß mittels der vorliegenden Formobjektivitäten, eines Bestandes an Mitteln und Methoden (»Ritual«), die unveränderliche, unerschöpfliche Heilsrealität von neuem abbilden. Während bei der nachheteronomen Kunst die Wiederholung als Verstoß gegen Autonomie unter Verdikt gestellt ist, gilt erst gegen Ende der alteuropäischen Sakralkunst die Replik einer Skulptur als unfein. Sie würde zu Jorhans Zeit die kombinatorische Fülle aus so wenigen, abgestimmten Formelementen mißachten, welche dem Wiederholungs»spiel« dieser beinahe alexandrinisch gewordenen Observanz zur Verfügung stand.

▷ 259 Übergänge aufschließt, sie in ihrem Kernbestand zerschmilzt und vor allem osmotische Prozesse einleitet, die den Grenzbereich zwischen Raum und Material völlig entwirklichen. Das plastische Phänomen gibt sich als ein augenblicklicher Zustand, dessen Festschreibung seinen Tod bedeuten würde. Wiederum ist wichtig, daß statt pathetischer eine verschwebende Augenblicklichkeit gewollt ist. Gleich dem Vogel Phönix soll das Bildwerk durch die Preisgabe seiner stabilen Existenz eine unseren Begriffen sich entziehende Apotheose erfahren. – Dem Style rocaille entspricht die Stuckplastik. Aber auch die Arbeiten aus Holz wirken wie durchgeknetet. Außenzone und Kern sind uneingeschränkt verfügbar geworden. Jorhan verstand es hervorragend, in Wachs zu modellieren, ihm dürfen meisterhafte Puttenköpfchen aus Stuck zugeschrieben werden. Doch sind diese Hinweise in unserem Zusammenhang nicht von Interesse. Er zieht für seine Arbeit als Bildhauer aus dem neuen Paradigma eine vierfache Nutzanwendung. (1.) Er treibt die Funktionalisierung entscheidende Schritte dem Punkt zu, an welchem die Vereinheitlichung, das Herstellen innerer Beziehungen, so ins Infinitesimale geht, daß aus dem additiven Kunstwerk ein organisches wird. Ignaz Günther erstrebt eine in sich abgekapselte Bildhaftigkeit – mit ästhetisch prägnanten Netzhautreizen (Technik der Knitterfalten!), Jorhan versucht von zwei anderen Polen aus, den skulpturalen Zusammenhang zu verdichten: vom körperlichen und geistigen Ausdruckswert einer Gebärde und von den technischen Bedingungen einer Schnitzmanier her. (2.) Bei der Rocaille hat der funktionalisierende Akkord das Material in der Tat noch nicht restlos erfaßt. Sie duldet, besser: fordert Blüten, Blätter und Stengel als Einlagen oder Muschelwerk, das sich zu naturaler Beschaffenheit verselbständigt. Glasfragmente, vor allem auch Bildidyllen sind ihr ohne Störung einzukomponieren. Das kam Jorhan entgegen, der Hände und Kopf der Skulptur wie Pretiosen behandelt. Damit versöhnt er das rhetorische Gestaltungsprinzip der Tradition, angelegt auf stufende Steigerung und Hyperbolik, mit dem neuen, das auf eine einheitliche, charakteristische Durchtönung zielt. (3.) Da die Funktionalisierung ihre Kraft in nicht geringem Maß aus den Tinkturen klug bemessener Widerstände zieht, muß Jorhan seine schnitzerische Handschrift nicht über Gebühr zügeln. Bei seiner Schneidarbeit »erwärmt« die kaum wahrnehmbare Unregelmäßigkeit der Kerbschnitte die Rocaille; die Skulpturen leben von den schnitztechnischen Einfällen, die erst während der Arbeit in ihr Gefüge eingebracht werden. Kaum ein Zeitgenosse hat so souverän ex tempore redigiert, die Spannung zwischen sorgfältiger Vollendung und sorgloser Improvisation so ausgeschöpft. (4.) Rocaille ist ein formales *und* ein inhaltliches Phänomen. Sie bildet Verwandlung ab, schenkt einen Vorbegriff der anderen Ordnung, indem sie die Stabilität der bisherigen auflöst. Darum bei Jorhan das Flammende seiner Heiligen, die den Geist der neuen Herrlichkeit atmen, sich nach Gesetzen dehnen und bewegen, die nicht mehr diejenigen dieser Welt sind. Ihnen ist eingesenkt, daß wir »auch auf Erde lebend (...) schon im Himmel wohnen« können und sollen. In seiner Dorfener Marienpredigt von 1817 bringt Johann Michael Sailer diese Transzendenz im Irdischen auf eine faßliche Formel: »Wer ein himmlisches Gemüth hat, (...) lebet in Gott; wer ein himmliches Leben auf Erde führt, der sieht Gott stets aufs Auge, vollbringt jeden Wink Gottes, jeden Willen Gottes, wandelt vor Gott«; sein »ganzes Wesen ist Gebet, ist Lobgesang geworden.« – Jorhans Werk steht unter dem Paradigma der Rocaille, so daß in der Spätzeit die auf plastische Autonomie pochenden Tendenzen zunächst geopfert werden, sofern sie jenem widersprechen. Nur die Arbeiten der allerletzten Zeit bilden hiervon eine Ausnahme. Insgesamt war es von grundlegender Bedeutung, daß die rhetorische Unmittelbarkeit,

▷ 270

Heiliger Georg *(1781), zur Zeit an der Nordwand des Langhauses der Pfarrkirche Maria Heimsuchung in Ergolding*

Muster geistlicher Tugend: Vereinheitlichung und Differenzierung

An dieser ehemaligen Assistenzfigur des rechten Seitenaltars treten die Aporien der Jorhanschen Programmatik rein zutage, die Reziprozität von Tugendlehre und Formfindung, die daraus sich ergebende Nötigung, den zunehmend abstrakter werdenden Skulpturen ihren rhetorischen Glanz zu bewahren, ihnen Leben und Wirksamkeit zuzuteilen. Zuerst einige Hinweise zu dem Zusammenhang, der zwischen dem Wandel im Bedeutungssystem der Bildwerke und dem Wechsel in ihrer Gestaltung besteht (historische Perspektive), dann einige Andeutungen darüber, in welcher Weise der Bildhauer Elemente dargestellter Wirklichkeit einsetzt (funktionale Perspektive). – Um die Jahrhundertmitte hätte man im Landshuter Raum einen heiligen Georg bevorzugt, der ein Kämpfer für die Sache Gottes ist, zumindest aber ein Triumphator. Noch fällt in Ergolding das Haupt des überwundenen Drachen weit über den Sockel herab, ringelt sich sein Schwanz in ein Territorium, das dieses Bildwerk nicht mehr beanspruchen will. Auch die diagonal gesenkte Lanze, so gebrechlich dünn sie sich der zarten Hand des Heiligen einschmiegt, ist überlebtes Epitheton, eine spielerisch kontrastierende Note. Anbetung wird zum zentralen Thema. Wiederum wäre es nicht zeitgerecht, sie als Dank für den errungenen Sieg zu verstehen. Sie ist die exemplarische Tugendübung eines Heiligen, zeigt, wie man auf rechte Weise seine Existenz heiligt. Der Drachen wird historisch, Georgs Attribut im Literalsinn. Auf der entscheidenden moralischen Auslegungsebene entwirklicht er sich zu einem Zeichen des Bösen, ebnet sich überhaupt die jeweilige Hagiographie zu dem nahezu gleichen Belegexemplar der stets gleichen Tugendlehre ein. Die Grammatiken von Standmotiv, Aktion, von Draperie, Kopf- und Handgestaltung nähern sich an: eine weitgehende Vereinheitlichung des Sprachsystems, zumindest was die Grundzüge betrifft. Dabei muß man sich der wechselseitigen Bedingtheit des Vorgangs im klaren sein, sich hüten, einer Komponente Vorgängigkeit zuzusprechen. Nicht weil zuerst der Tugendaspekt in der Theologie wichtig geworden wäre, durchklärt die Heiligen anmutende Empfindsamkeit. Oder gar: Weil pathetische Handlung nicht mehr gestaltet wird, läßt sich aus den beruhigten Skulpturen eine andere Glaubenshaltung herauslesen. Form und Semantik sind nicht auseinanderzudividieren. Auf den Georg bezogen heißt das: Die tütenhafte Einrollung eines gedrückten Tuchwulstes wird bevorzugt, denn die Ausrollung nach unten stellt ein verstärkendes Gegengewicht zur himmelnden Orientierung des Heiligen dar. Stauchungen werden auf eine Art ausgeschnitzt, daß sie etwas de-

Heiliger Georg *(1781), zur Zeit an der Nordwand des Langhauses der Pfarrkirche Maria Heimsuchung in Ergolding (Fortsetzung)*

mütig Kraftloses an sich haben, Hände und Kopf so in die Aktion geführt, daß sie ein Bild milder Zuwendung ergeben. Wenn bei dieser Vereinheitlichung doch nicht austauschbarer Durchschnitt die Regel war, beruht das auf sekundär eingebrachten Spezifizierungen. Der heilige Georg von Ergolding trägt den Schnauzbart eines Soldaten, die Haut seines Halses schiebt sich zu Falten. Sieht man noch genauer hin, entdeckt man über den Kinnladen kleine Fettpolster; isolierte Zähne lassen auf kein gesundes Leben schließen; unter dem Lederpanzer werden der Warzenhof sichtbar und eine Fettfalte. Mikrologische Details, die eigentlich nur dem banausischen Betrachter auffallen, weil sie eingebettet sind in die parlierende Weichheit der Schnitzbehandlung und zugleich aufgehen in den Generalien des Tugendthemas. Der Schnurrbart verweist auf die Zugehörigkeit zum Kriegerstand, die Halsfalten und die anderen Körpermerkmale charakterisieren das allgemein Kreatürliche eines Christen»menschen«. Solange mimetische Elemente verschiedenster Art gleichsam unterirdisch den Stil und die Aussage beleben, war bei Jorhan jene Gefahr gebannt, die für viele Bildwerke des Klassizismus tödlich wurde: die Zerstörung der Sinnlichkeit durch das Diktat der Idee.

▷ 265 welche er hauptsächlich seinem Vater abgesehen hatte, ohne Verlust, sondern mit Gewinn der funktionalisierenden Verfahrensweise und den transitorischen Wirkungen der Rokokokunst zugeführt werden konnte. Auf der Vermittlung dieser beiden Herkunftsbereiche beruht die illokutive Kraft der Jorhanschen Bildwerke.

»Status« und mimetische Impulse

Die Sakralkunst des Landshuter Meisters strebt weder die dinghafte Realpräsenz noch das denkmalartige Porträt an. Sie stellt eine mediale Vergegenwärtigungsform dar, deren Glaubwürdigkeitsanspruch eminent hoch ist, will sie doch geistliche Tugend und Heiligkeit als ein ens realissimum entfalten. Der zeitgenössische Ausdruck »Bild« umschreibt wohl den Status der Arbeiten am getreuesten. Was unter dem Wort zu verstehen ist, kann man sich an den Auszugsplastiken der Niederdinger Seitenaltäre vor Augen führen. Dort treten halb- bis ganzplastisch Florian und Joseph in actu aus der Retabelwand heraus, wir erleben eine Art Epiphanie. Die beiden Darstellungen sind gegenwärtiger, wirklicher als das Zeichen, das gemalte Bild und das Relief. Sie haben aber noch nicht den höchsten Realitätsgrad erreicht, der sich in der freistehenden und natural gefaßten Skulptur inkarniert. Die Jorhansche ist im Regelfall nicht vollrund oder gar allseitig, sondern auf der Rückseite ausgehöhlt, somit »Bild« in der Form des dichtesten Illusionismus, ohne dem Frevel zu verfallen, Abbild zu sein. So ungeniert der bloß bildhafte Charakter einbekannt wird, so rückhaltlos werden der Darstellung die Paradigmen des Heiligen eingesenkt. Zu erfahren muß sein, was Seligkeit ist; die geschnitzten Heiligen haben, als sinnlich-bildliches Faktum, Spiegel aller Tugenden sein. Die Skulptur vermittelt dem Gläubigen einen Vorgeschmack auf den Himmel, sie führt auch vor, wie man in vorbildlicher Weise mit dem Höheren kommuniziert, sie zeigt die »brinnende« Liebe zu Gott, zeigt, was Hoffnung und was Glaube heißt. Sie reizt zum Nacheifern an und weist in eine Frömmigkeit ein, die Haltung und Gesinnung ist. Beispiel hierfür der Johannes in Maria Thalheim, »der sich willenlos dem Anhauch des Göttlichen überläßt, dessen Körper und Gewand von dem leisen Lodern und Glühen des Gefühls wie aufgezehrt« erscheinen. Selbstverständlich verkörpert die gesamte Sakralplastik des 18. Jahrhunderts in erster Linie Muster geistlicher Tugend. Jorhans Bedeutung liegt darin, daß er diesen Darstellungssinn vertieft und ihn damit bis zur Jahrhundertwende rettet. Heiligkeit faßt er als einen inneren Zustand, der sich ebenso delikat wie uneingeschränkt kundtut. Psychologisierende Überfeinerung findet sich allerdings trefflicher bei Günther, totalisierendes Durchgriffensein, affektive Spiritualität hingegen bei Jorhan. Adolf Feulner meinte, daß die »Wiederholung der gleichen Affekte von Inbrunst, Hingabe und Ekstase« ermüde, daß sie »bald einen leichten Zweifel an der Echtheit der Empfindung aufkommen« lasse. An der Schelte ist das damals noch sehr mangelhafte Wissen über die späten Werke schuld, wenngleich sie eine entscheidende Gefahr anspricht. Ihr trat der Bildhauer entgegen, indem er mimetische Impulse in die Kunstwelt seiner Arbeiten einläßt, die mit solcher Unbedenklichkeit kaum ein Meister neben ihm gewagt hat. Ab 1780 weichen zum Beispiel die Gesichtszüge der Dolorosadarstellungen immer stärker voneinander ab, so daß man bei manchen eine individuelle Porträtstudie postulieren möchte. Mit der Anreicherung durch Wirklichkeitsmomente bewahrt sich Jorhan sein Darstellungsziel. Er ist *der* Meister der Empfindsamkeit. Seine Skulpturen subjektivieren, bearbeiten nach allen nur denkbaren Facetten die Objektivität göttlicher Heilsunmittelbarkeit.

Jorhan und seine Zeitgenossen

Der Landshuter Kunsthandwerker war vielen seiner Zeitgenossen weit überlegen. Simon Sorg, Hofbildhauer des Fürsten Thurn und Taxis, oder Joseph Deutschmann, der Bildschnitzer bei St. Nikola vor Passau, haben beide ihre Verdienste. An die Jorhansche Makellosigkeit im Ausdruck, die Equilibristik seiner Erfindungen sind sie selbst in ihren besten Werken nicht herangekommen. Anders steht es im Vergleich mit Johann Baptist Straub, Ignaz Günther oder Johann Peter Wagner. Kein Zweifel, daß unser Bildhauer da betont konservativ wirkt, wenngleich seine Schnitztechnik der des Würzburger Hofkünstlers deutlich überlegen ist. – Für St. Wolfgang bei Haag, das auch drei Statuetten von Jorhan besitzt, hat *Straub* seine beiden letzten Anbetungsengel gearbeitet (1777). Tragen die Genien des Landshuter Meisters ein Gewandrelief, das nicht zuletzt auch deshalb ornamental wirkt, weil es aus dem Muster eines in sich schlüssigen Schnitzprozesses abzuleiten ist, verbietet sich jener jegliche bildhauerische Verve, weil sie nur das disziplinierte Erscheinungsbild der Skulptur beeinträchtigen würde. Die Adoranten sind kostümlich und in ihren Körperformen ausgetüftelte Vorspiegelung von Realität, zu meisterlicher Eleganz aufgehoben, die davon lebt, daß die siegreich vordringenden statuarischen Tendenzen mit den herkömmlich dynamischen einen kurzfristigen Waffenstillstand geschlossen haben. An den zu verdolmetschenden Bedeutungsgehalt scheint Straub kaum zu denken. Vielmehr schneidet er ihn auf Approbiertes zurück, auf vertraute Demutsgesten von Hand und Haupt. Er laugt die Semantik aus, damit er das, was zeitgemäß ist, nicht gefährdet: die ästhetische Balance der Figur. – *Günther* verfährt ähnlich. Obschon die Wendungen aus dem Sprachschatz der empfindsamen Affektik bei ihm nicht weniger häufig vertreten sind als bei Jorhan, erreichen sie keine strukturbildende Kraft. Die Skulptur ist ästhetisierendes Arrangement, für ein verwöhntes Auge konzipiert und gekennzeichnet durch eine Flucht »in die Unwirklichkeitssphäre des als nur »Kunst« deklarierten Bildes«. Günther entwirft – mit der Delikatesse, die bei Straub und Paul Egell geschult worden war – mittels »ästhetischer Distanzierung ein *Bild*«, er sublimiert und entwirklicht die Heiligen zu einem »bildgegenständlichen vis-à-vis des Betrachters«, so daß die Bildhauerarbeit beinahe zu einer »Selbstdarstellung«, zu einem »Monument ihrer selbst« wird. In Jorhans Werk findet sich hingegen nicht einmal die Spur von Rokokokritizismus, jede Künstlichkeit, sei es das Als-ob einer Pose, Attitüde oder die rein ästhetische Komposition, ist ihm fremd. Diese Schwäche prädestinierte ihn aber, nach Günthers Tod zum Statthalter einer Sakralplastik aufzurücken, die im hergebrachten Sinn der Theologie das Vorrecht einräumte.

»Von dem Bunde der Religion mit der Kunst«: Versuch einer Zusammenfassung

1808 hielt Johann Michael Sailer, damals Lehrer der Moraltheologie an der Ludwig-Maximilians-Universität in Landshut, eine Aufsehen erregende »akademische Rede«, die aus wenigen, einfachen Grundsätzen ein weitreichendes Programm nicht nur kirchlicher Kunst entwickelte. Die »Wahrheit« seiner Aussagen wollte er »so darstellen, als wenn sie von jeher die Überzeugung aller denkenden und fühlenden Menschen gewesen wäre«. Kein leichtes Vorhaben, da er sich eingestehen muß: »Ich weiß wohl, daß die schönen Künste unheilig geworden sind.« Sailers Gedanken öffneten der nazarenischen Kunst des 19. Jahrhunderts die Bahn, sie rechtfertigten im nachhinein auch Jorhans Tun, seine Ansätze der späten Jahre natürlich besonders. Es lohnt sich, die Darlegungen in ihrem Grundbestand zu vergegenwärtigen.
▷ 275

Dolorosa *(vor 1800), Nordwand des Langhauses der Filialkirche Pörndorf*

»Innere Wahrheit und Schönheitsfülle« (Johann Michael Sailer)

Auf einem rechteckigen Rasensockel trauert eine Dolorosa, deren künstlerische Bedeutung es verbietet, sie für ein Werk aus nazarenischer Zeit zu halten, und deren leibhaft ausladender Ernst es verhindert hat, in ihr eine Hauptleistung des späten Jorhan zu sehen. Einst stand sie sehr wahrscheinlich, zusammen mit anderen Skulpturen, unter dem Kruzifix in Maria Thalheim. Was zunächst überrascht, ist die psychologische und körperliche Wahrheit des Kunstwerks. Der Schnitzbehandlung nach stellt die Trauernde noch eine Skulptur dar, nach dem Grad ihrer Anwesenheit in Raum und Betrachtungszeit hingegen eine Plastik, in einem ebenso strengen Sinn wie die Dolorosa in Landshut, St. Martin. Groß wie bei einer Matrone ist der Kopfschleier, welcher das Haupt umhüllt. Schmerzgebeugt, in melancholischer Gebärde hat die Muttergottes ihre Augen niedergeschlagen. Ihr Profil ist von »griechischer« Schönheit; der stilisierten Reinheit der Gesichtszüge entspricht, daß der hohe Schädel sich ungestört abdrückt. Beide Hände werden wohl leicht gefaltet, während die Daumen ein übergroßes Tränentuch pressen. Die Skulptur beschränkt sich auf nur ein gewaltiges Thema, das mit dem ganzen Instrumentarium einer antikischen Nänie entfaltet wird: sinnende Trauer. Das Sujet ist so eng wie weit geworden, denn richtig besehen handelt es sich um eine »Idee«, muß doch im Schmerz dieser einen Muttergottes auch unsere Trauer und die der ganzen Menschheit enthalten sein. Jorhan hat zur ästhetischen Verkörperung zweierlei getan. Im körpersprachlichen Bereich griff er zur einfachen, gleichsam griechischen Stilisierung, wie Gesichtsprofil, Habitus und Aktion anzeigen. Im Bereich der Schnitzmanier faßte er unter dem Primat der Röhrenfalte entscheidende Erfahrungen zusammen. Die Bedeutung der Röhre ist größer, als es der Blick von der Orgelempore aus zeigt. Vielfach wird sie rein durchgehalten, keine Quetschungen oder einknickende Stellen stören dann, so daß sie als eine Mischung zwischen idealisierter Antike und Reminiszenzen an den weichen Stil auftritt. Sie ist ein Mittel der Stilisation, welches Fall wie Reliefbildung einem geordneten Verhältnis unterwirft, ein Mittel, das auf der Grenzlinie zwischen freier Entwicklung und erstarrter Formelhaftigkeit liegt. Das gepreßte Weintuch wird, die übliche Bildhaftigkeit der Jorhanschen Sakralkunst auf einen neuen Höhepunkt führend, zur Mitte der Gewandgestaltung. Radial, durchaus mit einem Schwungrad vergleichbar, laufen dynamisch gekurvte Faltengruppen auf es zu (von ihm weg?). Die Mantelumschläge geben den Ton an. Wie altgewohnt die Figurationen der Gewandung den Affekt austragen, zeigen nicht zuletzt die gegen den Sockel zurückrauschenden Saumschrägen. Aber diese üppige Faltenwelt weist diaphane Züge auf. Sie ist durchsichtig auf eine »innere Wahrheit und Schönheitsfülle« hin, auf ein leiblich-geistiges Gebaren. Das Entscheidende bleibt der über die Maßen getroffene Ausdruck in Gesicht, Stand und Haltung. So mag sich ein Bewunderer der Griechen Antigone vorgestellt haben, wie sie um ihren Bruder trauert, so stellte sich ein Johann Michael Sailer Maria als trauernde Kirche vor, individuiert zu einer Seelenfreundin des Herrn. »Mit liebendem Auge« muß der Bildhauer geforscht haben, die »dem Alter, dem Geschlechte und Charakter günstigste Stellung« zu treffen, den höchsten »Augenblick der Lebenshora«, damit »im Bildsamsten das Bildungswürdigste« für uns Menschen ahnbar wurde, die »Hochzeitlichkeit« des Neuen Bundes.

▷ 271 Sie entwickeln nämlich eine ästhetische Theorie, in der die divergierenden Aspekte des Gesamtwerks verstanden und auf einen durchgehenden Nenner gebracht werden können. Sailers Rede dient uns somit als Hilfsmittel für die schwierige Aufgabe einer Zusammenfassung. – Religion ist »da, wo sie ist, innerlich, ist innig, ist Geist und Leben, ist unsichtbar.« An dieser Prämisse, die durch die gegenreformatorische Bilderfreudigkeit verdunkelt worden war und die Bildkritik der Aufklärung getragen hatte, ist nicht zu rütteln, sie wird vielmehr zum Begründungspunkt echter Kunst. Denn die »Religion, als das innere Leben, hat (...) einen unaustilgbaren Instinct, sich zu offenbaren, sich anschaubar, hörbar, genießbar zu machen, sich in einen Leib zu gestalten, in dem sie gesehen, gehört, gefühlet, genossen werden kann«. In den einzelnen Künsten, in der Baukunst, in der Redekunst oder der Musik, findet die Religion, die zunächst inneres, unsichtbares Leben ist, die »Organe ihrer Offenbarung«. Der Redner zieht zur Verdeutlichung einen Vergleich zwischen der Kunst und dem menschlichen Auge. Beide sind in der gleichen Weise medial. »Wie z.B. dein Auge die Liebe deines Herzens offenbaret«, so die »heilige Kunst« die »Eine, wahre, ewige Religion«. Aus dem Vergleich erhellt aber noch eine zweite Leistung der religiösen Kunst. Wie das Auge »die Liebe des andern wahrnehmend, die deine erhält, stärket, erhöhet«, so wirkt ein Kunstwerk auf die »Gemüther zurück«, sie »erhält (...) die Flamme da, wo sie noch lebt, stärkt sie, wo sie erschwacht, erhöhet sie, wo sie zu sinken beginnt«. Außerdem ist die Kunst notwendig bei der »Neuschaffung der Religion«, wie es an anderer Stelle heißt. Der springende Punkt der Feststellungen liegt darin, daß Sailer ein radikal ausdruckssprachliches Konzept aufstellt. Die Kraft der reinen Religiosität schlägt sich nieder in der Formenwelt der Kunst, ohne sie wäre Religion »todt«, »eine Leiche«. Als Produkt »immer (...) neuer Fülle der Begeisterung« ist das Kunstwerk höchste Wirkung, Sprache gleichsam, die sich ohne größeren Erdenrest den Menschen mitteilt. Man tut gut daran, nicht nach den Bedingungen zu fragen, die eine derart ideale Unmittelbarkeit möglich machen. Sich »aus«drückende und dem anderen sich »ein«drückende Kommunizierung des Innersten, eine beinahe nur durch Induktion geschehende Vermittlung – seit der Präromantik ist dies ein bald zum Topos abgenützter Vorstellungskreis, dem in der zeitgenössischen Kunst überzeugende Äquivalente gegenüberstehen (hauptsächlich: Lyrik, Musik). So bewegt sich »auch in feststehenden, unbewegten Statüen« »das Leben der Religion«, dieses führt »in allen Sprecharten eine Sprache«, indem es selbst Holz, Stein und Erz »beseelet«. Jorhans Arbeiten waren vom Anfang bis zum Ende seiner Laufbahn Gefäße von Glaubenswahrheiten, »Organe« höchster Ausdrucksunmittelbarkeit, die Spirituelles ebenso sicher mitteilten wie beim Betrachter aufriefen. Erst das Denkmodell Sailers läßt die verborgene Dialektik ans Licht treten, die dem Jorhanschen Konservativismus einwohnt. Die antiquiert scheinende, oft vehemente Augensinnlichkeit ist notwendigerweise mit ihrem Gegenteil verschwistert, einem ebenso unverhüllt auftretenden Mentalismus, der entschieden stärker auf die religiöse Kunst des 19. Jahrhunderts vorausweist als das moderne Rokoko von Straub oder Günther. Im Substantiellen dessen, was zu offenbaren ist – lauterste, reinste Innerlichkeit –, nicht minder im Substantiellen dessen, was zu erwirken ist – eben dieselbe Innerlichkeit –, liegt der Schwerpunkt: Alle noch so sinnlichen Faszinationen der Skulptur bleiben Transportmittel, verstehen sich bloß als ein Medium. Allerdings gilt dieser Sakralkunst nicht mehr eine irgendwie magische Werthaltigkeit als das summum bonum. Worin der allgemeine Darstellungsinhalt genau besteht, das hat Sailer unwiderruflich festgehalten. Es ist das Leben eines »kindlichen Gemüthes in dem Einen, wahren

Gott«, das richtig geführt zu einem Kunstwerk wird, sämtliche medialen Künste in den Schatten stellend. In dem »höheren Kunststyle« einer gottinnigen Existenz, etwa »in dem Antlitze, in den Mienen, in den Geberden, in allen Handlungen, in dem ganzen Leben des von Religion durchdrungenen Menschen«, in solchen Zügen, »da fallen alle einzelne schöne Künste in Eine zusammen, und haben alle Ein volles Leben. Denn das Leben des Religiösen (= des religiösen Menschen) ist der schönste Tempel Gottes und der reinste Gottesdienst, das Leben des Religiösen ist selbst die herrlichste Musik, ist selbst das schönste Tableau, die sprechendste Statüe, ist die schönste Rede – gleichsam ein Wort Gottes, ist ein himmlisches Lied, auf Erde gesungen.« Von diesem Ebenbild göttlicher Herrlichkeiten will Jorhans Kunst mit ihren Heiligen wiederum ein getreues Abbild geben. Damit trinkt sie »aus der Quelle der Heimat«, trägt sie »an der Brust den Stern der ewigen Welt«. Reich »an innerer Wahrheit und Schönheitsfülle« offenbart sie das »geheime, himmlische Feuer«, zündet es damit beim Betrachter an oder schürt es. – Das war die unerwartete Chance eines eigentlich Zurückgebliebenen, daß sein Werk eine Brücke schlug zwischen der sich verbürgerlichenden, auf subjektivierende Aneignung drängenden Religiosität des 18. Jahrhunderts und der künstlich retrospektiven, willentlich dogmatischen Frömmigkeit des Nazarenertums. Weil Jorhan kein Sensorium für den »Meta-Stil« des Münchener Rokoko besaß, sich auf gediegene Professionalität einschwor, modifizierten seine Skulpturen zwar die semantische Tradition nicht unerheblich, schnürten sich jedoch nicht von ihr bewußt ab. Von größter Tragweite, daß diese Überlieferung natürlich nicht als freischwebende Ideenwelt existierte, sondern in unzähligen Bildlösungen vor Augen war. Unbekümmert schöpfte der Bildhauer die Potentiale aus, kombinierte, überlagerte und steigerte die Vorgaben und Anregungen, ohne je in den Verdacht eines Eklektizismus zu geraten. Davor schützten ihn die seit unvordenklichen Zeiten geübten Verfahrensweisen seines Handwerks und der Umstand, daß das intellektuelle Risiko außerhalb seiner Zuständigkeit lag: im vorgegebenen Lehrgut, in den Lesarten der Betrachter und in dem entfachten Enthusiasmus. Dieser ist nach Sailer abzuleiten »von εν θεος«, er ist »die Eine himmlische Begeisterung für alles, was wahr, gut, schön ist«, eine Begeisterung, die als »himmlisch in ihrer Bewegung, und als himmlisch in ihrer Richtung« zu deuten ist.

Jorhan (Christian) von Griesbach in Baiern gebürtig, lernte bey seinem Vater die Bildhauerkunst, und schmückte, und bereicherte sich nach diesen auf seinen Reisen mit großen Kenntnissen, wurde sodann in Landshut Bürger und Bildhauer. Jorhan besitzt einen durchdringenden Geist, den sein künstlicher Meissel in allen Arbeiten umgetauscht verbreitet, — ein Meister in Affekt, und Stellungen — jeder Gesichtszug drückt das innerste der Geschichte aus, so, wie Lebhaftigkeit und Ernst der Natur am ähnlichsten kommen, Jorhan besuchte in Augsburg drey Jahre die Akademie, arbeitete nachher bey dem berühmten Straub in München, und machte sich da vieles eigen. Er arbeitet in Stein, in Holz, in Elfenbein, Gips, und auch in Erz. Im verflossenen Jahre verfertigte er ein Kruzifix von Alabaster andert halb Schuh hoch, das sich als ein wahres Kunststück aus seinen Händen wand. Seine Zeichnungen sind also treflich, seine Stellungen leicht, und ohne Zwang, und der Natur gleich arbeiten ist in seiner Macht. In dem Churfl. Landgericht Erding ist fast keine Kirche, wo nicht Jorhans ausnehmende Arbeiten zu sehen. — Im reichsfreyherrl. von Etzdorfischen Schlosse Pfettrach sind zwey Statuen von Eichenholz 11 Schuh hoch, und in der heil. Geist-Kirche sind die 4 Evangelisten eben von seinem Meissel. u. s. w.

Abschluß

Griffige Formeln für einen Personalstil haben sich nicht ergeben. Die Werke sind eingebettet in die Kollektivität einer Kunstproduktion, so sehr, daß das Eigene bestenfalls wie die Spitze eines Eisbergs aus der Masse der zeitspezifischen Befunde herausragt. Nichtsdestoweniger erkennt selbst der interessierte Laie oft auf den ersten Blick, ob eine Arbeit von Jorhan vorliegt. Welche Manier er gerade bevorzugt, die Sicherheit im Ausdruck und der handwerklich solide Umgang mit dem Volumen des zu bearbeitenden Holzblocks bleiben gleich. Auf diese Weise fand der Bildhauer ohne Schwierigkeiten von der kecken Frische des Frühwerks zur abgeklärten, körpersprachlich motivierten Suggestivität der späten Zeit. Die feinsinnige Handwerklichkeit, das virtuos Reelle trug ihm denn auch die große Wertschätzung vor allem während des letzten Jahrzehnts der Regierung Karl Theodors ein.

»Jorhan besitzt einen durchdringenden Geist, den sein künstlicher Meissel in allen Arbeiten umgetauscht verbreitet, – ein Meister in Affekt, und Stellungen – jeder Gesichtszug drückt das innerste der Geschichte aus, so, wie Lebhaftigkeit und Ernst der Natur am ähnlichsten kommen (...) Seine Zeichnungen sind also treflich, seine Stellungen leicht, und ohne Zwang, und der Natur gleich arbeiten ist in seiner Macht.«

Franz Sebastian Meidingers Urteil von 1785 ist bis heute gültig geblieben. Frei von jeglicher Identitätskrise entwickelte Jorhan seine Sprache, entstanden neben viel Durchschnittlichem reine und lebendige Meisterwerke, bedingt durch die tagtägliche Auseinandersetzung mit den nur zu oft sich gleichenden Anforderungen. Was ein Zeitgenosse, Johann Nikolaus Forkel, über die Entstehung der Bachschen Musik schreibt, läßt sich ohne weiteres auf den unermüdlichen Fleiß des Bildhauers übertragen.

»Wer nicht täglich mit seiner Kunst beschäftigt ist«, wird »nie ein Werk zu Stande bringen, von welchem der Könner sagen könnte, daß es durchgehends vollkommen und vollendet sei. Nur ununterbrochene Übung kann zur wahren Meisterschaft führen. Wenn man aber alle Werke, die während solcher Übungen hervorgebracht werden, für Meisterstücke halten wollte, (...) so würde man sehr irren.«

Das hieß ständigen Umgang mit dem Holz, höchste körperliche Anstrengung und geistige Wachheit, eine durch den Beruf und die Lebensfristung erzwungene Manie des Arbeitens. Um diesen Preis gewann Jorhan die Sicherheit, »der Natur gleich« zu schaffen, sich ein Idiom zu erwerben, das uns heute noch unmittelbar erreicht.

Nachwort

Der vorliegende Versuch besitzt zwei entscheidende Mängel, die der Autor bewußt in Kauf genommen hat. Es wurde darauf verzichtet, dem Text einen Anmerkungsapparat beizugeben, und auch davon abgesehen, die ganze Fülle an Werken auszubreiten, vor allem an neuentdeckten, obwohl hierbei zum Teil Standorte zu behandeln gewesen wären, die selbst für Kenner eine Sensation bedeutet hätten. Zur Begründung dieses Verfahrens muß die Versicherung genügen, daß weitere Daten der Sache nach keine entscheidenden Einsichten brächten. Beide Defizite sollen jedoch in einer umfangreichen Monographie aufgearbeitet werden, die den Verfasser heute schon ganz beansprucht. Bis zu ihrem Erscheinen können Aufsätze über die Kirchenausstattungen von Reichenkirchen, Maria Thalheim und Schwindkirchen eine gewisse Zwischenlösung bringen. Außerdem wird zur in Landshut geplanten Jorhanausstellung ein umfangreicher kritischer Katalog veröffentlicht werden. – Besonderer Dank gilt allen, die großzügig und selbstlos geholfen haben. Herrn Diplomingenieur Fritz Markmiller verdanke ich den Beleg für Reichelkofen, Herrn Diplomtheologen Georg Brenninger den Hinweis auf Weiher und Herrn Gerhard Koschade, Kandidaten der Kunstgeschichte, die Dokumente über das Salvatorkindl in Altenerding, über die zwei Akoluthen auf dem Altar der ehemaligen Gerichtsschreiberei von Erding und zu einigen Vorgängen in Schwindkirchen; nicht zuletzt hat Herr Konservator Dr. M. Kühlenthal es generös zugelassen, daß die Bildwerke in Mammendorf, welche er in einem eigenen Aufsatz publizieren wird, bereits in dieser Einführung eine Erwähnung finden.

Literaturverzeichnis

Bisher gibt es keinen Werkkatalog, der die Jorhanschen Arbeiten einigermaßen zuverlässig verzeichnen würde. Als Ersatz müssen deshalb immer noch die beiden Aufstellungen von J. Blatner herangezogen werden; sie überragen übrigens alle jüngeren Versuche in dieser Richtung bei weitem.

C. Giedion-Welcker/J. Blatner: »Jorhan (Johrhan, Jorhann, Jordan), Christian, d. Ält. (Chr. Johann Wenzeslaus)« In: U. Thieme/F. Becker: »Allgemeines Lexikon der bildenden Künstler von der Antike bis zur Gegenwart«, Bd. 19, Leipzig 1926, S. 166, Sp. 1 ff.

J. Blatner: »Barock und Rokoko. Die Zeit nach dem 30jährigen Krieg bis zum Ende des 18. Jahrhunderts« In: »Im Zeichen des Pferdes. Ein Buch vom Landkreis Erding«, Erding 1963, S. 150, Sp. 1 f.

An Aufsätzen ab 1960, die weitgehend auf selbständiger Forschungsarbeit beruhen, sind zu nennen:

J. Huber: »Ein unbekannter ehemaliger Jorhan-Hochaltar (1795/96) in der Pfarrkirche zu Pfarrkirchen/Rott« In: »Ostbairische Grenzmarken«, Bd. 4, Passau 1960, S. 188 ff.

F. Markmiller: »Christian Jorhan« In: »Große Niederbayern. Zwölf Lebensbilder«, Landshut 1973[2], S. 83 ff.

A. Beckenbauer: »Die Ausstattung der Pfarrkirche Hl. Blut in Landshut um 1800. Ein Beitrag zur klassizistischen Epoche im Schaffen Christian Jorhans« In: »Verhandlungen des Historischen Vereins für Niederbayern«, Bd. 99, Landshut 1973, S. 10 ff.

G. P. Woeckel: »Jorhan« In: »Neue Deutsche Biographie«, Bd. 10, Berlin 1974, S. 606 ff.

L. Baumann: »Im Bischöflichen Archiv entdeckt. »Bei dieser Arbeit habe ich all das Meinige zugesetzt.«« In: »Mittelbayerische Zeitung«, 31. 10. 1979

V. Liedke: »Die Landshuter Maler- und Bildhauerwerkstätten von der Mitte des 16. bis zum Ende des 18. Jahrhunderts« In: »Ars Bavarica. Gesammelte Beiträge zur Kunst, Geschichte, Volkskunde und Denkmalpflege in Bayern und in den angrenzenden Bundesländern«, Bd. 27/28, München 1982, S. 1 ff.

O. Schmidt: »Zwei Versionen des »Christus in der Rast« von Christian Jorhan dem Älteren (1727–1804)« In: »Städel-Jahrbuch«, Neue Folge, Bd. 9, München 1983, S. 205 ff.

O. Schmidt, »Hans Leinberger und Christian Jorhan d.Ä. Ein Vergleich« In: »1833–1983. Hans-Leinberger-Gymnasium Landshut. Festschrift zum 150jährigen Bestehen«, Landshut 1983, S. 131 ff.

G. Brenninger: »Schwindkirchen – ein seltenes Beispiel klassizistischen Kirchenbaus in Oberbayern« In: »Jahrbuch des Vereins für christliche Kunst«, Bd. 14, München 1984, S. 127 ff.

O. Schmidt: »Über ein Kruzifix von Christian Jorhan d. Ä.« In: »Festschrift zum 100jährigen Bestehen des Bischöflichen Studienseminars Straubing«, Straubing 1985, S. 44 ff.

Während der Drucklegung erschienen:

U. Geese: »Liebieghaus – Museum alter Plastik. Nachantike großplastische Bildwerke«, Bd. 4 (Italien, Niederlande, Deutschland, Österreich, Schweiz, Frankreich 1540/50–1780), Melsungen 1984, S. 196, Sp. 1 ff.

H. Schindler: »Christian Jorhan d. Ä. in Landshut. Niederbayerns großer Rokokobildhauer« In: »Bavaria antiqua«, München 1985

(Hg. Bayerisches Nationalmuseum): »Bayerische Rokokoplastik. Vom Entwurf zur Ausführung«, München 1985, S. 91, Sp. 2 ff.; S. 104, Sp. 1 ff.; S. 113, Sp. 2 ff.; S. 198, Sp. 2 f.; S. 213, Sp. 2 ff.; S. 214, Sp. 2 ff.; S. 261, Sp. 1 ff.

F. Markmiller: »Daten und Fakten zur niederbayerischen Bildhauerfamilie Jorhan«, In: »Jahrbuch des Vereins für christliche Kunst«, 1985 (noch ohne weitere Angaben)

Verzeichnis der Bildtafeln

Dokumente

Folgende Institutionen haben Dokumente für das Buch zur Verfügung gestellt: Staatsarchiv Landshut (Seite 37, 46, 56, 57, 89, 93, 95, 127, 173, 187, 218, 219, 226), Stadtarchiv Landshut (24, 227, 228, 229), Stadtarchiv Deggendorf (71, 72), Schloßarchiv Neufraunhofen (12), Pfarrarchiv Dingolfing (98), Pfarrarchiv Frontenhausen (231), Pfarrarchiv St. Jodok, Landshut (13, 26), Pfarrarchiv Heilig Blut, Landshut (262), Pfarrarchiv Moosburg (116). Für die gewährte Großzügigkeit sei an dieser Stelle gedankt.

Johann Georg Meusel, Teutsches Künstlerlexikon, Artikel Jorhan, Seite 438, 1810 (Seite 16).

G. A. Dietl, Nachgelassene freundschaftliche Briefe, Seite 108/109, 1810 (Seite 195).

Franz Sebastian Meidinger, Beschreibung der Churfürstlichen Haupt- und Residenzstadt Landshut, Seite 249/250, 1785 (Seite 276).

Landshuter Wochenblatt, 1804, 1810 (Seite 227/228).

Das Farbdia Mariae Ohnmacht (Seite 119) stellte das Museum für Kunst und Gewerbe, Hamburg, dankenswerterweise zur Verfügung.

Umschlag Vorderseite: Johannes Baptista, Maria Thalheim (Seite 108), Rückseite: Florian, Burg Trausnitz, Landshut (Seite 248), Einband und Seite 2: Eigenhändiger Namenszug von Christian Jorhan

Dr. Hanskarl Hornung Verlag
Geranienstraße 46a
8012 Riemerling (P. Ottobrunn)
Telefon 089/6011973

Umschlag und Layout: Kuno Weber, Landshut
Farblithos: Chemigraphia Gebrüder Czech, München
Schwarzweißlithos: R. Benkler, Landshut
Satz: K. Stahringer, Ebsdorfergrund
Druck: Bosch-Druck Landshut-Ergolding
Bindearbeit: Conzella, München